现代互联网金融与风险防范研究

张 雯 吴书新 周淼华 著

图书在版编目（CIP）数据

现代互联网金融与风险防范研究/张雯,吴书新,周淼华著.--北京：群言出版社,2022.11
ISBN 978-7-5193-0776-9

Ⅰ.①现… Ⅱ.①张… ②吴… ③周… Ⅲ.①互联网络—应用—金融风险—风险管理—研究 Ⅳ.①F830.29

中国版本图书馆CIP数据核字(2022)第190343号

责任编辑：刘　波
封面设计：知更壹点

出版发行：群言出版社
地　　址：北京市东城区东厂胡同北巷1号（100006）
网　　址：www.qypublish.com（官网书城）
电子信箱：qunyancbs@126.com
联系电话：010-65267783　65263836
法律顾问：北京法政安邦律师事务所
经　　销：全国新华书店

印　　刷：三河市明华印务有限公司
版　　次：2022年11月第1版
印　　次：2023年1月第1次印刷
开　　本：710mm×1000mm　1/16
印　　张：16.25
字　　数：325千字
书　　号：ISBN 978-7-5193-0776-9
定　　价：72.00元

【版权所有，侵权必究】
如有印装质量问题，请与本社发行部联系调换，电话：010-65263836

作者简介

张雯女，毕业于河北大学，会计学专业，硕士研究生学历，现任职于河北师范大学汇华学院，讲师，研究方向：管理会计。主持2项校级课题。

吴书新女，毕业于河北经贸大学，金融学专业，硕士研究生学历，现任职于河北师范大学汇华学院，讲师，研究方向：货币银行学。主持河北省省级课题1项，校级课题1项，出版教材1部，发表各类论文多篇。

周淼华女，毕业于河北经贸大学，金融学专业，硕士研究生学历，高级经济师，现任职于河北银行股份有限公司，担任河北银行三河支行行长一职，研究方向：货币银行学。发表论文多篇。

前　言

当前互联网金融业务快速发展，但互联网金融业务的监管仍存在不足。这就要求互联网交易双方和金融监管部门积极探索，完善相关业务及制度，实现业务的规范化、系统化发展。另外，在互联网金融业务拓展的过程中，由于缺乏完善的法律法规约束，互联网金融风险时有出现，这些风险对互联网金融市场的健康发展产生了一定阻碍。本书主要对现代互联网金融与风险防范问题展开研究。

全书共七章。第一章为绪论，主要阐述了互联网金融的基本概念、基本特征、理论基础、互联网引发的金融变革等内容；第二章为互联网金融历史与现状，主要阐述了互联网金融的历史发展和互联网金融的现状等内容；第三章为互联网金融业态与风险，主要阐述了互联网支付、P2P网络借贷、众筹融资、互联网基金销售、互联网保险、互联网信托、互联网消费金融等内容；第四章为互联网金融衍生物，主要阐述了大数据金融、互联网征信、供应链金融、区块链金融等内容；第五章为互联网金融风险分析与控制，主要阐述了互联网金融风险的识别、特征、防范等内容；第六章为互联网金融的监管体系探讨，主要阐述了互联网金融的监管现状、监管原则、监管方法、国际经验及启示、监管体系的构建等内容；第七章为互联网金融的发展前景分析，主要阐述了互联网金融发展的机遇与挑战、未来发展方向、健康发展策略等内容。

在撰写本书的过程中，笔者借鉴了国内外很多相关的研究成果以及著作、期刊、论文等，在此对相关学者、专家表示诚挚的感谢。

由于笔者水平有限，书中有一些内容还有待进一步深入研究和论证，在此恳切地希望各位同行专家和读者朋友予以斧正。

目 录

第一章 绪论 ... 1
- 第一节 互联网金融的基本概念 ... 1
- 第二节 互联网金融的基本特征 ... 4
- 第三节 互联网金融的理论基础 ... 7
- 第四节 互联网引发的金融变革 ... 16

第二章 互联网金融历史与现状 ... 42
- 第一节 互联网金融的历史发展 ... 42
- 第二节 互联网金融的现状 ... 56

第三章 互联网金融业态与风险 ... 71
- 第一节 互联网支付 ... 71
- 第二节 P2P网络借贷 ... 77
- 第三节 众筹融资 ... 88
- 第四节 互联网基金销售 ... 97
- 第五节 互联网保险 ... 100
- 第六节 互联网信托 ... 106
- 第七节 互联网消费金融 ... 110

第四章 互联网金融衍生物 ... 118
- 第一节 大数据金融 ... 118
- 第二节 互联网征信 ... 125
- 第三节 供应链金融 ... 128
- 第四节 区块链金融 ... 138

第五章　互联网金融风险分析与控制 ……… 149
第一节　互联网金融风险的识别 ……… 149
第二节　互联网金融风险的特征 ……… 164
第三节　互联网金融风险的防范 ……… 166

第六章　互联网金融的监管体系 ……… 181
第一节　互联网金融的监管现状 ……… 181
第二节　互联网金融的监管原则 ……… 190
第三节　互联网金融的监管方法 ……… 192
第四节　互联网金融监管的国际经验及启示 ……… 195
第五节　互联网金融监管体系的构建 ……… 211

第七章　互联网金融的发展前景 ……… 213
第一节　互联网金融发展的机遇与挑战 ……… 213
第二节　互联网金融的未来发展方向 ……… 221
第三节　互联网金融的健康发展策略 ……… 230

参考文献 ……… 251

第一章 绪论

互联网与金融的深度融合是大势所趋。从技术角度看,互联网金融就是电子化、网络化、数字化的金融。作为新生事物,无论是对互联网金融进行理论研究还是实证研究,都应该基于对互联网金融基本原理的理解分析,对互联网金融本质的系统认知是后续进一步研究的基础。本章分为互联网金融的基本概念、互联网金融的基本特征、互联网金融的理论基础、互联网引发的金融变革四部分。

第一节 互联网金融的基本概念

一、互联网金融的定义

对于互联网金融而言,理论界和业界目前尚存在诸多不同的界定,但对其核心要素和基本属性的认识已经基本趋于统一。

总的来看,已有文献较少从金融统计监测和金融稳定的宏观视角出发,而是从货币统计的角度定义互联网金融。货币统计视角下的互联网金融应该具有以下特点。

一是可识别性,互联网金融应区别于非互联网金融。当前中国互联网金融的新兴业态不断出现,尚没有权威的分类标准。互联网金融作为一种基于类似传统金融业分支发展而成的独立模式,与传统金融业往往存在业务的交叉领域,关联密切,这两者往往很难区分。从货币统计视角出发定义互联网金融,是后续明确互联网金融的核算边界、核算主体以及具体业务形式和构成等的理论前提。若互联网金融的定义不具有可识别性,则其无法区别于非互联网金融。

二是可观测性，在金融市场中其用交易记录来反映。从货币统计视角出发定义互联网金融，最终目的在于构建我国互联网金融统计标准体系，提及统计标准体系，最终少不了报表设计、数据统计。另外，在互联网金融核算中包括存量与流量核算，必然会涉及交易记录原则问题。此外，交易记录的可观测性是互联网金融核算的基础，若货币统计视角下，互联网金融的定义不具有可观测性，互联网金融核算基础理论框架可能存在缺失。

三是强制性，有法律保障，方便获取相应数据。目前，互联网金融企业对金融和消费大数据存在垄断现象。互联网金融核算离不开数据基础，只有在具有比较完备的互联网金融存、流量数据的前提下，才可能最终实现互联网金融的存、流量核算。

四是规范性，有统计标准可依，数据质量有保证。我国互联网金融行业要想进行核算，数据收集方面的法律保障是不可缺失的，编制统一口径的互联网金融统计数据，使得数据之间具有可比性是十分必要的。

五是实用性。广义上的互联网金融涵盖范围广泛，包括传统金融业下的互联网业务、只发挥金融支持作用的互联网化业务，以及只发挥信息咨询渠道作用而不涉及金融交易的互联网业务等。

六是高风险性。互联网金融的相关发展问题有缺乏统一的监管准则、相关法律不够完善、存在法律监管漏洞、监管主体不明确，互联网金融交易平台审核不严格，交易双方信息不对称，交易过程不够透明，所以可能会出现恶意骗贷、平台跑路的风险。另外，在使用互联网金融平台进行交易时，将个人信息完全公开在该平台，可能会出现个人信息被滥用的风险。因此，定义互联网金融要考虑其风险性。

基于广义角度，虽然能涵盖所有范围，但是也会使得统计标准太过繁杂，反而不能突出重点，无法明确反映当前互联网金融领域的盲点。因此，从货币统计视角出发定义互联网金融，应该既可以满足单纯反映互联网金融的需要，也可以满足全面反映金融交易的需要，为相应政策制定提供依据。

二、互联网金融的内涵

为了提炼互联网金融的货币统计定义，下面进一步从核心功能、核心结果、核心主体三个维度解析互联网金融的内涵。

第一个维度是互联网金融的核心功能，即支付手段、借贷手段和融资手段，这也是金融机构的基本核心功能。具体而言，与传统金融机构核心功能相似，互联网金融机构也可以从事支付、资金借贷以及投、融资业务活动。

第二个维度是互联网金融的核心结果，即为金融资源配置和支付清算提供第三方平台。第三方平台改变了传统金融的支付方式，降低了传统银行资本运作中存在的交易成本，弱化了信息不对称等问题，缓解了小微企业融资难等长期存在的矛盾，优化了金融资源配置。借贷、融资的增加并不会为互联网金融机构创造货币，只是转移了货币。

第三个维度是互联网金融的核心主体，即第三方互联网金融平台。第三方支付使支付清算实现了电子化，互联网支付不创造货币，却充分发挥着货币的功能。第三方借贷平台和第三方融资平台依托信息技术，本质上是提供了中介平台，有利于解决原有的信息不对称问题。第三方互联网金融平台在传统金融市场的基础上提供了一个新的金融交易市场。

三、互联网金融核算边界

互联网金融要进行核算，务必厘清互联网金融的核算范围。从广义视角出发可将互联网金融的业务类型分为五类。第一类是传统金融互联网化。传统金融机构，如银行，利用互联网信息技术优势，将其原有的金融服务等业务互联网化。第二类是纯互联网金融业务，无实体，业务全部在网上办理，这种新型金融机构包括互联网银行、网络保险以及网络证券等。第三类是在电商平台进行的金融活动。若其拥有金融牌照，可进行资金融通等金融业务，如京东金融等。第四类是全新的互联网金融业务模式。吴晓求等学者认为互联网金融是涉及资金往来的第三方互联网平台开展的互联网金融活动，该平台是纯粹的互联网金融平台。第五类是互联网平台提供的辅助业务，主要是为互联网金融活动提供的信息咨询等辅助服务，如第三方征信平台以及互联网金融门户，其本身不涉及资金往来。

一般情况下所说的定义只涵盖第四类，属于相对"狭义"的定义。而不包括其他四类的原因主要有以下几个。

一是第一类模式是传统金融业的分支，只是把传统银行的所有业务操作照搬到互联网上，从建立开始就置于严格监管下。人们通过互联网进行的中介业务与银行实体业务办理的无异，统计反映体系较完整。

二是第二类模式不包含在核算范围之内的原因和第一类的类似，互联网平台只是作为交易工具而已。下面重点分析一下互联网银行不涵盖在一般核算范围内的原因：其一，互联网银行为中国银行业开拓发展的新模式，只是把传统银行的所有业务操作照搬到互联网上，只是工具和渠道而已，与传统银行相比有创新性，但也只是手段的延长，其业态并非颠覆性的；其二，互联网银行的融资数据是涵盖在对应的银行总量中的，只是没有单独陈列，可在"贷款"项下增设"互联网融资"项目，不是目前金融统计核算盲点；其三，银行将不再为第三方支付提供代扣通道，这也是第四类模式与互联网银行的区别所在；其四，第三方支付平台作为辅助平台，点多面广，风险大，监管难度大，业务异质性强，互联网金融统计体系急需建立与完善这一模式。

三是大型电商平台企业从事金融业务，掌握自身金融业务交易数据，在央行的监测范围之内。并且，其金融业务在本质上与传统金融的相同，可以借用现行的统计标准。

四是互联网平台只是提供信息服务，实际并未涉足金融业务。

第二节　互联网金融的基本特征

一、操作效率高

互联网金融的相关操作都是由计算机系统进行处理的，操作流程完全简单化、标准化，用户不用排队办理相关业务，只需读懂相关的操作介绍，操作效率高，处理速度快。如支付、转账等业务，只需在相关 App 中输入收款人的用户名、金额与密码，很快就可完成。即便是小额贷款，客户从申请到发放金额，也只需几分钟的时间。贷款额度是将互联网系统中用户的信用情况、贷款风险进行大数据分析处理，从而确定的。

二、普惠性特征明显

普惠金融一直是我国政府金融政策的发展目标，要让每一个人都得到金融服务的机会。由于金融机构准入门槛高，一般只服务于大企业，小企业可能长期不能被金融服务覆盖。

互联网金融渗透到了我们生活的方方面面，全方面服务于各个地域、各类收入人群，与普惠金融相契合。

三、金融信息化

互联网金融就是将信息技术广泛应用于金融领域，人们每一次浏览网页或进行交易的记录，都会被互联网金融平台保存，记录到该客户的信息数据库中。客户下次使用该平台时，该平台就会根据信息数据库中保存的信息对其进行相关的推荐，客户使用平台越频繁，信息库中的相关记录会越多，通过大数据对该客户的喜好分析就会越到位，从而实现精准营销和个性化服务。

另外，金融信息化使得客户不论处于世界的任何地方，只要登录平台的个人账号，相关的个人信息就会直接恢复。这打破了传统金融交易的时间和空间的限制，互联网金融逐渐将全球金融市场连接为一个统一整体，为金融市场一体化奠定了基础。

四、交易成本低

以 5G 为代表的网络基建水平以及以大数据为代表的信息科技水平的不断提高，使得网络信息传送的边际成本接近于零，越来越广的信息覆盖面降低了信息传播的交易成本。同时大数据技术的不断成熟也为针对性金融服务的实现提供了可能性。

在传统的银行业服务模式下，客户贷款的发放需要进行各类凭证的核查，且双方存在严重的信息不对称，导致信息收集成本费用高。坏账呆账的频繁出现限制了资金的流动，提升了银行的风险，而依托大数据技术的互联网金融企业能够保证资金供求双方在平台自助完成匹配，降低了人力成本，公开透明的信息保障了双方交易的安全性。

五、产品覆盖广泛

互联网平台企业实力雄厚，打破了传统金融业存在的分支机构的地域限制。互联网金融产品创新破除了时空的约束，足不出户一台能联网的手机就可以完成大部分业务，进而形成马太效应，吸引更多用户使用，客户间的沟通更直接，资源更丰富。

同时，互联网金融技术更新换代快，新技术日新月异，区块链技术的出现削弱了传统银行的金融中介作用，开放式的账本使得信息更加安全可靠，数字货币的推出解决了账号间不流通的麻烦，同时私密性更易得到保证。

六、趋向长尾客户

"二八法则"在传统金融领域得到了充分体现,在传统的金融领域,市场竞争都是将主要精力集中在20%的高端客户资源中。而"长尾理论"则认为这被忽视的80%的客户可以聚沙成塔,积少成多,创造出不亚于甚至是超过另外20%客户的价值。

互联网金融不同于传统金融的关键一点就在于,互联网金融同样致力于这80%的长尾客户。通常这些客户的特点是资金少,个性化需求比较明显,互联网金融正好是针对不同小微客户的个性化需求来定制相关金融产品服务的。从当前的互联网金融市场来看,各种互联网金融产品推陈出新,正在不断满足各类客户的个性化需求。

七、重视用户体验

互联网金融非常重视用户的体验,用户在家只需拿起手机或轻轻点击鼠标即可享受互联网金融带来的便利。例如,用户在互联网银行微众银行申请贷款,从申请到放款最快仅需要3分钟,申请过程在网络中完成,既方便又快捷。同时互联网金融注重场景的建设,将金融服务内化于各种场景之中,操作轻松便捷,增强了用户的体验感。小额信用贷款和分期付款服务将分期服务内化于消费场景,用户在购物时提交订单即可使用,极大地提升了用户的体验感和满意度。

八、风险特征复杂度高

作为新兴的业务,互联网金融业务有着异于传统业务的风险特征,如业务边界模糊可能引发的道德防线问题、资金存管制度不健全导致的挪用风险等。而在互联网金融蓬勃发展的未来,互联网金融越成熟发达越是要提高对互联网金融相关风险的关注,越是要采取高效的防范手段。互联网金融的所有相关参与者都应更多地关注互联网环境下金融风险的防范,从技术风险和业务风险等有关角度全面地考虑健全相关风险管理的机制,从而保障客户的信息和交易的安全,营造出更为良好的互联网金融相关生态环境。

九、拥有拳头产品

以腾讯为例,腾讯的拳头产品之一是微信。语音功能则是微信的撒手锏,就是这个小小的功能,让微信在当时危机四伏的竞争中存活了下来,而且微信的语音功能不收取任何费用,这让用户省下了一笔不小的开支,仅此一点就吸引了各个不同年龄段的用户。

十、系统评价客观公正

过去很长一段时间,关于客户信用情况的分析工作主要是由财务人员负责的,因此,难免存在主观因素,无法确保结果的准确度。但是互联网金融企业截然不同,依托科学合理的业务流程体系能够有效降低误差,确保结果的客观性,相比于人工审核具有不可比拟的优势。基于此,对客户的评估将更加公平公正,可以得到客户的信赖和尊重。这样一来,可以避免服务工作出现不公正的主观情况,保护客户的合法权益。

自互联网金融兴起并进入高速发展状态,金融产品不断推陈出新,很多过去没有的新产品开始进入客户视野,未来将持续快速发展。安于现状在当今变化迅速的时代下是万万行不通的,因此,互联网金融企业必须矢志不移地坚持突破性发展,建立健全多元化的产品体系,让客户享受人性化服务。

第三节 互联网金融的理论基础

一、长尾理论

最早提出长尾理论的是学者克里斯·安德森。一般来说,各个领域的中高端客户往往会得到更好的服务和产品,小客户则容易遭到忽视。而长尾理论不同于坚持20%的热门产品会带来80%收入的二八法则,该理论认为只要存在较为完善的产品储存和流通方式,带来利润的不在于畅销产品,而在于销量较低的"冷门"产品,有时候冷门产品市场份额甚至超过畅销产品。虽然处于"尾部"的产品销量较低,但能为客户提供个性化的服务,满足客户异质化需求,使得冷门产品变得畅销,绝大部分产品都能被销售出去并带来盈利。

传统金融机构是二八法则最忠实的拥护者,传统金融市场更关注高端客户,他们往往能带来80%的利润,为金融机构在竞争激烈的市场中赢得一席之地,对那些中小客户则无暇关心。而在互联网金融市场中,受到青睐的则是在传统金融市场中受到"偏见"的低端消费群体,包括融资难、融资贵的中小企业等。

金融与技术结合，带来了新的支付方式、融资模式与理财产品，企业通过线上渠道销售产品，降低了流通成本，获取了客户的需求偏好，同时根据反馈创新个性化金融产品，满足了客户多层次的现实需求。大数据、云技术的发展使得金融机构进一步拓展信息传播渠道，挖掘潜在客户。

虽然互联网金融服务的客户单一且规模较小，但互联网科技的发展不但能降低产品销售中的搜索成本和流通成本，而且能够精准定位客户需求，为客户提供个性化产品。这样一来，低廉的交易成本和流通成本能使整个"长尾"部分为企业带来可观的潜在利润，为实现长远发展奠定基础，在一定程度上推动了普惠金融的发展。

二、金融中介理论

金融中介是指促使资金从盈余方向短缺方转移的金融机构。金融中介机构可以利用自己的大规模专业化业务为投资方和财务方提供资金，同时降低交易单位成本。在金融业的交易过程中，互联网金融充当着金融中介的作用，对于客户信息的收集和处理，提供了更多的数据和信息，也给传统的金融中介带来了严重的冲击。

传统的金融中介只能集中处理信息，互联网技术的运用可以让每一个客户参与信息的生成和传递，使交易双方加强了解，为金融业的发展带来更多的潜在客户。由于互联网金融中介全面掌握交易者的信息，并且在信息处理方面更具有优势，因此其能更好地改善信息交易的信息不对称问题，提高资金供给者的正确选择能力。

互联网技术的发展推动着金融中介服务的变革，也提升了信息和交易的传播速度，削弱了传统金融机构的地位，用户可以更便捷地获取多元化的信息。互联网金融与传统金融的本质区别在于其借用互联网强大的信息交换功能，让资金的转移者即储户直接面对资金的使用者。这样，互联网金融就不再需要传统的金融中介机构了。

三、金融风险理论

风险是一个人们常用但又十分模糊的概念，学术界对风险的定义可谓众说纷纭。金融风险是指未来某些风险源的不确定性可能给主体带来损失。金融风险与一般风险的区别在于，金融风险是指贷款、资本运营等金融活动所带来的风险。金融风险具有非常显著的不确定性，风险波动具有传递性和可变性，影响程度也会随之加深。由于互联网金融发展过于迅速，因此其迅速发展的同时也积累了一定的金融风险。

四、金融发展理论

金融发展理论是研究金融发展与经济增长之间内在关系的理论。20 世纪 60 年代末至 20 世纪 70 年代初，一些西方经济学家开始从事金融与经济发展关系方面的研究工作，以雷蒙德·戈德史密斯、约翰·G.格利和爱德华·S.肖、罗纳德·麦金农等为代表的一批经济学家先后出版了以研究经济发展与金融发展为主要内容的专著，从而创立了金融发展理论。总的来讲，其发展经历了金融发展论、金融深化论、金融约束论和金融功能论。

（一）金融发展论

雷蒙德·戈德史密斯在《金融结构与金融发展》中对金融工具、金融结构、金融机构以及金融发展进行了研究，认为金融结构是由金融工具和金融机构共同决定的，反映在金融工具、金融机构出现的次序，相对增长速度，对不同部门渗透的程度，以及对一国经济结构变化的适应速度等方面。并且揭示了金融发展的规律，通过金融相关率等指标来体现金融工具、金融结构的发展、转变。

（二）金融深化论

1973 年，罗纳德·麦金农的《经济发展中的货币与资本》和爱德华·S.肖的《经济发展中的金融深化》两本书的出版，标志着以发展中国家或地区为研究对象的金融发展理论真正产生。罗纳德·麦金农和爱德华·S.肖对金融和经济发展之间的相互关系及发展中国家或地区的金融发展提出了精辟的见解，他们提出了金融抑制和金融深化理论。

金融抑制是指金融需求没有得到足够释放，在发展中国家中较为普遍。具体表现：第一，限制金融市场的融资模式而导致市场融资形式单一化；第二，制定较为严格的利率管制政策；第三，金融机构间地位不平等；第四，金融产品与金融工具都较为单一。金融深化理论主张政府放弃金融抑制政策，实现金融自由化，即发挥金融机构的自由调节功能，让金融与经济形成良性循环。

金融自由化推动了互联网金融的发展。互联网金融市场具有"接地气"的特点，在这一点上不同于传统金融市场。在以商业银行为主导的传统金融市场中，以中小企业为代表的小微客户的需求得不到满足，互联网金融正是在这样的背景之下，凭借普惠金融的春风迅速成长，成为能与传统金融机构抗衡的新兴的金融业态。

互联网理财产品、网络众筹、第三方支付等降低了金融活动的参与门槛与成本，积累了海量客户资源，获得了庞大的市场份额，使得金融抑制得以改善。传统金融机构不得不走出现在的安逸现状，加快改革创新的步伐，赶上互联网信息技术发展的潮流，在激烈竞争中保住自己的位置。互联网金融的兴起实质上推动了金融深化，加快了金融产品与金融工具的创新发展，加快了利率的市场化发展。

（三）金融约束论

托马斯·赫尔曼等学者提出金融约束论，认为政府通过对存款、贷款的利率进行限制，并对银行业进入金融市场实行控制等一系列的约束性的宏观金融制度及政策，在银行业、民间部门创造租金，从而取得超过自由化竞争性市场所能产生的信贷和收益的机会。这对提升金融机构的运营安全性以及促进整个金融行业和体系发展甚为关键。

（四）金融功能论

金融功能论认为金融的功能能够决定整个金融体系的发展，金融功能的多样化则取决于技术的发展和创新。该理论由社会学家默顿和博迪在1995年提出。相对于不断变化的金融制度，金融功能一般比较稳定，时间和主体的变化都不会改变金融的功能。金融功能论也认为金融的功能主要集中在风险防控、信息配置和处理、制度结算等方面。

互联网技术的进步推动了互联网金融的发展。这种创新的金融模式丰富了金融功能，具体表现在以下四个方面。

第一，互联网金融的第三方支付模式在金融活动中的支付清算功能。其因便利快捷、提供担保和成本较低等优点，已经在支付结算市场中占据了重要地位。

第二，互联网金融中的金融中介。互联网金融依托网络平台，以去中介化的形式吸收社会闲散资金，发挥资金融通功能，使得融资方式多样化。

第三，互联网金融的发展也为信息处理注入了新的活力，搜索引擎技术的进步和信息在网络平台的共享使得信息获取更加容易。

第四，互联网金融具有风险控制功能。互联网金融的发展必然伴随一定的风险，且风险传染性较强，影响力较大。互联网保险、互联网货币基金、互联网证券和互联网理财产品能够分散风险，为互联网金融的发展保驾护航。

五、交易成本理论

交易成本指的是人们自愿交往、彼此达成交易所要花费的成本。交易成本理论是由经济学家罗纳德·哈里·科斯在1937年提出的。交易成本包含所有为交易而付出的成本，通常包括搜寻、议价、决策、监督与违约等方面的成本。

2013年，我国互联网金融发展刚起步，企业与个人的融资借贷需求都是靠间接融资实现的，间接融资成本较高、要求高、耗时长、效率低，造成了不必要的资源浪费。而互联网金融的快速发展缩短了信息搜寻的时间，增加了盈利，从而使金融机构的创新投入得到了有效补充。

六、技术推进理论

由于科学技术的发展，当今网络异常发达，其通过不断加深与金融市场的合作所产生的效应远远超过了传统的运作模式，可以说，互联网经济在世界各行各业中呈节节攀升的态势。特别是金融市场利用互联网快捷的收集处理信息的技术功能提高了甄别市场信息的水平，为此，在金融市场中推广信息技术是发展的必要。比如说，在互联网中，日常接触最多的就是第三方支付，这个支付平台解决了消费者和投资者之间信息不对称的问题，并且支付的时间和地点不受任何因素的限制。广大消费群体利用这种支付方式获取了更多的选择渠道，其大幅提升了市场上资金的流动速率，公开化、透明化趋势在第三方支付过程中显现，实体消费中产品存在的虚假情况也减少了。

在互联网金融背景下，第三方支付的不断发展与成熟，为互联网金融的发展与完善提供了先决条件，如果没有第三方技术的支持，互联网金融将很难得以持续发展。在第三方支付技术的进一步推进下，我国互联网金融已日益趋于成熟与完善。

七、技术溢出理论

经济学中，技术溢出概念最早由经济学家阿尔弗雷德·马歇尔在其著作《经济学原理》中提出。技术溢出指的是经济主体的行为影响到另外一个相应经济主体，经济主体却没有付出相应代价或得到相应的补偿。技术溢出是外部性的，高科技企业增加投入进行技术研发，这些新技术通过技术人员在企业中的流动或其他方式被传播到技术相对落后的企业，使这些企业的生产效率得到有效的提高，新技术的研发者并没有主动促成，因此这是一种非自愿的扩散，是企业无法主动地去控制和避免的。

知识作为人类的共有财富具有溢出性质，知识在人类的生产生活中不断地被累计并保存下来。经济学家保罗·罗默认为知识是跟普通的机器、厂房等有形资产不同的无形资产，而且知识的传播不像其他技术一样有着很多壁垒，知识对每个需求者来说都是公平的，任何企业在生产中所累积的知识都会慢慢形成一种社会的总体财富，从而提高整个社会的生产效率，这为经济的增长提供了动力。

国内外学者对于产业间的技术溢出的研究开始得很早，而且不同的学者也有不同的研究背景。有学者在研究产业间技术溢出现象时发现，每个企业的经营都是为了活力，为了实现利润最大化，其都会主动投入进行技术研发，而技术的研发很容易通过资本、人员的流动的形式转移到相关产业中去，很难保持其独占性。因此技术溢出效应具有外在性、非自愿性和互动性的特点。

互联网金融企业是互联网技术和金融业务相结合的产物，互联网技术是一种通用技术，不仅适用于互联网企业，也适用于传统商业银行。互联网金融企业率先实现技术创新打入传统商业银行市场，这使得原本金融市场内的竞争变得越来越激烈，传统商业银行的很多金融业务都受到了威胁，在竞争压力之下传统商业银行不得不进行改革创新，主动地吸收来自互联网企业的技术。

八、技术创新理论

技术创新理论的首次提出是在约瑟夫·熊彼特的《经济发展理论》中，主要是说创新并不单单是单纯的发明，它是一种不停运转的机制，只有出现新的技术，把它运用到现实生活中并且对现实生活产生影响与作用，才可以算得上是真正的创新。后期的理论发展中，学者又将企业的管理与制度加入其中，形成技术推动创新的理论。技术创新理论为金融机构对创新能力的研究提供了一定的理论基础。

九、平台经济理论

伴随着数字技术的不断发展，平台经济迅速崛起，平台经济概念也逐渐被人们熟知，成为一种新的经济形态。百度百科定义平台经济为一种虚拟或真实的交易场所，平台本身不生产产品，但可以促成双方或多方供求主体之间的交易，以收取恰当的费用或赚取差价而获得收益。

有学者认为在传统经济学理论下，完全竞争市场中均衡价格等于边际成本，但对于不完全竞争市场，价格与成本的差额与需求弹性成反比，均衡价格符合马歇尔－勒纳条件。对于平台经济学而言，利润最大化的产品定价与边际成本并无直接关系，重要的是价格结构，而非价格水平。

诺贝尔经济学奖获得者让·梯若尔认为平台经济具有存在两组及以上顾客、不同顾客间存在网络效应、需要中介参与三个重要特征。

吕本富等学者认为平台经济改变了传统企业规模经济模式，平台能调动用户参与生产，企业从封闭的以产定销发展到反向资源配置的敏捷供应，从规模经济转变为平台的规模匹配。

任子君等学者认为腾讯、京东商城等都已被纳入平台经济的范围之内，开放使互联网平台型企业更有竞争力，平台的开放性有利于实现多方共赢，进一步提高平台的聚焦效应和平台价值。

十、边际成本递减理论

边际成本是一个经济学概念，即在任何产出水平上，增加或减少一个单位产量所需要增加或减少的工人工资、原材料和燃料等变动成本所引起成本总的变动量。通常情况下，随着产量的增加，边际成本下降，这被称为规模效应。

互联网金融活动本质上也属于网络经济的一部分，与传统金融活动相比，具有便捷性、外部经济性、可持续性和直接性等特征。互联网金融企业增加新用户的成本逐渐变小，能够以较低的成本获取更多的新客户。因此一些金融机构通过发展互联网金融业务有效地降低客户维护等方面的成本。

十一、普惠金融理论

普惠金融是指基于机会平等和商业可持续的原则，以可负担的成本为有金融服务需要的社会各个阶层和群体提供金融服务。在当前，我国金融体系并没有实现为全民提供金融服务的目标，大力推动普惠金融的进行是我国金融改革发展的方向之一，可包括商业银行在内的传统金融机构一直更偏向于开展大金融业务，更偏好为大企业服务，这样就很难实现普惠金融的目标。传统金融机构一直服务不到低端客户，主要是因为低端客户信息难以获取、缺少资产抵押物、交易额较小、边际成本偏高、可能存在道德风险，对于传统金融机构来说服务成本较高、风险较大，可收益却非常小，因此，基于传统金融机构推行普惠金融较为困难。

互联网金融利用大数据、云计算等技术，使越来越多的用户可以平等地享有金融服务，扩大了普惠金融的服务覆盖面，提高了金融服务效率。互联网金融能够在网络平台上实现客户的匹配与资金的交易，无需在线下提供的金融服务场所进行商洽，减少了实体服务场所建造与运营的支出，节约了客户匹配所需的时间。同时，互联网金融有着开放、共享的特点，有利于将客户手中的闲散零碎资金进行整合，一方面为那些持有资金较少的客户提供了新的理财思路，另一方面资金整合后可以进行大规模投资。

另外，互联网金融的服务只要有网络就可以享受到，为贫困落后地区提供了享有金融服务的机会，互联网金融服务的覆盖范围远比传统金融服务的要广泛，金融普惠性明显。综上，互联网金融扩大了金融服务的覆盖面，方便了客户的资金融通，降低了金融服务成本，改善了小微企业融资困难的局面，促进了普惠金融的发展。

十二、规避管制理论

规避管制理论最早由学者凯恩提出，认为对各项限制性的规章采取回避措施就是规避，而规避创新，就是行业为绕开金融管制而进行创新。规避创新其实是一种动态的博弈过程，金融企业通过创新来逃避政府的管制，以获得利润最大化，但当金融制度被金融创新危及时，政府会再次加强管制，然后触发新一轮创新。互联网金融的创新往往伴随着监管套利，从而带来制度的完善和新一轮的业务创新。

十三、声誉机制理论

声誉是在长期博弈中产生的，博弈论的出现促进了声誉理论的形成和发展。关于声誉没有形成统一的定义，从不同的角度有不同的理解。从经济行为主体的角度来看，声誉是对经济行为主体履约践诺能力的综合反映；从声誉功能的角度来看，声誉是综合反映经济主体行为属性特征的信号显示机制，是降低交易中的不确定性的重要机制；从声誉形成的角度来看，声誉是在重复博弈中形成的其他所有博弈方对某一经济主体所形成的共同认识。

声誉的形成机制：假设买卖双方的交易是一个长期博弈的过程，信息优势方在声誉效应的驱动下会持续性地提供高质量的商品和服务，买方则在对产品价格的评估过程中参考卖方在之前形成的声誉；当交易完成后，买方会根据卖方提供的商品或服务的质量形成新的卖方声誉，使得卖方在当期交易中会更加注重维持自身的声誉，从而在下一期交易中形成较好的声誉。

声誉的基本功能体现在三个方面：第一，声誉是对卖方产品或服务质量的体现，是向买者传递不可观察的信息的一种解决信息不对称问题的信号传递机制；第二，声誉较好的经济主体更容易减少信息搜集、信号显示和甄别等交易过程所需耗费的时间和成本，从而降低交易成本；第三，经济主体为了维持声誉投资所带来的"声誉租金"，不会为了追求短期利益而做出欺骗等机会主义行为，因此声誉还是经济主体克服机会主义行为的约束机制。

十四、信息不对称理论

早期的经济学理论基于对称信息和完全信息的假设，认为市场是出清的，提出了有效市场的假说。经济学家赫伯特·亚历山大·西蒙和肯尼斯·约瑟夫·阿罗在20世纪60年代率先对充分信息假设提出了疑问，指出了市场交易中的不完全信息造成了经济行为的不确定性。

乔治·阿克尔洛夫的代表作《柠檬市场：质量不确定和市场机制》奠定了信息不对称理论的基础，他提出在非对称信息条件下自由竞争可能促使市场交易出现"逆向选择"的现象。他分析了二手车市场的信息不对称问题，在二手车市场上，卖方准确地知道每辆车的质量好坏，而买方无法知道每辆车质量的真实信息。在信息不对称的情况下，买方只能依据二手车的平均质量支付价格进行判断。结果，理性的卖方选择让质量较好的二手车退出该市场，最后市场上留下来的只能是质量低于平均质量的次品。这时，就出现了逆向选择，买方给出的价格越来越低，卖方随之提供质量更差的二手车。逆向选择的最终结果是，质量高的商品会退出市场，剩下质量低劣的商品充斥着市场。

此外，乔治·阿克尔洛夫还提出可以通过传递"显示性"信息向对方显示对产品质量的信心，来缓解买卖双方之间的信息不对称矛盾，从而避免产生逆向选择问题。

经济学家斯蒂格利茨和罗斯切尔德研究了保险市场的信息不对称问题，构建了"信息甄别"模型，该模型的核心思想是为了避免保险市场成为次品市场，可以通过设计两类保单将高风险和低风险客户的风险信息甄别开来，使得保险市场实现有效率的"分离均衡"。此外，斯蒂格利茨还研究了信贷市场的信息不对称引发的逆向选择和道德风险问题，进一步促进了信息经济学理论的发展。

总之，信息不对称理论的核心思想是，市场上的交易双方掌握的信息是不对等的，一方处于信息优势地位，另一方处于信息劣势地位。交易双方在信息地位不对等的情况下，买方（投资者）会受到不公正的待遇，并会导致事前的逆向选择结果和事后的道德风险，从而降低资源配置效率和经济效率。因此，企业需要不断加强信息披露，提高信息透明度，通过实现信息对称和信息安全来实现资源的最优配置。

十五、交易成本创新理论

该理论以"金融创新的支配因素是降低交易成本"为基本命题，比较有代表性的是学者希克斯和尼汉斯的研究。这个命题包含两层意义：交易成本是衡量金融业务和金融工具是否具有实际意义的重要尺度，而金融创新的主要目标和动力就是降低交易成本；金融创新其实是对由技术进步引起的交易成本降低的反映。交易成本创新理论强调技术进步是金融创新的前提，金融创新则是以节约市场交易成本为目的的一种金融手段。

第四节　互联网引发的金融变革

一、新发展格局下的金融变革

在谈论互联网引发的金融变革之前，首先要对近年来我国的金融发展变化有所了解，这有助于更好地认知互联网发展背景下金融变革的具体状况。

《中共中央关于制定国民经济和社会发展第十四个五年规划和二〇三五年远景目标的建议》的核心要义体现在三个"新"上，即新发展阶段、新发展理念与新发展格局。新发展阶段就是"十四五"时期是在全面建成小康社会之后开启全面建设社会主义现代化国家新征程的起步期。新发展理念即贯彻创新、协调、绿色、开放、共享等理念。新发展格局就是加快构建以国内大循环为主体、国际国内外循环相互促进的新发展格局。《中共中央关于制定国民经济和社会发展第十四个五年规划和二〇三五年远景目标的建议》中蕴含了丰富的金融方面的内容，其中贯穿了金融改革与发展要为构建双循环新发展格局服务的思想。

第一章 绪论

新发展格局的提出为金融发展与改革指明了方向。金融如何更好地服务实体经济，提升经济效率，如何保持宏观杠杆率的基本稳定，守住不出现系统性金融风险的底线，如何统筹好金融开放与金融安全等，成为中国金融发展进入新阶段所面临的重大课题。

（一）深化金融改革，助力发展格局转型

用金融的眼光看，发展格局的转型实际上是资源配置格局的转型。我们常说，市场经济是市场力量在引导资源配置，那么金融市场靠什么引导？靠金融资源的流动；金融资源依据什么流动？依据市场信号。在市场经济条件下，引导金融资源流动的信号就是利率、汇率和国债收益率。显然，"三率"的改革对于市场经济的运行来说至关重要。

除了为资金流动和资源配置提供准确灵敏的信号，金融体系的另一个任务就是为资金的流动和资源的配置提供有效的载体。这就需要进一步推进金融改革，即仍需从机构、市场和产品三个层面发力。

在金融机构方面，我国金融机构体系中，商业银行的比重太高，随之而来的问题，一是银行间接融资比重过高，进一步则是实体经济杠杆率过高；二是由于商业银行是风险厌恶型金融机构，这意味着，目前我国的金融机构体系缺乏足够动力和能力支持，有一定的风险，需要合理调整资源配置的经济活动。因此，从适配角度考量，需要发展一些能够从事风险投资活动的金融机构，如基金、证券等，去认识风险、接受风险、管理风险，从而实现资源优化配置。

在市场方面，资源配置转型要向更加有效、更具创新性、更加绿色的方向发展，需要通过资本市场中的投资交易活动来甄别发展方向。因此，建设规范、透明、开放、有活力、有韧性的资本市场，仍是未来改革的重要内容。

在金融产品方面，由于发展格局转型可能面对各种各样的复杂需求，创造多样化的金融产品来满足这些需求，便是题中应有之义。这些需求就是以市场需求为导向，积极开发个性化、差异化、定制化的金融产品。

我们应当看到，所有这些改革都不容易。在这个意义上，我国未来的金融改革，将面对更为严峻的任务和环境。

（二）加快推动绿色金融发展

2020年9月22日，习近平总书记在第七十五届联合国大会一般性辩论上指出："中国将提高国家自主贡献力度，采取更加有力的政策和措施，二氧化碳排

放力争于 2030 年前达到峰值，努力争取 2060 年前实现碳中和。"2020 年 12 月 12 日，习近平总书记进一步在气候雄心峰会上指出："到 2030 年，中国单位国内生产总值二氧化碳排放将比 2005 年下降 65% 以上，非化石能源占一次能源消费比重将达到 25% 左右，森林蓄积量将比 2005 年增加 60 亿立方米，风电、太阳能发电总装机容量将达到 12 亿千瓦以上。"习近平总书记的上述表态是中国作为一个负责任大国对全球命运共同体的庄严承诺。

要在 2060 年前实现碳中和，的确是一个巨大的挑战。要实现这一目标，就金融行业的发展助力而言，需要从以下几方面着手推进绿色金融的发展。

1. 政府方面：引导绿色金融发展

（1）完善绿色金融相关标准、评估体系及绿色金融法律体系

调查研究可以发现，我国绿色金融发展出现了一些问题，产生这些问题的主要原因之一就是目前我国绿色金融相关标准不完善、绿色金融法律体系不完善。因此，我国需要进一步完善绿色金融相关标准及绿色金融法律体系。

针对企业及个人投融资的"漂绿""洗绿"问题，可以通过制定与国际接轨的"绿色标准"，加强对第三方评估机构监管来缓解或解决。我们需要有一个"绿色标准"作为参考标准：即与国际接轨的"绿色标准"。依据这个标准作为根本标准，第三方评估机构在受到监管的情况下，会做出准确的项目评估。

我国绿色金融法律体系不完善，其中包括我国绿色保险体制、机制不完善，缺少支持新型绿色保险发展的法律环境，就目前来看，已发布的多是一些意见、通知等法律文件，难以对新型绿色保险行为主体进行强有力的约束。同时，缺少统一的绿色环保产业认定标准，导致认证评估结果存在较大差异，不利于保险机构向绿色企业提供差异化产品和服务。因此，我们要尽快完善绿色金融法律体系，加大对重大环境刑事犯罪的打击力度。许多国家在对环境保护政策的执行中，会采用刑事处罚方式来对环境污染的问题进行处理。我国在此问题上也应更加重视，通过刑事法律的运用，增强法律威慑力，为环境风险的处理提供有力的外部支持。

（2）加强调控绿色金融市场机制失灵下的产品供给与需求

我国发展绿色金融要重视"政府引导、市场主导"的基本发展模式，充分重视发挥市场的主导作用。在绿色金融发展中，应构建绿色金融可持续发展体系和发展机制，发挥绿色金融市场机制调节绿色金融资源配置的作用。目前，我国绿色金融市场处于建立的初期阶段，绿色金融体系还不完善，绿色金融市场机制自发调节绿色金融产品供给与需求难免达不到帕累托最优，从而产生市场失灵现

象。这使得绿色金融产品供给与需求无法实现价格均衡，一般情况下会提高绿色金融产品价格（利率），无法有效配置绿色金融产品的供给与需求。因此，政府需要加强宏观调控，合理调控绿色金融市场机制失灵下的绿色金融产品的供给与需求。

政府在调控绿色金融市场机制失灵下的绿色金融产品的供给与需求时，主要可以从以下几个方面来着手进行。

其一，加大对绿色政策、绿色金融相关政策的监管力度，从根本上找到绿色金融市场机制失灵的原因，采取相应的政策进行监管，对症下药。针对绿色金融市场上的金融机构的绿色金融行为进行政策引导，一方面要强化金融机构执行国家绿色金融政策等的意识，对不执行绿色金融相关政策的，追究其相关责任；另一方面要对违背绿色金融市场规则的金融机构进行严厉惩处。这样既可以惩处违规的金融机构，又可以防止资金流向高污染、高能耗、高排放的企业，从而保证了绿色金融市场的有效运行以及绿色金融产品的有效供给。

其二，要提高绿色企业特别是中小微绿色企业及个人绿色投资者在绿色金融市场融资的可能性。在绿色金融市场上，中小微绿色企业及个人绿色投资者与大型绿色企业一起进行竞争融资时，往往缺乏竞争优势，那么，为了创造更多的融资机会，刺激它们积极参与绿色融资，政府可以为其提供融资担保、贷款利息补贴，政府还可以牵头金融机构、保险公司、绿色企业多方合作拉动融资，使金融机构的绿色资金流向中小微绿色企业，保障绿色金融市场上的绿色金融产品的有效需求与融资。

其三，针对在绿色金融市场机制失灵时出现的违规操作行为以及用政策无法解决的问题，政府需要通过制定法律法规来进行监管，严重的需要根据制定的绿色金融相关法律进行约束。政府可通过绿色金融相关法律法规的制定，来保证绿色金融市场机制失灵下的绿色金融产品的有效供给，防止非法交易绿色金融产品，从而保障绿色金融市场的正常畅通运行。

（3）实施绿色金融监管，提高绿色政策与市场融合的推动力

在国家政策的引导下，我国绿色金融稳步发展，发展水平也逐步提高，但提升动力还不够强劲，这主要是绿色政策推动力度不够以及绿色金融市场发展缓慢、发展程度较低的综合结果。在相关的绿色金融发展水平问题中，根据测度的不同省份的绿色金融发展水平可以发现，绿色金融发展水平主要体现在政策推动和绿色金融市场效果两个方面。

我国绿色金融发展水平的提升动力，基本是由绿色政策执行程度和绿色金融市场开展绿色金融业务的效果所决定的。总的来看，绿色金融发展水平和前些年比较有所提高，但是提升动力不强劲，提高缓慢，甚至还有些省份绿色金融发展出现停滞现象。具体来看，少数省份绿色金融发展水平较高，发展水平提高较快，但也有一些省份绿色金融发展水平较低。

要解决好这个问题，可从绿色政策和绿色金融市场两个方面来进行，一方面要实施绿色金融监管，包括绿色政策执行监管、绿色资金借贷监管、绿色资金应用监管等一系列监管，加大对绿色政策执行的监管力度，使得各省份严格贯彻执行绿色政策，这样才能充分发挥绿色政策的引导、激励作用，实现绿色金融水平的政策效应。另一方面，要提高绿色政策与绿色金融市场融合的推动力。

在绿色政策的引导下，要充分发挥绿色金融市场的主导作用，完善绿色金融市场体系，促进绿色金融产品的创新，提高绿色资金的市场流动性，用于服务绿色领域，这样才能同时最大限度地发挥绿色政策效应和绿色金融市场作用。同时，要重点关注绿色金融发展水平较低的省份，必须严格监管绿色金融政策的执行，必要时可出台相应的法律法规，以规范那些对绿色政策执行不到位或不严格执行的省份和企业，保证绿色政策推动绿色金融发展的效果；严格加强绿色金融市场监管，监管金融机构、企业进行绿色经营，对违反绿色经营原则的金融机构和企业，要重拳出击、零容忍、绝不姑息。要提高绿色政策和绿色金融市场的融合力，这样绿色金融发展才有强劲的动力。

再有，我们需要规范绿色金融相关管理秩序。其一，通过引导、监督等方式，推动金融机构在发展绿色金融业务的过程中做到秩序化，特别是在环境风险管控上，也要加大管理力度。其二，通过实践的方式，找到适合中国的绿色金融相关政策等。我们应推行绿色政策，保障绿色金融市场产品的创新，实现相关资金配置的合理化发展。

（4）健全信息披露和信息沟通机制

信息披露方面，由有效市场理论可知，绿色金融市场上的实际交易价格能够充分反映出有用的信息，投资者和生产者可以根据这些信息进行投资和生产，减少信息不对称造成的风险问题，使金融资源能得到合理配置。目前一些地区的绿色金融发展仍存在信息披露不及时不全面的问题，虽然社会责任报告是公司发展绿色金融的重要体现，但当前多数公司都是自愿披露社会责任报告。因此，我们必须加强信息披露的监督管理，通过制度性的运作强制要求上市公司披露环保信息，这样可以帮助企业培养绿色发展理念，有助于协调经济发展和环境保护的关系，同时提高投资者对上市公司评估的准确性，引导资金更多流向绿色产业，提升资源配置效益。

信息沟通方面，部分地区的绿色金融发展的各个主管部门之间的信息共享机制还不够健全，缺乏信息搜集部门以及与信息管理和信息共享有关的平台。商业银行只能通过新闻、年报、环保部门的公告等来获得企业环保信息数据，这容易导致其掌握的信息不全面不及时，从而影响其对绿色金融政策的执行。因此，银行和环保部门应该优化环保信息披露与信息沟通机制，努力构建信息网络，加强信息共享，从而提高绿色金融发展效率和透明度，降低绿色金融风险。

环保部门可以组建绿色信息整理部门专门搜集企业环保信息数据，信息数据经整理后统一公布在信息网络平台上，以方便商业银行及时获取，提高绿色金融决策的准确度，从而有效防范环境风险，推动经济高质量发展。商业银行内部也可以建立企业信息数据库，确保当外部信息披露不及时和不全面时，也能够做出合理放款的决策。同时银行也需要积极向外界披露绿色资金的使用情况以及风险解决办法等信息，接受社会大众的共同监督，以推动绿色金融政策健康发展。

（5）发挥绿色金融改革试验区的带动、帮扶作用

在绿色金融发展水平问题中，根据测度的各省份绿色金融发展水平可以清楚看到，目前我国建立的绿色金融改革试验区的绿色金融发展均处于较高的水平，基本位于前列，绿色金融改革试验区取得了显著成效。我国建立绿色金融改革试验区，极大地促进了绿色金融的发展，提升了我国绿色金融整体发展水平，也有了发展绿色金融的经验。我们可以通过绿色金融改革试验区来带动、帮扶我国其他地区发展绿色金融，实现较高水平的发展带动较低水平的发展，最终实现全部较高水平地发展，这样可以有效带动绿色金融发展水平较低的地区，缩小绿色金融发展水平差异，实现区域绿色金融均衡发展。

一般来讲，我们可以通过绿色项目投资实现互利共赢，带动其他地区绿色金融发展。一方面，可以积极推动绿色金融改革试验区投资其他省区绿色项目，一起合作开发绿色项目；另一方面，还可以向绿色金融改革试验区借贷资金，开发本地区的特色绿色项目，推动本地区绿色金融发展。

我国绿色金融改革试验区可以通过帮扶的方式，拉动其他绿色金融发展水平较低的地区发展绿色金融。可以依靠绿色产业供应链进行帮扶，也就是，绿色金融发展水平较低的地区的绿色企业进行绿色产业经营，而绿色金融改革试验区作为绿色产业链的下游端，接收其他地区绿色企业的绿色产品，在绿色金融改革试验区实现绿色生产或绿色消费。这样，就可以刺激其他绿色金融发展水平较低的

地区大力发展绿色金融，既可以保证较低发展水平地区的绿色企业的营利性，又可以实现绿色金融改革试验区对绿色金融的有效发展，真正做到发挥绿色金融改革试验区的带动、帮扶作用。

（6）从多方面建立绿色金融激励机制

近些年一些地区的绿色金融发展迅速但成效不明显，一个重要原因是激励机制的缺失。实践表明：在绿色产业的发展中政府资金的投入能够带动社会投资的增长，从而大幅度增加企业发展绿色产业的资金来源，这种强大的杠杆效应能够显著激发绿色金融市场的活力。然而在这种背景下，部分地区的绿色环保财政支出占比却并未随之出现太大变化。

为了有效推动绿色金融发展，政府可以提高绿色财政支出比例，对环境友好型企业实施加大财政补贴、税收减免等奖励性措施，降低企业的成本，对为绿色发展做出卓越贡献的企业给予专项奖励或表彰，正面支持绿色金融发展。政府可以对不积极施行绿色金融政策的金融机构及时追究相应责任并加以经济惩罚，对高耗能企业进行融资限制，侧面支持绿色金融发展。此外，政府也可以对货币政策方面的激励措施进行大胆创新，如通过对绿色金融产业和绿色项目定向扩大货币供给范围、推出绿色金融周年纪念币等措施来鼓励绿色金融的发展。

对商业银行等金融机构来说，可以建立激励机制，一方面，针对那些对绿色金融发展起到了积极促进作用的相关企业适当提高授信额度，实行等级化授信制度等一系列激励绿色金融发展的举措；另一方面，可以将绿色金融要素列入银行绩效考核中，并定期将考核结果公布在银行官网上，以督促自身更加努力地执行绿色金融政策。

以上这些激励措施能大大提高绿色投资的吸引力，促进绿色金融发展，从而更好地推动经济高质量发展。

2. 供给主体方面：金融机构提供绿色金融业务

（1）积极践行环境、社会和公司治理（ESG）发展理念，严格执行绿色政策

我国发展绿色金融，促进低碳发展，金融机构是重要的参与行为主体，承担着绿色企业所需绿色资金的供给任务。由于金融机构是以营利性为主的行为主体，容易出现给非绿色企业提供绿色金融业务的问题，或将绿色金融资金以较高利率提供给非绿色企业，致使资金流向非绿色领域，对生态环境有所影响，因此金融机构必须积极践行ESG发展理念，严格执行绿色政策。

金融机构进行投资需要践行ESG发展理念，遵循可持续投资和可持续发展的原则，为此，首先需要以生态环境发展为基本出发点，然后在此基础上进行投资。

金融机构需要严格执行绿色政策，接受监管部门的监管。对不积极践行ESG发展理念、不严格执行绿色政策的金融机构一查到底，零容忍，进行整顿之后再营业，必要时采取法律手段强制其执行绿色发展政策，使得金融机构成为真正的绿色金融机构，开展绿色业务。

（2）投入研发以开发满足各类企业需求的绿色金融产品

目前，我国绿色金融产品种类仍然不够丰富，不能满足各类企业的需求。针对此问题，从企业来看，经营不同产品的企业所需的绿色金融产品是有差异的，为了满足各类企业的需要，可以投入研发，创新开发不同种类的绿色金融产品，包括绿色金融衍生产品等，以此来解决企业绿色投、融资的各种需要。

要大力发展与应用金融科技，利用金融科技手段实现绿色信贷资金的合理配置，重要的是根据绿色信贷的需求类型来进行绿色信贷产品的科技创新，以此来满足不同需求类型的融资者的需要，例如，根据绿色信贷的期限、用途等来创新开发绿色信贷产品。此外，还可以根据要投资的绿色项目类型来进行创新开发，例如，根据绿色交通、绿色能源等来创新开发各种类型的绿色信贷产品。

另外，我国绿色金融产品多以短期和中期为主，长期绿色金融产品的创新开发有限，从金融机构特别是银行机构来看，可以创新开发各种类型的中长期绿色债券，如绿色企业金融债券、公司金融债券等，这样，绿色企业就可以申请中长期绿色信贷，实现中长期的绿色融资，银行机构也可以有效解决由于绿色企业中长期绿色信贷造成的期限错配问题，实现双赢。

再有，重要的是研发适合的绿色金融产品以满足各种企业绿色投资项目的融资和绿色企业生产绿色产品的需要。例如，绿色农业、绿色林业等相关领域的绿色金融产品。这些创新性的绿色金融产品还可以带动需求的进一步增加，促进需求与供给的有效匹配，增加绿色投、融资渠道，极大地推动绿色金融发展。

（3）合理调整融资利率，保障绿色企业所需资金的有效供给

大力发展绿色金融，金融机构要保障绿色企业融资的实现，以促进绿色企业生产绿色产品，实现绿色经济增长，保护生态环境。那么，金融机构应在利率市场化和绿色金融政策的引导下，深入推进绿色金融的利率市场化改革，完善自由竞争的、有管理的浮动利率，使绿色金融产品的利率在合理区间自由波动，避免利率大幅波动，保证绿色企业所需资金的有效供给，以解决绿色企业的逆向融资问题。

金融机构要根据绿色企业的需求创新开发绿色金融产品，包括绿色金融衍生产品；以市场化利率为基准利率，避免市场化利率短期内大幅度波动带来的不利影响；调节绿色企业所需绿色资金的有效供给，给绿色企业提供市场化下正常利

率水平的绿色资金。同时，要尽可能满足中小微型绿色企业的融资需求，给中小微型绿色企业提供绿色资金，必要时可采取多方合作的方式来给中小微型绿色企业提供绿色资金，以保障我国中小微型绿色企业的生存和发展，为经济社会可持续发展提供动力。

（4）提供多元化的绿色金融产品和服务

目前，一些省市的绿色金融产品和服务比较单一，绿色信贷作为核心产品占比居多，其余产品占比相对较低、发展不够全面且创新力度不足，绿色金融衍生产品则是几乎没有，这无法适应如今愈加多元化的市场需求。

绿色信贷方面，各金融机构可以汲取国外先进经验，开发新型绿色信贷产品，例如，对那些符合低碳环保要求的绿色建筑，发行绿色住房贷款、提供住房贷款优惠利率；针对个人消费者，可以推出绿色理财产品、绿色消费贷款和融资租赁等新型产品，以方便消费者更多地将资金投入低碳汽车、绿色家电等绿色产品中。

绿色债券方面，目前绿色债券的发行者仅局限于几家大型金融机构，对此，其他金融机构也需要增加绿色债券发行量，共同助力绿色发展；同时发债单位应密切关注绿色债券的投入方向，确保绿色债券投入先进节能环保技术开发、环保产业服务等绿色领域。

绿色保险方面，目前主要的绿色保险产品有环境污染责任险、农业保险、巨灾和天气保险以及为绿色能源、绿色交通、绿色建筑等领域提供风险保障的保险，尚未涉及其他险种。对此，政府可以加大绿色保险研发方面的投入，扩大绿色保险范畴，例如，对绿色金融领域展开的科技创新提供风险保障，以此激励其他企业加大创新投入。

除此之外，还应积极申报碳排放权交易试点，发展个人碳账户；积极开发其他绿色金融产品，如绿色产业基金、碳基金、碳期权、碳期货等，丰富绿色金融产品市场，从而带动国民经济朝高质量和绿色可持续的方向发展。

（5）培养专业人才、进行科技创新

目前，很多省市都缺少能够独立完成环境风险评估、技术分析、产品设计等一系列工作的绿色金融方面的复合型人才，为此可以在高等学校开设有关绿色金融的课程，通过科学专业的体系培养专业化人才；在银行等金融机构内部也可以邀请一些环保部门的专家进行针对性的培训。

此外，绿色金融作为一门复合科目，涉及科技、金融等方面。科技创新对绿色金融发展具有重要意义。通过引入互联网技术，能够实现"互联网+绿色金融"的发展模式，使绿色金融朝着更加方便快捷的方向发展，同时也能有效降低成本，提高发展效率；金融行业可以通过引入区块链技术，实现"区块链＋绿色金融"的发展模式，有助于进一步完善绿色金融监督机制，降低发展风险。此外，互联网科技的应用，能够广泛提高绿色金融的社会认知度，进而增强各市场主体的绿色发展意识。

3.需求主体方面：推动绿色企业融资需求增长

（1）研发或引进先进技术，提高绿色企业效率

我国绿色企业要创新企业生产技术，提高绿色产品收益率，提高绿色企业利润。绿色企业可以申请政府的政策性金融补贴和绿色财政补贴，用于引进先进技术或研发先进生产技术；可通过政府扶持设立绿色技术创新发展基金会，联合高科技企业共同支持绿色企业技术创新，加大绿色生产技术创新的研发资金投入，助力提高绿色企业生产技术，缩短绿色产品生产周期，提高效率。这样，通过多种途径可在一定程度上解决金融机构给绿色企业提供资金的机会成本问题，也增加了绿色企业顺利融资以及再融资的机会。这也亟需大力发展科技金融事业以支持绿色企业发展，以科技金融来提高创新绿色金融产品种类的水平，进一步降低金融市场中的绿色金融产品的机会收益，这对缓解绿色企业、绿色产业和绿色项目融资的约束有着重要的作用，将获得的绿色资金用于绿色生产，可以提高绿色企业利润。对绿色企业而言，通过研发或引进技术能够有效促进企业利润增长，同时也可以促进绿色金融发展。

（2）建立公开化的企业信息平台，构建多方绿色合作机制

针对企业，专门建立公开化的企业经营信息平台，强化金融机构通过企业经营信息开展绿色金融业务来支持绿色发展的机制，以解决金融机构对绿色企业及非绿色企业投资绿色项目提供资金的信息不对称问题。再有，为减轻绿色企业生产绿色产品获得收益前的不确定风险，绿色企业可申请保险公司开展绿色产品的绿色保险业务，为绿色企业在绿色产品生产和销售中的意外风险投保。

当绿色企业融资额较大时，为保障不确定风险补偿，可通过政府、绿色企业、银行机构和保险公司四方合作机制来应对绿色企业融资中的风险问题。银行机构为绿色企业提供大额资金用来推进绿色产品的生产，保险公司为绿色企业生产的绿色产品保险，政府为绿色企业偿还融资资金利息，带有四方合作机制的方案会在很大程度上补偿绿色企业经营绿色产品中的不确定性风险，缓解金融机构对绿色企业大额资金的融资约束。

为此，亟需构建以政府为主导、市场为基础的绿色企业信息化共享平台，加强政府出台的绿色金融政策与金融市场机制的高效耦合联动，形成统一合力。在

绿色企业成长初期，由于绿色企业信息的不透明，绿色金融政策必然要引导金融机构的资金流向绿色企业。随着绿色企业成长到一定阶段，绿色企业的净资产也达到了一定规模，再将金融市场机制导入绿色企业可持续发展规划中，不但能有效提高绿色企业的资金使用效率，而且能进一步促进绿色企业的可持续发展，更有助于绿色企业与金融市场上的商业金融机构形成良性互动。

（3）保持收益的可持续性和稳定性，申请政策支持和商业支持

绿色企业，特别是绿色中小企业要不断推进技术创新，缩短绿色产品生产周期，保持收益的可持续性和稳定性，可以向政府申请政策支持，也可以向金融机构申请商业支持。这也需要高效发挥政府积极引导和鼓励商业性金融机构开展绿色金融业务的作用，给予开展绿色金融业务和绿色金融产品创新业务的商业性金融机构政策性优惠，如税收减免，绿色金融产品创新大额补贴、各种绿色金融业务的激励政策等，以刺激市场上的商业金融机构业务向绿色产业、绿色企业和绿色项目倾斜。

由政策性金融机构牵头做好示范，推动绿色金融业务和绿色产品创新。鼓励社会民众积极参与绿色产业和绿色项目投、融资，对绿色产业和绿色项目给予足够补贴以支持绿色发展。构建政府、政策性金融机构、商业性金融机构和社会民众四方联动共同体，强化"绿色"概念，共同支持绿色产业、绿色企业和绿色项目发展，不断提高社会投资主体对绿色产业、绿色企业和绿色项目的投资热情，提高绿色企业融资的可能性。

完善绿色金融政策服务体系，促进绿色企业融资的可获得性、稳定性和可持续性。考虑到绿色企业前期的融资约束，很大程度上需要依托我国政府出台相关政策大力支持和有效宣传来引导金融机构将资金提供给绿色企业，促进资金向绿色企业流动和有效配置。将政策性金融和商业性金融融合纳入绿色金融创新服务体系框架中，紧密协调配合使用，能更好地改善金融机构服务绿色企业的质量。

（4）搭建融资互助合作平台，实现企业资金整合的规模效应

在绿色企业成长初期，为缓解绿色企业融资约束压力，促进绿色企业强劲发展，可在行业内部搭建有效的融资互助合作平台。在绿色企业需要较大额度的融资时，可通过融资互助合作平台，请求行业内其他的绿色企业一起为资金需求联名担保向金融机构进行较大额度的融资，获得收益后再给联名担保的其他绿色企业一定收益。这样，将会在很大程度上缓解绿色企业的融资约束压力，融资约束上限也会有所提高，绿色企业获得资金的额度也会有所提高，将这些资金有效投入绿色产品生产中，有利于保证绿色企业可持续发展。

第一章　绪论

另外，对于成长初期难以获得融资的绿色微小企业，可以积极推动绿色企业生产互助合作社的建立，合作社内的每家绿色企业以股份形式来进行合作经营。在生产经营实践中，可以将绿色企业生产互助合作社作为融资单位来进行绿色融资。这样不仅可以增加融资规模，节约融资成本和生产成本，提高绿色企业生产互助合作社的净收益，也会使绿色企业生产互助合作社内的每家绿色企业收入增加，促进绿色企业可持续增长。

（三）积极促进科技金融发展

科技是推动人类进步的基本动力，金融发展也靠科技推动，而且金融业历来是各类科学技术最早、最敏感的使用者。但是，应当指出的是，科技金融不是科技，其本质仍是金融，因此，科技金融发展必须"不忘初心"。

做金融就要遵守金融的规则。发展科技金融，需要做到以下几点。

1. 政府方面：引导科技金融发展

（1）精准增加科技财政投入，建立专项风险补偿资金池

作为一个特殊的供给者，政府的财政支持和补贴不仅限于各类科技实体，还包括风投机构、银行业金融机构、担保机构、资产评估机构等一系列金融实体。

从各类科技主体的层面来说，为了维持科技主体开发创新活动的正常开展，政府需要持续增加科技财政投入，尤其是对以中、西部为代表的科技金融低效率地区，贯彻落实"有的放矢、精准填坑"的原则显得格外重要。欲扭转目前我国科技金融发展对经济增长推动作用偏小的不理想局面，改善"车尾"、缩小差距是关键。对于高效率地区，科技金融的发展以市场为主导，政府仅需稳定发挥资金注入的辅助作用即可；但对于以政府为主导的低效率地区，情况就变得不一样了，政府需要在给予低效率地区倾斜照顾的同时，充分考虑高新技术产业高、低效率地区间存在的发展差异，进而合理引导财政资金转向农业科技等基础科技领域，打造因地制宜的政府扶持模式，有效改善当前各地区科技主体的财政利用率。

从各类金融主体的层面来说，政府可以通过在科学技术领域设立专项风险补偿资金池，在一定程度上补贴各类金融机构在具体科技融资业务中产生的损失，以此激发我国科技金融市场的潜在活力。例如，德国就利用政府专项风险补偿资金，降低了银行金融机构在科技信贷业务中面临的信用风险，减轻了担保机构对科技型企业违约行为的代偿、赔付重担，共同应对了创业风险投资机构在投资中难以避免的逆向选择与道德风险，实现了科技信贷风险在政府、贷款银行、担保

银行之间的合理分摊。考虑到目前我国科技信贷风险将近九成仍集中在担保机构的不利局面，积极汲取德国的风险分摊经验不失为一个良策。

此外，政府所能提供的科技财政资金有限，使得不断开设新型引导基金，吸引社会资本成倍涌入，充分发挥资金杠杆的放大作用，同样成了科技金融带动我国经济实现高质量增长的必由之路。

（2）促进高新技术产业集聚，密切科技金融交流学习

自"十四五"以来，聚焦重点产业领域，打造发展集聚高地，无疑正在成为释放我国科技金融市场活力、经济社会发展潜力的应有之义。

我国科技金融的产业集聚应是一个循序渐进的过程，需要在政府的有序引导下逐步实现由点到面的扩张，即从一个省份内的高新技术产业集聚开始，形成集聚的初始形态；到东中西部各地区内省份与省份之间的跨区域高新技术产业集聚为止，形成集聚的纯熟形态。以东部地区为例，政府应致力于引导形成"京津冀"高新技术产业集群，通过区域内科技金融效率值最高的北京，带动周边效率值相对较低的天津与河北，充分发挥科技金融的正向溢出效应，将北京中关村内过盛的科技金融资源，合理疏散至天津滨海与河北雄安，在高新技术产业集群内形成科技产业与金融资源的"双集聚"，共同有效提升集群的公共服务能力、创新引领能力。同时，借助高新技术产业的集聚动力，能够强劲推动我国产业布局迈向中高端，又好又快地实现产业结构优化升级。

在促成高效的产业聚集后，政府应当在东中西部地区之间，大力组织科技金融工作的交流学习活动，开发出中、西部地区尚未被挖掘的潜能与动力，改善长久以来三个地区之间存在的阶梯式断层差异，尽可能地缩小鸿沟，带动国内整体科技金融发展效率飞跃式提升。

另外，政府还应当鼓励国内先进的高新技术产业开发区、科技金融示范区走出国门，向美国硅谷、德国慕尼黑科技园、日本筑波科学城等世界著名的高科技产业区取经学习，主动补短板、强优势，加快适应、引导、创造新需求，推动我国重点产业领域早日形成规模效应。

不难看出，由内而外全面的科技金融交流与学习，是助力我国经济社会实现高质量增长的不二法门。

（3）推广科技金融"一站式"服务平台，搭建信息数据共享走廊

科技金融服务平台是指与各方金融机构建立合作，集天使投资、创业风险投资、科技贷款、股权融资、科技保险、科技担保等各类金融服务于一体，为科技型企业提供综合性融资支持服务的"一站式"办事平台。

除此之外，科技金融服务平台还会对申报融资的科技型企业进行资质判定，从而为符合标准的企业额外提供诸如科技贷款贴息、科技保费补贴等一系列优惠服务，有效降低科技企业的融资支出，能够将有限的资金资源更多投向研发环节，实现真正意义上的把每一分钱都花在刀刃上。

近年来，国内逐渐涌现出了诸如中关村科技中心、苏州市科技金融生态圈平台、广州市科技金融平台、东湖国家自主创新示范区科技金融综合服务平台、成都盈创动力等一系列科技金融服务平台，但大多集中在科技金融发展较为成熟的东部地区，中、西部地区科技金融服务平台的建设与发展，有必要通过政府展开进一步宣传推广，并在必要时采取一定的帮扶举措。以西部地区目前比较具有代表性的成都盈创动力为例，截至2019年12月底，累计为8100余家科技型中小企业提供债权融资超过535亿元，为435家企业提供股权融资近86亿元，为34000余家企业提供投、融资增值服务，助推80余家企业改制上市。由此可见，西部地区广阔的市场需求与光明的发展前景并存，亟需政府助力打造科技金融"一站式"服务平台。

当今的时代是数字化与产业化相互交融的"双螺旋"时代，任何经济活动的开展都离不开信息交换与传递过程中发挥内在驱动作用的"数据"，更何况科技主体与金融主体之间的融资活动。因此，政府需要担起主导构建科技金融信息数据共享走廊的重任，可以先以高新技术产业开发区为单位，领导并督促开发区内各科技型企业及时录入融资信用的相关数据，一步一步搭建起致力于消除融资双方信息不对称问题的信息数据共享走廊，密切科技、金融两部门之间的联系，促成深入合作关系，能够以更高效的科技金融发展助力国内经济稳中向好发展。2019年，中关村示范区首次启动科创企业融资信用数据库，并完成了第一批2000家企业170项数据的入库工作，接下来数据库的进一步整合与统一还有赖于政府的持续推进。

2. 金融机构方面：提供科技金融业务

（1）完善金融机构科技贷款投入

金融机构是企业资金的主要供给方，科技金融投入水平提高的关键要素之一就是有效地提高金融机构在科技贷款方面的投入水平。目前，我国金融机构的贷款活动比较保守，而高新技术企业从事的生产经营活动又充满了不确定的风险，使得金融机构在科技方面贷款资金有限。

为了使金融机构的投融资功能能得到更好的发挥，为高新技术产业的发展拓宽筹资渠道，政府可以在其中穿针引线，在企业与金融机构之间搭建一个平台，加强高新技术企业与金融机构的合作。金融机构通过这个平台，可以深化科技贷款，利用高新技术企业的高新技术开展科技贷款业务，开发新的金融产品，创新金融模式，还可以简化贷款程序，降低交易成本，与高新技术企业相互促进、共同发展。

同时，金融机构也应该优化科技贷款的资源配置，提升内部项目评估水平。一方面，可以引进相关技术人才，提高员工对优质项目的审查能力，减少因为信息不对称引起的风险；另一方面，要建设专门针对高新技术企业的风险评估业务部门，审慎把控贷款，控制风险，促进高新技术企业的发展。

（2）创业风险投资机构拓宽资金来源，优化投资环境

一国创业风险投资机构能否健康发展壮大，关键在于其风险投资资本中社会资本所占的比重大小。社会资本所占比重越大，创业风险投资的发展越具活力；反之，政府资本所占比重越大，创业风险投资的发展就会越显乏力。从当下创业风险投资机构的资本来源数据中不难看出，我国经济相对欠发达的中、西部地区，其风险投资资本主要来源于国有独资机构、政府引导基金、其他财政资金等政府资金；而经济较发达的东部地区则一般通过民营投资机构等市场主体即可满足自身的创业风险投资需求。因此，中、西部地区的创业风险投资机构应向东部看齐，积极引导社会民营资本进入机构，借助发行证券、众筹私募等方式"多管齐下"，不断拓宽区域内创业风险投资机构的资本来源。

回归本质，创业风险投资不过是描述"风险资金流动创造财富"全过程的一个金融概念，社会范围内风险资金流动性的大小以及周转速度的快慢，都在潜移默化中决定着创业风险投资的生命力。

由此看来，我国创业风险投资机构应当重视起风险资本退出机制的建设，不再以低效的被收购、被回购退出方式为主，转而鼓励风险资本以更高效的公开发行上市方式退出，在加快风险资本流动、周转速度的同时，切实提升风险资本的利用率，有利于为机构的快速可持续发展营造出良好的投资环境，使得科技金融对经济增长的助推作用能够顺利发挥。

（3）银行金融机构增设专营机构，创新科技金融服务

作为科技金融的重要供给方，为了实现有限资金的高效配置，使得供需双方同时受益，进而助力我国经济的持续增长，银行金融机构需要在专营机构数量与金融产品服务两方面苦下功夫。

专营机构数量方面，建议主要致力于增设以科技型企业为首要服务对象的科技支行，相比普通的银行，科技支行有能力对其所提供的科技相关金融产品服务进行更为专业的贷前、贷中、贷后监管。

第一章　绪论

金融产品服务方面，主要是致力于完善、创新产品和服务的种类，以满足各类不同阶段科技型企业的多样化需求。例如：明确、细化知识产权质押业务的交易规则与实施准则，避免借贷过程中发生不必要的纠纷；在知识产权质押的基础上，进一步开展知识产权证券化业务，因为该项业务并不会同质押一样发生知识产权的转移，所以科技型企业在获得资金支持的同时还能继续对其进行优化升级，以期在未来获得更多的资金支持，可以为科技型企业提供较为理想的融资杠杆；推行并购融资业务，科技型企业之间的并购是一种利大于弊的经济活动，并购双方可以在保留现有核心技术及科研成果的情况下，顺利实现资源重组，尽可能地向帕累托最优状态靠近，银行金融机构若能在此时为并购方提供必要的资金支持，科技型企业之间的并购业务将会事半功倍。

同时，基于金融产品服务的不断完善，需要逐步明确银行金融机构的分工体系，适当降低政府支持在科技金融发展过程中的比重，以发挥银行金融机构应有的主导作用。

拥有强大间接融资市场的日本，其科技金融的发展模式就是最好的借鉴榜样。我国银行业金融机构可以结合实际国情向日本学习，建立类似于主银行制度的银企关系，为科技型企业提供尽可能长期的信贷支持，最大程度上缩减中小型科技企业各生产阶段的资金缺口；也可以通过扩展金融服务链条，实现信贷与信息的双重支持。

（4）保险机构打造多主体产品研发模式，注重机构建设

不可否认，国内保险在科技领域内的探索起步较晚，发展较慢，使得险种少且无关痛痒，一直束缚着我国科技保险的广泛应用。面对如此困境，保险机构必须开创"保险机构＋政府＋高等院校或科研机构"的多主体产品研发模式，汇集保险机构丰富的产品设计经验、政府宏观的全局把控、高等院校或科研机构专业的知识储备于一体，共同打造出在技术研发、成果转化过程中，科技型企业切实所需的科技保险产品，只有"适合的"，才是"最好的"。

同时，为了充分发挥保险业务对科技金融效率提升的促进作用，加速推动我国经济实现跨越式发展，保险机构还应当高度重视机构的建设，具体可从以下几点入手。

首先，增加科技保险专营机构的数量，提升科技保险服务的专业性与供给能力。

其次，灵活运用成功案例，通过宣讲会、交流会等渠道，持续加大对科技保

险的宣传力度，使得这一概念能在企业的脑海中留下深刻印象，真正激发出企业的科技保险需求。

再者，建议设立科技保险中介机构或在保险机构内部新设科技部门，从专业角度出发，精准判定科技型企业的相关资质，尽可能降低保险机构面临的大额赔付风险。

最后，积极主动地与再保险公司建立合作，以有效对冲科技保险市场中长期存在的外部性。

（5）资本市场更好地发挥资源配置作用

资本市场能够为科技型企业提供高效便捷且成本低廉的融资途径，为了更好地促进科技型中小企业创新能力的提升，需要推动资本市场更好地发挥资源配置作用。

第一，进一步优化主板、创业板、科创板、新三板等资本市场制度。我国股票、债券市场起步较晚，目前体制机制还不够健全，为了让中小企业以及科技型企业能够更好地利用资本市场融资，我国设立了中小板、创业板、科创板、新三板等资本市场制度，但普遍存在交易量低、投机性强等问题。2019年科创板试点注册制，2021年深交所主板与中小板合并，资本市场改革创新之路任重道远。优化资本市场运作机制，完善企业信息披露制度，同时注重投资知识的普及，提高股民整体素质，充分发挥资本市场资源配置的作用，这样才能有效激活市场，为科技型中小企业创新发展提供舞台。

第二，注重债券市场发展。科技金融投入包含了债券部分，根据优序融资理论以及MM定理，通过发行债券进行融资，负债的利息有税盾效应，能够有效降低企业的综合资本成本，从而提升企业价值。相较于银行借款，发行债券能够在短期内筹集到大额资金，对于将要开展新项目的科技型中小企业十分重要。创新债券融资工具，提供多种融资渠道，同时健全信用评级机制，尝试建立我国具有权威性和专业性的信用评级机构，优化债券市场环境，以此帮助企业更好地利用债券市场进行融资。

3.科技主体方面：推动需求质量提升

（1）主动积极寻求供应链合作，认真专注成果转化与应用

科技金融发展过程中涉及的科技主体，即科技金融需求方，主要包括科技型企业、高新技术产业开发区、高等院校以及科学研究与开发机构。

为了促进我国科技金融效率的飞速提升，科技型企业与科技型企业集群的高新技术产业开发区需要主动积极寻求供应链合作。其中，供应链合作指的是多个

第一章 绪论

科技型企业以一个大型核心企业为主,分别充当其产品、服务供应链条上的上、下游角色的一种经济合作关系。在这种依附于大型核心企业的合作关系中,充当上、下游角色的科技型企业更易获得项目的融资支持,更快实现提高技术创新能力的目标,其中蕴含的原理与联合贷款机制不谋而合。

同样,为了切实增强科技金融发展对我国经济增长的推动作用,高等院校、科学研究与开发机构需要专注于科研成果的转化与应用。近年来,随着各类科技主体自主创新能力的不断提高,越来越多的科研成果被相继挖掘,并大规模进入产业化、商业化的应用阶段。于是,对科研成果的质量进行全方位严格把控日渐成了发展趋势。

一方面,高校与科研机构可以通过引进专业人才,在内部开设独立的科研成果评估鉴定部门,完善落实事前审核、事中管理、事后监督的一整套机制,始终"高标准、严要求"对待市面上的各类科研成果。

另一方面,则可以借助公正合理的评判指标,将科研成果转化与应用的结果转变为量化评分,并将最终评分纳入高校与科研机构的评价体系当中,时刻为科研成果的高质量转化与应用提供动力。

(2)贯彻科技人才培养方针,落实科技人才引进机制

要想在当今竞争势头异常强劲的科技现代化市场中站稳脚跟,获得先发优势,打破边界,铸就辉煌,就无论如何也离不开这个让国运昌盛、民族富强的"人才"二字。关于科技人才的培养,需要深化产教融合,推进校企合作,将高等院校及科研机构培养出的高质量人才分别输送给各类科技型企业,有效填补企业内部的人才需求空缺;同时科技型企业也应当为应届毕业生提供有吸引力的工作条件,留住人才、锁住人才。但考虑到高校及科研机构培育的人才可能存在知识涉猎面单一、实操经验不足的问题,所以还需设立专门的科技复合型人才培训机构,面向社会广泛招纳具备工作经验的各类金融从业者,并进行统一的综合性培训,力图打造出一支支优秀的科技复合型人才队伍,助力国家科技金融效率的稳步提升。

人才培养固然重要,但科技人才的引进同样不容忽视。科技型企业可以通过向外地优质科技人才提供丰厚的安家置物费、税收医疗补贴,以及给予特殊的晋升机制、荣誉称号等诸多方式,不断实现人才的引进目标。此外,以北京、广东、江苏为代表的国内科技金融高效率省份,应该将区域内过盛的人才资源合理分散至中、西部地区内的低效率省份,切实优化人才资源在全国范围内的配置效率,助力国家科技金融效率等比例提升,从而带动整体经济的稳步增长。

总而言之，唯有不断推进科技部门与金融机构、政府部门的深入合作，实现经济社会全要素生产率持续攀升，助力国内产业优化升级，才是健康、长效发挥科技金融对我国经济增长助推作用的必由之路。

二、互联网引发的重大金融变革——互联网金融

互联网金融是传统金融业与互联网概念相结合的新生产物，互联网"开放、平等、协作、分享"的精神正渗透至传统金融业。当前互联网金融借助大数据、云计算、社交网络和搜索引擎等信息技术优势，从商品流到企业的资金流、信息流，再延伸至银行支付、融资等核心业务领域，强调数据驱动运营，实现了对市场、用户、产品、价值链的逐步重构，打破了传统的金融行业界限和竞争格局。这绝不是简单的技术叠加或替代，更多的是对商业银行经营模式甚至是中介功能的全面冲击。

（一）互联网金融的业务形式

下面基于《国民经济行业分类（GB/T 4754-2017）》，对第三方支付平台、第三方借贷平台和第三方融资平台三类核算主体进行基层行业分类，以便找出三类主体的具体业务，进一步对三类主体具体业务的业务形式、金融服务模式和盈利方式进行分析，以明确具体业务的大致情况，探讨互联网金融的发展状态。

在此之前，先要讨论三类核算主体的资产特点。第三方支付平台主体归属于金融辅助机构，主要涉及交易双方的资金划转及清算等资金往来活动，互联网金融交易只是借助平台进行，交易资金的所有权归属收付款人。第三方借贷、第三方融资与此相类似。总之，第三方平台均只起到资金的存管与中转作用，其本身并不拥有交易资金的所有权。但是传统统计中金融资产和负债要求主体实际具有所有权，因此，在第三方平台上进行交易所产生的资产或者负债，本身属于交易者，也就是归于住户或者企业账户，从传统统计或者会计准则的角度来看并不将在第三平台上进行交易的资金归入第三方平台，而是归入交易者名下。

从货币统计视角，对互联网金融企业而言，资产负债的所有权固然重要，但是资金监测也相当重要，第三方平台记录这些资产负债数据可以更好地反映这些互联网金融机构的资金融通作用，而且这些资金的交易数据在第三方平台是真实存在的。该如何在第三方平台记录这些借贷资金呢？可以改变交易流程，单位甲与乙之间进行直接交易，可能被记录为二者通过第三个单位丙进行。故第三方平台从事的互联网金融业务活动是借方和贷方的一笔交易，可将之记为两笔交易，

即被记录为资产方先与第三方平台交易，再由第三方平台与负债方交易，而实际交易是由资产方与负债方进行的，称这种交易为虚拟交易，由此平台所产生的金融资产和负债称之为虚拟资产与虚拟负债。进而，在第三方平台上进行的这笔业务交易可以通过虚拟交易的形式记录在其资产负债表内，有利于资金监测。

1. 第三方支付业务形式及虚拟资产类型

首先，基于《国民经济行业分类（GB/T 4754-2017）》以及《非金融机构支付服务管理办法》，对第三方支付平台主体进行基层行业分类，便于找出三类主体的具体业务。

我国央行颁布的《非金融机构支付服务管理办法（2010）》以及《国民经济行业分类（GB/T 4754-2017）》也对非金融机构支付服务进行了具体阐述。二者对互联网金融的基层分类基本相同，只是《国民经济行业分类（GB/T 4754-2017）》强调了第三方支付机构。《国民经济行业分类（GB/T 4754-2017）》中非金融机构支付服务属于金融业大类下的其他金融业分类（代码为69）中的子类，具体分类如表1-1所示。

目前市场上一般将其划分为第三方互联网支付和第三方移动支付。艾瑞咨询在《2019年第三方支付行业报告》中指出：第三方互联网支付是由互联网支付与第三方支付两者交集形成。

表1-1 非金融机构支付服务国民经济行业分类

代码	行业	具体分类
6930	非金融机构支付服务	网络支付 预付卡的发行与受理 中国人民银行批准的其他支付等服务

表1-1中，这些具体分类之间的市场规模如何？市场份额如何？从中国人民银行发布的第三方支付牌来看，第三方支付细分领域主要包括预付卡发行与受理、网络支付等。其中，互联网平台支付、移动支付市场与服务商的支付场景紧密联系，基本形成支付宝一家独大、财付通紧随其后的局面。

其次，进一步分析具体业务的业务流程以及金融服务盈利方式。业务一般分为收单业务以及支付业务，第三方支付就是在收款方和付款方之间提供一个资金流转的桥梁，然后，基于具体业务形式、流程、盈利方式，明确具体业务的虚拟资产与负债类型。第三方支付主要从事网络支付、银行卡收单、个人转账等业务。

经过分析可知，基于主体金融辅助机构的特殊性，第三方支付业务交易活动记录时可进行交易改道，被记录为资产方与平台之间的交易、平台与负债方之间的交易，即虚拟交易，由此第三方支付平台所产生的金融资产和负债称之为虚拟资产与虚拟负债。

在 MFS 中，贷款包括由其他金融中介机构等发放给各种部门的所有贷款及垫款。第三方支付公司归属于金融辅助机构，如第三方支付公司的一笔互联网支付业务，涉及付款方预付给第三方的一笔资金，可将其看成垫款。又由于此笔垫款的所有权不属于第三方公司，因此，这一笔业务交易所产生的相关的资产和负债类型为虚拟贷款。综上，第三方支付的虚拟资产以及负债，应属于金融虚拟资产——虚拟贷款。

2. 第三方借贷业务形式及虚拟资产类型

采取与第三方支付类似的思路，基于《国民经济行业分类（GB/T 4754-2017）》，对第三方借贷进行基层行业分类，找出具体业务，进一步对其具体业务的业务形式、业务金融服务模式和获利方式分析，以明确具体业务的资产与负债，并进行分类，从而进一步探讨互联网金融的发展状态。

首先，找出第三方借贷的具体业务。《国民经济行业分类（GB/T 4754-2017）》中网络借贷服务处于金融业大类中的非货币银行服务类下的分类目录中。具体分类如表 1-2 所示。

表 1-2　网络借贷服务国民经济行业分类

代码	行业	具体分类
6637	网络借贷服务	互联网融资平台（P2P）服务 在互联网平台出借人的活动 在互联网平台小额贷款公司的服务 在互联网平台借款人的活动

注：《国民经济行业分类（GB/T 4754-2017）》特别指出网络借贷服务不包括银行等机构利用互联网平台开展的借贷服务，应列入 662（货币银行服务）或 663（非货币银行服务）相关行业类别。

由表 1-2 可知，网络借贷服务包括 4 项服务活动，但网络借贷服务主要参与者包括网络借贷平台、借款人、出借人以及其他小额贷款公司，网络借贷平台负责协调资金的匹配。其中，平台出借人的活动以及平台借款人的活动最终归结为互联网融资平台（P2P）以及互联网平台小额贷款公司的服务，其他只是参与的主体。

第一章 绪论

其次,进一步分析具体业务的业务流程以及金融服务产出获取方式。网络借贷起源于 P2P 模式,即 Peer to Peer,是出借人和借款人通过网络借贷平台直接建立借贷关系的一种模式。P2P 网贷平台在规模上有较大影响,在现有的众多研究中,学者和业界基本均以互联网融资平台(P2P)为网络借贷的主要代表业态。盈利方式方面,P2P 网贷平台收取融资人的约定利息以及服务费,其中服务费一般包括注册费、充值费、提现费,以及逾期管理费。平台往往不收取投资人的注册费,但也会收取充值费、提现费。

然后,基于具体业务形式、流程等,明确 P2P 网贷平台具体业务的虚拟资产与负债类型。P2P 网贷平台中客户资金应由银行业管存,但平台掌握了交易活动中详细的资金流动信息。类似第三方支付平台,经过分析可知,基于主体金融辅助机构的特殊性,在进行 P2P 网贷平台业务交易活动记录时可进行交易改道,可将平台上借方和贷方的一笔交易记为两笔交易,即被记录为资产方先与平台交易,再由平台与负债方交易,这种交易也是虚拟交易,由此 P2P 网贷平台所产生的金融资产和负债称为虚拟资产与虚拟负债。平台在交易中充当信用中介,第三方借贷平台的虚拟资产以及负债,应属于金融虚拟资产——虚拟信用贷款。

3. 第三方融资业务形式及虚拟资产类型

首先,《国民经济行业分类(GB/T 4754-2017)》国家标准中,行业类别互联网科技创新平台(代码为 6433)中指出众筹平台(网上募集资金)应列入其他非公开募集证券投资(代码为 6739)。其他非公开募集证券投资在资本市场服务类下的分类目录中,包括基金投资类理财服务,具体基层分类如表 1-3 所示。

表 1-3 其他非公开募集证券投资国民经济行业分类

代码	行业	具体分类
6739	其他非公开募集证券投资	非公开募集证券投资基金 非公开募集股权投资基金 非公开募集房地产投资基金 非公开募集风险投资基金 非公开募集其他投资基金 其他私募基金 其他风险投资服务

2014 年 12 月,《私募股权众筹融资管理办法(试行)(征求意见稿)》给出了股权众筹平台的界定,规定在经营业务范围方面,其不得兼营 P2P 网贷或小额网络贷款业务。

其次，众筹平台有多种运营类型，我国众筹平台主要包括权益型以及股权众筹。众筹行业还有公益型众筹，如水滴筹等，其具有公益性质，通常并不以向拥有或控制它们的单位提供某种收入或利润为目的（至于是否获利，另当别论）。

总的来讲，不同运营类型的众筹平台的基本业务流程基本相似。国内外的众筹平台运行模式也是大同小异，但在佣金收取和资金发放模式方面存在一些区别，大致分为两种模式，一种是当项目启动，平台收取5%的提成；另一种是当项目启动，平台仅收取4%的费用，若没达到融资目标仍然可以得到已筹得的资金，但需支付9%的提成。而我国众筹平台主要是第一类，且只有筹资人有佣金。

最后，基于具体业务形式、流程等，明确众筹平台具体业务的虚拟资产与负债类型。类似于第三方支付及第三方借贷平台，在进行众筹平台交易活动记录时可进行交易改道。对于众筹平台而言，当一个项目筹资成功时，可将借方和贷方的一笔交易记为两笔交易，即被记录为先由借方与众筹平台进行交易，再由众筹平台与贷方进行交易，这种交易也是虚拟交易，由此产生的金融资产称为虚拟资产。众筹平台的虚拟资产，应属于金融虚拟资产——虚拟股权投资，众筹平台的虚拟负债，应属于金融虚拟负债——虚拟股权融资。

（二）互联网金融的主要优势

1. 成本优势

与传统金融业务相比，互联网金融的成本主要集中在研发和技术环节，而在整个运营环节所花费的资金较少，而且研发成本还可以通过外包、克隆等形式轻松克服。互联网金融行业的成本优势主要体现在以下两个方面。

一方面，互联网金融不需要太多的劳动力，可以降低运营成本。由于互联网本身就是最大的销售平台，各种金融产品直接摆在互联网超市的"货架"上，不需要专人进行线下的营销。例如，传统保险需要上门推销，但是互联网保险可以直接在淘宝上上架，无需花费人工做宣传。

另一方面，由于是在线宣传，只要有第三方推广即可，不需要卖力地实地宣传。事实上，由于互联网的传播速度非常快，许多普通的互联网用户无形中就承担了宣传者的角色。除此之外，互联网金融的非核心业务也可以交给专业的公司打理，因此可以节省大量的处理成本。

2. 信息优势

互联网的信息优势在于数量和速度。相对于传统金融业来说，首先，互联网作为信息集散中心,对信息的获取、储存、处理、分析、使用等更加快捷。互联网金融与生俱来的信息处理能力要远高于其他行业。其次,由于互联网具有强大的信息储存、处理能力以及丰富的安全经验,互联网金融在产品和服务创新以及业务整合方面也更占优势。最后,从价值角度来说,互联网金融并不是单纯通过收取单个用户的产品和服务费用来获利,而是将分散在全国各地的网络用户整合起来,以小博大,通过掌握的平台资源向信息使用者收取推广费和服务费等。

3. 技术优势

任何一家互联网企业的崛起都需要长时间的积累,而互联网金融正是利用了这种优势。

首先,互联网金融借助互联网技术在前沿科技上表现出的强大动力,结合人工智能、大数据、虚拟现实等技术创新得到更加丰富的金融产品及服务。互联网金融作为一种新兴经济体,对于新技术更加敏感,更容易做出改变,而传统金融行业只专注于金融行业,并未过多地关注技术革新。

其次,互联网金融借助互联网技术之间的紧密联系及联动作用,已经搭便车赶上新兴技术的脚步,并且仍在进行产品和服务的科技创新。而传统金融行业,虽已成立自己的金融公司,但在技术层面并非立即投入就能赶超的。

4. 思维优势

产品思维是如何打造产品的系统性思维,是集判断、收集、整理、处理等过程为一体的链式思维。

首先,互联网金融非常重视产品思维,产品和服务的设计需要遵循用户的消费习惯,因为其掌控着整个产品的命脉。

其次,互联网金融更加看重用户体验和产品服务,时刻把用户体验放在首位。顶尖的互联网金融产品并不直接从用户身上赚取利润,而是通过用户来创造利润。他们摒弃了商业银行对用户个体实力(特别是经济实力)的划分,而商业银行对传统业务的认知局限在于,只要是客户就能带来网络流量和曝光度、只要能利用好流量优势就能转换为收益,但商业银行很难对客户一视同仁,最终导致客户流失,业务量减少。

(三)互联网金融发展的现实意义

互联网金融以互联网为主要媒介,秉承着开放、平等、分享、协作等原则,利用互联网以及移动支付平台等工具,提高了现代金融业务的工作效率、降低了运营成本、吸引了更多群体、提升了业务的增长速度。

1. 有效提升工作效率

在互联网金融中,计算机按照标准化流程,对所有金融服务业务进行处理,处理时间短,效率更高,避免了传统金融服务中的客户排队等候现象,节约了客户时间,增强了客户体验。例如,阿里小贷和微众税银等互联网金融平台,精准分析客户数据,构建大型信用信息数据库,利用信用风险分析相关工具和模式,实施多元化、精准化营销方式,让客户能快速便捷获得信用贷款。这类基于大数据分析的互联网金融平台,处理贷款的审批仅数秒钟,平均每日可发放信用贷款上万笔,极大地提升了信贷工作效率,俨然成了一个个"信贷工厂"。

2. 有效降低运营成本

互联网金融是一种开放的金融服务形态,在这种形态下,借助互联网平台,实现了信息数据共享,资金供需双方可自行完成信息筛选和数据匹配,且可自动进行金融服务或产品定价,自行完成交易,中间没有相关中介,打破了传统金融机构的金融服务垄断,降低了客户的交易成本。同时,客户可以根据自身情况,快速获得相应的金融产品,减少了信息不对称性,进而降低信贷成本。

3. 有效吸引并留住更多客户群体

互联网金融不受时间、地域、抵押物等限制,深受客户尤其是个体和小微企业的欢迎,加之信贷审批时间短,金融服务高效便捷,打下了广泛的群众基础。而且,互联网金融服务大多是传统金融不愿做的业务服务"盲区",有效完善了我国金融制度体系,优化金融资源配置。

4. 有效提高业务增长速度

在大数据、电子商务发展飞速的背景下,互联网金融业务快速增长。例如,近些年大热的余额宝,在其最初投入运营的两周内,客户群以燎原之势迅速扩张,累计用户超过 250 万人,吸纳资金超 60 亿元。截至 2021 年一季度末,余额宝资金池规模达 9724 亿元,是时下最具实力的公募基金。

5. 有效助力发展普惠金融

根据金融理论中的长尾理论,小微客户比大型客户数量更多、规模更加庞大、对金融系统的影响更广泛,是一股不容忽视的力量。我国民间资本常常隐藏于常规经济生活之中,非常容易被大型金融机构所忽略。但是小微企业和个人客户数量庞大且不易被发现,商业银行往往需要消耗大量的人力成本和实体网点建设成本来收集和获取这部分客户的信息和需求,不能由线下交易来发展这类客户。然而互联网金融企业可以运用大数据技术从线上准确收集获取小微客户的相关信息和需求，完美地解决了商业银行无法获得小微客户信息和需求这一困境，不用花费很高的成本就可以开发拓展小微客户市场。

另外，经济全球化进程促使我国经济蓬勃发展，人们的生活水平越来越高，随之而来的是人们金融意识逐渐觉醒，个人对于金融的需求不断上升，然而商业银行能够推出的金融理财产品比较有限，互联网金融的发展恰好使投资者的这些需求得到了满足，将人们手中闲置的资金、资源集中起来，提高了有效供给，帮助普惠金融更加深入的发展，提高了金融服务的质量。

6. 有效促进金融创新

互联网金融以其包容性、普惠性推动了金融行业的创新，使得金融活动效率得到了快速提高，提供了大量灵活、便捷、透明的金融产品。互联网金融发展模式给传统商业银行带来了不小的冲击，因此，许多商业银行要想实现更好的发展就必须适应大环境的发展变化尽快转型升级。例如，2013年蚂蚁金服联合天弘基金推出了余额宝，这一互联网理财产品的出现使得商业银行对金融理财不再具有垄断优势，随后各商业银行也开始逐步发展线上业务，推出相应的产品争夺市场。互联网金融推动了金融创新的步伐，使得人们和小微企业对金融领域的多样化需求得到了满足，进一步促进了我国的利率市场化改革和金融企业改革。

7. 有效分散市场风险

在经济市场中信息不对称效应普遍存在，如果对于市场中的风险没有进行有效防控，那么经济运行就有可能造成重大损失。因此，金融市场必须形成风险共担机制，金融机构进行风险防控的最重要的措施就是分散和转移在交易定价中发生的风险。随着互联网金融的发展，这些平台收集信息资源更加便利，而且这些平台大多数是开放免费的，有效解决了金融市场上信息不对称的问题，从而使进行交易时成本得以降低，市场风险得以分散。

第二章　互联网金融历史与现状

互联网与金融的深度融合和快速发展，一方面发挥了互联网可以低成本覆盖长尾市场的优势，大大降低了投资理财的门槛，扩大了金融服务的边界，提高了金融业务的效率，实现了金融服务的规模效应；另一方面，也引发了一系列金融风险和问题，这些问题造成的负面影响远超过了传统金融带来的影响。对互联网金融的历史与现状进行深入探讨，可以为互联网金融优化与发展策略的提出奠定基础。本章分为互联网金融的历史发展、互联网金融的现状两部分。

第一节　互联网金融的历史发展

一、我国互联网金融的历史发展

（一）我国互联网金融的历史发展阶段

互联网金融在中国迅速成长，经历了萌芽兴起、初始起步、高速发展到规范发展的过程，即互联网金融的发展可以分为以下四个阶段。

1. 萌芽兴起阶段（2005年以前）

互联网金融的兴起源于我国第一家网络银行的成立，这家电子银行由招商银行于1996年年底推出。在这个阶段，互联网金融将金融和互联网深度融合，以金融科技为手段，试图将传统金融机构科技化。2000年后电子商务崛起，互联网金融突破时空束缚，在2003年和2004年中国进入电子化时代，淘宝网和支付宝相继出现。

总的来讲，中国在2005年以前还没有形成真正的互联网金融模式，因为传统的金融机构只是单纯把互联网和金融交易结合起来，开展较为基础的业务。

在此期间，为了更好地参与未来市场竞争，传统金融机构开始在金融商品和服务方面积极创新，更新落后的经营理念，从而在互联网逐渐和金融结合的过程中满足实际发展所需。此后，网银转账、网上保险等互联网金融服务相继出现，这些变化给传统的金融服务模式带来了颠覆性的影响，也标志着互联网金融时代的开启。

2. 初始起步阶段（2005—2012 年）

2005 年至 2012 年是我国互联网金融发展的第一个时期。在此阶段，互联网金融从技术层面逐步向商业领域发展，并相继涌现出诸如第三方支付等真正的互联网金融服务形式。由于电子商务在发展过程中需要解决信用风险问题，第三方支付平台登上舞台，它一经出现便迅速发展，广泛应用，成为电子商务不可或缺的重要组成部分。

随着移动通信的日益普及，第三方支付在更多领域得到了广泛的应用。在此期间，P2P 网络借贷作为互联网上另一种典型的金融业务形式也得到了发展。2007 年，网上贷款开始在中国出现。由于利率商品化进程的加快和金融脱媒的加剧，自 2010 年以来，P2P 网络借贷呈现井喷式发展。

但由于监管政策未能跟上，随着 P2P 网络借贷的快速发展，市场上涌现出大批资质较差的 P2P 网络借贷公司，各类违规、跑路事件频繁发生，从而严重破坏了金融信誉，并对消费者利益造成严重损害。因此，一些自身不具备较强的核心竞争力的企业，在参与市场竞争的过程中逐渐被市场淘汰，互联网金融行业也因此变得更加规范化。

3. 高速发展阶段（2013—2016 年）

2013 年以"余额宝"的推出为代表，中国的互联网金融迎来了全新的发展态势，因此，这一年也被认为是中国互联网金融发展元年。在这一年，随着第三方支付方式的不断完善，P2P 网络借贷重新崛起，随之带动众筹平台的兴起。P2P 利用互联网技术将传统金融业务与互联网相结合，并将以"大数据"为代表的现代信息技术和应用紧密结合，重构信贷业务模式和业务流程。在 P2P 网络借贷模式下，充分利用互联网技术实现传统金融服务与互联网的深度结合，重新塑造了信贷业务模式以及信贷业务流程。

互联网金融不仅仅是将互联网和金融叠加在一起，而是利用先进的互联网技术创新商业模式、金融产品和金融服务，推动原有金融体系的优化和改革。自此，互联网金融在中国也逐渐受到关注。李克强总理多次发表讲话，强调高度重视互联网金融的发展。随后，相关部门颁布了一系列支持互联网金融发展的政策，加强对该行业的引导，并提高规范化水平，推动互联网金融高速发展。

4. 规范发展阶段（2017年至今）

互联网金融的融资风险介于债权融资和股权融资之间，风控与监管的缺失使得互联网借贷平台跑路等各种恶性事件频发。2015年政府工作报告中指出要"促进互联网金融健康发展"，引起了各行各业对互联网金融行业风险的正视。

互联网金融在2015年进入监管元年，虽然在这之后各地也相应出台了相关监管制度，但监管重拳出击是从2017年开始的。2017年年初，网贷行业开始进行专项整治，2018年4月，资管新规落地。到2020年，实际运营中的P2P机构已经变成了个位数。各类具有里程碑意义的监管文件出台，监管重拳接二连三出击，让互联网金融进入了规范整治的新阶段。

据调查互联网金融的搜索指数从2013年开始增长，2015年为搜索指数最高点，从2016年开始波动下降，与互联网金融发展历程相符。

（二）我国互联网金融发展的内在逻辑与影响因素

1. 互联网金融发展的内在逻辑

（1）金融与互联网融合的内在逻辑

现如今，对于互联网与传统金融融合的过程，学术界产生了不同的看法，由此导致不同的学者对互联网金融与传统金融的关系的看法也存在分歧，其主要观点可分为三类，分别为替代论、补缺论以及互补论，如表2-1所示。

表2-1 互联网金融与传统金融的关系

代表性观点	具体观点	主要学者
替代论	以互联网为代表的现代信息科技，将颠覆已有的金融体系，形成不同于商业银行间接融资和资本市场直接融资的第三种金融模式，即"互联网金融模式"。	谢平和邹传伟（2012）
	相较于传统金融，互联网金融是对原有运行结构和商业模式的"基因式"变革。	吴晓求（2014）
	互联网金融使得商业银行的信息中介地位在弱化，商业银行的支付中介地位被部分替代，影响我国商业银行资产、负债以及中间业务，加大我国商业银行经营风险等。	叶芬芬（2014）

续表

代表性观点	具体观点	主要学者
补缺论	互联网金融业务是传统金融在监管之外的一种生存形态。互联网作为一种工具,并未改变金融的本质,也并未产生可以叫做"互联网金融"的新金融。因此,互联网金融其实是一个伪命题。	戴险峰（2014）
	互联网金融并未脱离金融契约的本质,不是新金融,而仅是金融销售和获取渠道上的创新。	陈志武（2014）
	互联网金融在功能上无法颠覆金融,仅能提高效率;在机制上属于体制性监管套利,而非新型金融运作方式;在发展上具有拾遗补缺的作用,但难以成为金融的主流运作方式。	王国刚和张扬（2015）
互补论	互联网金融作为一种新兴的金融模式,以技术输出为核心,快速改变着我国金融服务形态,在大力倡导互联网金融发展的同时,也使得我国区域金融的结构在优化调整。	孙玲（2013）
	互联网金融以传统金融为发展基础,并在技术手段上对金融服务的效率和质量进行了优化和提升,二者"互补共进"。	程鑫（2015）

互联网与金融的融合是大势所趋。传统金融的痛点已经不能被搁置,互联网的融入是目前最好的解决办法;同时,互联网金融的出现大大改善了信息不对称的现象,使得金融更加透明化。大数据以及云计算的出现创造了更多的商业模式与商业机会,金融的大数据时代已经到来,通过数据分析用户行为以及对用户进行画像可以产生更大的价值。互联网大大减少了中间的成本,已经融入社会经济运行的基础层。

与此同时,实体经济更加需要进行变革,因为金融的本质是为实体经济服务,金融的发展也在为实体经济的改革提供动力。但随着改革逐渐步入深水区,社会经济形态、消费结构等领域发生了一系列变革,引发了传统金融机构一系列痛点,如无法完全适应经济"新常态"的发展需要、经营成本居高不下造成金融排斥、利率市场化冲击传统金融的盈利模式等,而互联网金融的出现解决了一些痛点问题,是顺应时代的产物。

同时,郭建辉教授分别从制度变迁、服务边界以及资产递增等视角阐述了我国互联网金融发展的内在逻辑,由于传统金融的短板,互联网金融得以实现。根据何飞教授的研究可知，互联网金融的发展是基于大数据驱动以及模式的不断演变所产生的；而驱动演变的关键动力就在于互联网大数据的支持，互联网的主要作用在于解决信息不对称的现象，更好地进行"二次脱媒"，对数据承载的信息进行深度挖掘。

（2）互联网金融内在发展机制

互联网金融的发展是驱动机制、集成创新机制、关联生长机制和平台双边市场运作机制递进循环、共同作用的结果。

1）驱动机制

①私募股权投资/风险投资（PE/VC）业态成熟＋金融市场化的制度调整：PE/VC 的投资为互联网金融的发展注入了新的活力，各大风险投资公司看到了市场的蓝海和潜力，纷纷期待试足互联网金融的浪潮，由此国内互联网金融行业形成了大规模的股权投资，通过大量的补贴迎合市场及用户，完成口碑效应的前期积累。

与此同时，国家为了鼓励形成更加开放的金融市场，出台相应的政策支持，对金融市场制度进行一系列的调整，确保能创造更加宽松的市场环境，产生更多的金融资金需求。

②宽松的舆论环境＋网络技术进步：互联网金融作为前途无量的蓝海市场，在形成早期，各大行业均给予了较为积极的评价，由此创造了较为宽松的互联网金融的舆论环境。

与此同时，互联网技术的进步与普及，导致网络化程度越来越深，大量的互联网金融衍生工具得以发展，为互联网金融发展的进一步深化提供了技术支撑。

③"互联网+"成为风口＋市场供求变化：2013 年前后，"互联网+"成为颠覆传统行业的新潮流，它通过对市场、用户及格局的重构，改变了用户的思维和生活方式，由此成就"互联网+"模式的新风口，各行各业都不再局限于传统产业的发展，纷纷试水互联网，"跨界"得到了最好的诠释。

同时由于数据信息的重要性，数据挖掘技术可以有效分析客户的行为需求，对客户进行行为画像，使得关系得以透明化，创造了大量网络化关联市场的需求趋势。

④互联网理财快速崛起＋平台组织创新：随着互联网金融的发展，互联网理财产品不断发展创新，从 2013 年起，货币基金的稳定性使得越来越多的资金流入资金池，互联网理财也就势成为人们活期理财的首选产品。

第二章 互联网金融历史与现状

2）集成创新机制

互联网金融是典型的平台经济，内部创新与外部驱动相互结合，不断进行叠加和累积，使得资金流、信息流、物流得到充分传递，导致互联网平台在应用层、规则层、数据层上做出适应性变革。量变累积到一定程度，使得互联网金融的创新机制得到更好发展。

3）关联生长机制

互联网最大的优势就是能够把大量的金融信息相互连接进行传递和分享，相较于传统金融，大大提升了信息的质量和效率，使得信息更加透明和可靠，推动互联网金融平台的应用层、规则层和数据层与关联产业进行融合，此外，还能够使驱动—创新—生长—新平台这一过程不断循环。

4）平台双边市场运作机制

这里主要以众筹平台为例进行具体说明。众筹平台属于双边市场，在双边市场中，交易双方借助平台完成交易，而其中一方加入平台的获利会在很大程度上受到加入平台的另一方的规模的影响。因此，双边甚至多边市场具有三个方面的特征，即参与双方的需求协调、倾斜定价和交叉网络外部性。

2. 互联网金融发展的影响因素

根据相关文献并且结合现实，影响互联网金融整体发展的因素可大致为以下几方面，包括经济发展水平、产业结构、人口密度、传统金融发展水平、信息化水平、人力资本、交通基础设施及城市地理特征等方面，这些影响因素通过不同的影响路径对我国互联网金融的发展产生影响，如表2-2所示。

表2-2 互联网金融发展的影响因素

影响因素	代理变量	变量类型	影响路径
经济发展水平	人均GDP（对数值）	自变量	互联网金融作为经济发展到一定水平后的产物，必然和经济发展水平存在密切的关系
产业结构	用第三产业在GDP中的比重	自变量	相对而言，中小微经营的服务业比工业和农业对互联网金融服务的需求更多，因此不同地区的产业结构也可能成为各地互联网金融发展的重要背景
人口密度	单位面积土地上居住的人口数	自变量	互联网金融是一个网络型经济，周围的用户越多，使用越便利，因此，人口密度越大的地区互联网金融发展水平越高

续表

影响因素	代理变量	变量类型	影响路径
传统金融发展水平	金融机构信贷余额与GDP之比	控制变量	控制传统金融发展水平，可以控制传统金融发展水平对互联网金融的影响
信息化水平	地区百人中的上网人数	控制变量	一个地区的互联网普及情况将对当地的互联网金融发展产生直接的影响，包括影响互联网金融业务的开展
人力资本	高中和大学毕业生人数与总人口之比	自变量	教育和人力资本是一个地区金融发展水平的影响因素之一，同时也可能是当地互联网金融发展水平的影响因素
交通基础设施	当地的人均公路里程数	控制变量	良好的基础设施特别是交通基础设施，是传统金融机构开展业务便利程度的度量
城市地理特征	省会城市到北京、上海、广州、杭州的距离	控制变量	地理特征影响了区域结构，因此，城市地理特征也会影响区域互联网金融的发展

据此，我们可以对互联网金融发展的影响因素按业务进行划分，如表2-3所示。

表2-3 按业务对互联网金融发展的影响因素进行划分

互联网金融六大业务板块	影响因素	代理变量	影响路径
互联网支付	区域消费水平和财富水平	人均社会消费品零售额和人均储蓄存款	互联网支付主要基于第三方支付方式，使用的对象主要基于消费者，通过消费者的消费水平和能力来影响
互联网货币基金	区域财富水平和消费水平	人均储蓄存款和人均社会消费品零售额	对于互联网货币基金（类似余额宝），其存量及流量主要依赖于消费者的存款和商家的零售额
互联网保险	区域保险业发展水平	人均保险费用	互联网保险的实现基于保险业的水平，根据保险的普及度开展互联网线上业务

第二章　互联网金融历史与现状

续表

互联网金融六大业务板块	影响因素	代理变量	影响路径
互联网投资理财	区域财富水平、融资需求	人均储蓄存款和人均金融机构本外币贷款余额	互联网投资对象是个人投资者和小微企业，人均储蓄存款和金融机构本外币贷款余额显示其投资理财潜力
互联网征信	区域政策导向和技术水平	可设哑变量0、1表示	征信环节依赖于数字保密技术，同时需要政府政策的支持
互联网信贷	区域社会消费品零售总额	区域社会消费品零售总额	互联网信贷主要着力于个人消费信用贷款市场，与用户消费水平高度相关

我们也可以进行进一步细分，将影响互联网金融发展的因素概括为两大方面，分别为引力因素和阻力因素。

（1）引力因素

互联网金融的发展是依靠互联网的带动，金融产业的协助及产业优化创新而共同实现的。同时考虑到区域互联网金融的发展，区域特点以及区域经济实力和创新能力同样会影响全国范围内互联网金融的发展。

根据学者吴诗伟、朱业对互联网金融创新与区域金融风险的研究，可知互联网金融的发展是和经济运行状况、银行业运行及保险业运行和股市运行有着密切的联系，其中GDP、保费及储蓄存款都是引力因素；同时学者何飞指出，大数据舆情的构建也能有效推动互联网金融的前行；郭建辉认为我国互联网金融的发展主要基于技术进步和科技创新的驱动，此外还有小微企业和较为落后地区的发展诉求、互联网企业转型及利润的驱动和宽松的宏观环境。

由此，结合相关文献，可知影响互联网金融发展的引力因素主要包括以下几方面。

1）技术的成熟

互联网技术的成熟是互联网金融发展的基石，互联网技术是在计算机技术的基础上开发建立的一种信息技术。金融业无疑是一个信息敏感型行业，信息的传递、交换、管理和应用贯穿于金融活动的各个环节。

20世纪60年代末阿帕（APPA）网出现，世界金融发展也开始进入自由化时代。在 1983 年因特网技术的成熟推进了金融电子化。云计算技术的出现则极大地提升了人类的计算能力，为互联网金融提供了强大的运算能力支持，并且契合了计算这一金融的本质特征，提供了金融功能发挥作用的最基础的技术。云技术体系包含了云计算、云存储核心技术，它支持云平台、云网络、云安全、云终端和云服务，极大地改进了金融效率。

另外，算法和数据处理技术的成熟满足了金融活动和金融创新复杂度的需求，以及大数据时代计算效率的要求。算法的改进可以提升数据挖掘的效果。与之并行的技术是数据处理器技术，随着数据处理器功能的不断完善，数据处理器已经由中央处理器（CPU）向图形处理器（GPU）发展，数据处理对象由结构数据向半结构和非结构数据转移。

2）应用需求的提升

在经济活动中，金融发挥的支付结算功能对于支付的便捷性和安全性有很高的要求，同时，支付需求也依赖于应用场景，这都为互联网金融的发展提供了空间。

在融资方面，中小微企业、个体经济单位、农户和个人等群体的资金需求受限于抵押品和征信等问题难以从传统商业银行中得到满足，传统金融中介的融资效率较低，这给互联网金融提供了发展的空间。互联网金融以其便捷与高效的特点同时满足了资金供给者的理财需求和资金需求者的融资需求，提高了资金利用率。互联网金融在信息搜集和挖掘方面具有工具优势，可以降低投资过程中信息不对称的程度。

在财富管理需求方面，互联网金融丰富了金融市场的产品，满足了不同的投资诉求，起到了降低成本和增加收益的作用。互联网财富管理公司可以灵活依据客户的需要进行金融产品创新，提高金融产品的供需匹配度。

3）规避监管

纵观金融史可以发现金融创新的一个动力就是规避监管，互联网金融的发展亦是如此。网贷平台事实上发挥了银行金融中介的作用，在本质上属于影子银行。P2P 平台将金融机构或准金融机构的信贷资产通过互联网的方式以极低的门槛对外销售，带有信贷资产证券化的特征。

互联网金融的开放性和交叉性降低了各种非金融企业或机构进入金融业的门槛，在机构监管的模式下，对互联网金融服务机构的属性很难认定，导致监管缺位。互联网金融跨市场、跨行业、跨区域经营，规避了分业监管制度的规制，

第二章 互联网金融历史与现状

因此，监管缺位成为互联网金融快速发展的原因。与之相应的是监管套利问题。P2P网贷平台的业务和传统商业银行类似，却没有像银行一样受到实名开户、信息披露、风险准备金计提等方面的监管约束，这本质上就是在进行监管套利。

4）区域创新能力的发展

区域创新能力的发展能间接证明城市对于新兴事物的接受能力及城市活力，因此，如高等学校毕业人数、专利授权量等，都能展示城市的创新能力。

5）地区的经济实力

地区的经济实力也能影响互联网金融的发展，一个地区经济实力强了，就会更有资本投资在第三产业上，高水平的地区人均生产总值以及高水平的居民人均可支配收入都能推动互联网金融的发展。

6）金融行业的发展

可以说，金融行业的发展也对互联网金融的发展起了良好的推动作用，本身金融业发展较好的地方，对互联网金融的包容度会越大，市场的认可度也会越高，因此，如金融行业增加值、地方财政监管支出、保险保费收入等都对互联网金融的发展有着重大影响。

7）传播的舆情评价

近年来，互联网迅猛发展，在此背景下应该清楚认识到一个新兴事物是否能够成功地崛起很大程度上取决于市场对新兴事物的认可程度，有效认可的实现需要依靠传播，因此，传播的舆情评价也成了至关重要的一环，所以，如互联网金融的百度指数等也可以很好地观测大众对互联网金融的接受及传播程度。

（2）阻力因素

关于互联网金融发展的阻力因素，更多的是传统金融业态的排斥，传统金融业态的排斥往往会使市场失去应有的活力，同时政策的保驾护航可能落后于行业的发展也是一个重要的阻力因素，因为互联网金融是一个新生事物，其发展、创新将会继续下去，但是一项政策的制定需要很长的时间，这样就会出现政策制定延迟的情况，进而从某种程度上制约了互联网金融的发展。再者，创新乏力也可能制约互联网金融的发展。虽然当下互联网金融创新层出不穷，但是很多时候还是照搬国外的一些模式，缺乏国内的自主创新；由此，互联网金融的发展可能后继乏力。

学者姚耀军认为优势地方政府的政策干预是互联网金融发展的阻力因素，所以，在具体研究中，一般可采用代理变量来衡量地方政府的干预政策水平。

二、国外互联网金融的历史发展

(一) 国外互联网金融的历史背景

国外互联网金融业务开展较早，早在 1995 年，随着移动互联网的兴起，以美国为代表的发达国家和地区，就率先开展了互联网金融业务，当时，互联网金融业务以各个银行、证券公司、保险公司等金融机构建立官网为主。随着科技的不断进步，互联网金融业务慢慢演变为当前以手机 app 为载体的"手机银行"全方位互联网金融业务形式。最开始互联网金融被称为"金融电子化服务"。

1995 年 10 月，美国花旗银行在行业内率先通过互联网技术，建立了自己的官网，将虚拟网络银行的概念引入市场。1995 年 10 月 18 日，世界上第一家纯网络银行——安全第一网络银行（Security First Network Bank）正式成立，并可以通过互联网实现 24 小时在线服务，这一创新受到了市场的广泛好评。从那以后，世界上许多国家和地区都纷纷效仿安全第一网络银行的做法，通过互联网技术在网上建立自己的官方网站，从而在国际范围内，金融业涌起建立网络银行的浪潮。

统观当时的网络银行，其所涵盖的功能不可谓不丰富，许多都是当前国内各大银行所参照的范式。例如，美洲银行最早在互联网上提出了家庭银行和个人银行的理念，并建立了相应的客户处理终端服务，大通曼哈顿银行在网上为客户可以直接办理车贷相关业务，等等。

(二) 国外互联网金融的发展阶段

总结下来，互联网金融的国外历史发展可以分为以下三个阶段。

1. 业务准备阶段（1995 年以前）

在这一阶段，网络银行还处于萌芽状态，并没有纯网络银行的出现，大多数银行仅通过互联网技术用以宣传自身产品和服务，以及发布相应的金融条款和信息等内容。

2. 业务发展阶段（1995—2001 年）

在这一阶段，各个国家和地区的银行不断拓展和开发网络银行的产品和服务，逐渐开发出网上查账、汇款、支付、信贷等一系列互联网金融业务。1997 年，全球仅有 625 家银行拥有部分互联网银行业务。仅仅四年时间，到了 2001 年底，全球已经有超过 1200 家银行可以通过互联网提供较为全面的网上银行服务。

3. 整合功能阶段（2001年至今）

在这一阶段，花旗银行作为行业内的领军企业，率先提出了"银行账户综合服务"理念，该理念的核心内容是将客户的投资、理财、纳税等账户进行统一管理，并为客户提供综合性服务。最初花旗银行是将客户所在该银行的所有账户罗列到同一页面上，方便客户直观了解自己的账户情况，后来逐渐发展成为今天可以让客户统一管理自己所有账户的网上银行服务。花旗银行的这一理念很快就得到了市场的广泛认可，并迅速在业内推广开来，在花旗银行的引领下，北美许多银行纷纷效仿，然后这一理念逐渐遍布全球并发展至今。

可以看出，伴随着互联网技术的快速发展，国外银行和金融机构较早地发现了传统商业银行相较于网络银行的不足之处，即电子渠道将大量取代传统服务渠道的发展前景。

（三）典型国家互联网金融的发展概况

在全球范围内，结合互联网所具有的高效性、规模化及普惠性的独特优势来看，利用其优势实现更有效的金融资源配置已是大势所趋。同时，各国根据其市场经济基础及模式的不同，在互联网金融的发展路径上也略有不同，从而形成了不同的互联网金融生态。

1. 美国的互联网金融发展

美国金融机构自互联网诞生之初便开始了自发的信息化升级，随后成熟的市场模式促使美国互联网技术进入了一段高速发展的时期，使得传统金融领域被不断更新的互联网技术渗透，更多的互联网金融企业如雨后春笋般纷纷成立。但由于传统金融体系发展较早，经历了长时间的成长和变革，所有的产品及服务都趋于完善，在这样强大的金融体系下，互联网金融企业生存空间较小，只能在传统企业不涉及的新领域里得以发展。

2012年，美国通过的《创业企业促进法案》（简称"JOBS法案"）确立了股权式众筹合法化，该法案允许小企业除了以传统证券业务来进行股权融资外，还可以利用众筹融资。利用法律来为互联网金融的发展保驾护航是必然趋势，也是最有力的保障。

2. 日本的互联网金融发展

互联网公司主导互联网金融变革是日本互联网金融的典型特点。日本模式与美国模式相似，也是互联网信息技术与金融自由化共同作用的结果，与美国模式的不同之处在于，互联网企业在日本互联网金融中占据着主导地位并以集团化的模式运营，代表性的企业有思伯益（SBI）集团等，这也不失为一种可借鉴的发展模式。

3. 法国的互联网金融发展

法国的互联网金融业发展较早，其主要以第三方支付、众筹、在线理财、网上交易所及小额信贷等多种服务类型为代表。在法国最有名的第三方支付商当属美国最知名的互联网支付公司贝宝（Paypal），它占据着法国48%的市场份额。

根据法国相关法律法规的规定，自2009年起，由法国金融审慎监管局（ACPR）来监管第三方支付机构的业务，帮助第三方支付机构维护其稳定性。另外，法国也规定了享有豁免权的情形，在满足法定条件的情况下，互联网金融企业可以在不申请牌照的情况下开展第三方支付的相关金融业务。

4. 英国的互联网金融发展

英国是P2P网络借贷的发源地，其中最具代表性的P2P网络借贷平台是位于伦敦的佐帕（Zopa）网站，这也是全球第一家提供P2P金融信息服务的互联网平台。Zopa平台在交易的过程中并不保证出借人的收益或者本金的安全，一旦产生坏账则交由专业的催收公司处理，并且为了分散借贷风险，出借人不能将全部资金借给一个借款人，应当由借贷平台根据综合评定来筛选合适的交易对象，但是交易利率可以由出借人自行商定。这一信贷模式充分展现了互联网金融高效、便捷的操作方式，更为突出的个性化模式及极高的自由度，具有很大的进步意义。

5. 柬埔寨的互联网金融发展

柬埔寨的金融结构主要是经营银行业务的金融结构，其银行部门由几个关键要素组成：柬埔寨国家银行、商业银行、专业银行和小型金融机构。尽管柬埔寨国家银行（NBC）并不是最活跃的，但它像柬埔寨的许多其他银行一样，努力向企业和消费者推广和普及其信贷服务。从获得信贷的便利性来看，柬埔寨从政治政策与经济包容度的角度上来说，是领先于东南亚邻国的。

柬埔寨的在线融资始于2008年，而其在线银行业始于2008年底。然后，诸如柬埔寨开发银行、柬埔寨农业银行和柬埔寨银行之类的银行创建了一个在线银行网站，为用户提供业务咨询。截至2018年底，柬埔寨有30000多个外国互联网商业银行客户。目前，几乎所有的银行都已开发了自己的网站，一些银行也已启动了在线金融服务。

第二章 互联网金融历史与现状

柬埔寨的金融科技生态系统虽然落后于大多数东南亚国家，但当地政府正在努力改变这一现状，柬埔寨政府试图同金融科技的创业公司合作，来加快互联网金融的发展。此外，金融行业内的各个机构也开始逐渐增加对金融科技的投入，柬埔寨各界试图让整个金融业终端对终端的服务实现网络化，以此来提升金融服务的效率。但是跟其他金融机构相比，柬埔寨的银行中相对成熟的电子服务模式是比较缺乏的，其根本原因在于目前银行在更高端和创新型业务方面的收益较小。

柬埔寨的所有企业中90%为中小企业，故为这些中小企业提供一个安全、高效的互联网金融服务显得很迫切。目前在柬埔寨有上百个活跃的金融机构及私人信贷公司，但是规模、质量和服务范围都各不相同。在这个分层明显的市场中，这些企业大部分很难开发出互联网金融服务的潜力，吸引金融消费者。

柬埔寨互联网金融的主要功能体现在为个人、企业提供多样化的服务上，特别是为银行外部的客户提供多种信息。

在柬埔寨支付领域，PiPay公司、Wing（移动货币和电子支付服务提供商）和Smart Axiata电信公司是柬埔寨支付领域的领军企业。举例来讲，Pipay公司成立于2015年，是柬埔寨最大的第三方支付服务提供商之一，也是支付宝、银联、工行等在柬埔寨的合作企业，其还涉及房地产、基础设施、酒店、电力和贸易等业务，是一家支付与社交生活创新结合的金融科技企业，其应用程序具有扫码支付、转账、电话费网络费充值、网上聊天等功能，支付业务涵盖的领域涉及餐饮、娱乐、高端零售和日常费用等。

在东盟+3框架下，目前柬埔寨正在努力将柬埔寨的实时总结算系统（RTGS）不断完善，从而使柬埔寨的支付与其他成员国连接起来，加强跨境结算能力。在双边合作的层面上，柬埔寨国家银行和泰国银行加强了支付和金融创新领域的合作，以促进更有效和更安全的跨境支付交易。在此合作下，柬埔寨允许两国银行使用标准二维码，基于当地货币支付跨境贸易和投资金额，实现相互操作。此外，柬埔寨国家银行和越南国家银行已同意推动银行部门实施结算跨境交易。

目前，柬埔寨互联网金融机构的人力资源结构尚不合理，尽管商业银行拥有许多雇员，并且大多数具有学术和专业知识，包括抵押、贷款和汇款等方面，但是，从技术上讲，当商业银行开发在线银行业务时，柬埔寨员工的素质和新技术能力仍然不足。

第二节　互联网金融的现状

一、互联网金融的行业发展特征

互联网金融从2013年"元年"起步至今，飞速发展，其基本呈现出以下四个方面的行业发展特征，对于商业银行等金融机构而言，认清互联网金融发展的行业现状，是推动自身互联网金融发展转型的重要基础。

（一）产品体系日趋完善

2011年，中国人民银行正式发放第三方支付业务许可证，第三方互联网支付出现爆发式增长，成为互联网金融起步的标志。互联网支付产品逐渐成为热门话题。

2012年，平安集团旗下的陆金所推出P2P业务，经过几年的发展，P2P市场快速增长，市场交易规模快速攀升。

2013年，支付宝理财产品"余额宝"上线，开启了互联网理财的新模式，其运营的天弘基金，是经中国证监会批准成立的全国性公募基金管理公司之一，拥有公募基金牌照。

2015年，作为银监会批复成立的5家民营银行之一的微众银行开业，更标志着互联网金融开始走向成体系化的建设道路。

当前，互联网金融已经呈现出"支付、理财、融资"全产品和"保险、证券、银行"全系列的行业发展模式。在政府工作报告中，互联网金融发展已成为不可缺少的内容，其发展愈发完善，将对金融产品、业务、组织和服务等方面产生更为深刻的影响。

（二）用户圈地基本触顶

虽然互联网流量经营理念的重要性始终未有削减，但已经很少成为金融机构的单纯选择。工信部统计数据显示，截至2021年末，我国互联网网民规模达10.32亿人，手机网民达到10.29亿人，移动互联网用户规模增长已趋向稳定，当前网民规模尤其是手机网民规模已接近天花板，流量红利时代已趋于结束。

电商购物、第三方支付及新兴的出行、外卖、视频付费、知识分享等行业已进入存量用户的价值挖掘阶段。

由此可见，虽然移动互联网的人口红利已消耗殆尽，但时长红利在未来还将长期存在，这也更加印证了存量经营将成为互联网金融发展的重要方向。互联网金融的下半场将朝着存量深耕的角度发展。

（三）监管规则日益明晰

从2016年开始，互联网金融已经越过高速野蛮增长的分水岭，进入合规发展的新阶段。2016年全国两会期间，政府工作报告定调"规范发展互联网金融"。2017年提出"对互联网金融等累积风险要高度警惕"。由于"泛亚有色金属""e租宝""融资城"等局部领域风险积聚和持续发酵，国家要从维护金融稳定的角度，持续规范互联网金融业态，优化市场竞争环境，遏制互联网金融风险。

从P2P网贷乱象的整治情况来看，从2016年4月起开展互联网金融风险专项整治以来，P2P网贷平台正常运营数量已由2016年第三季度末的2400余家，减少到2019年11月底的456家，直到2021年P2P网贷平台全部退出经营。从对互联网第三方支付的整治来看，政府在2017、2018两年密集出台了"重构账户体系、规范支付创新业务、加强条码支付管理、加强二清机构清理、第三方支付断直联、接管第三方支付公司备付金存款"等一系列成体系的方案，引导行业规范发展。

可见，互联网金融领域已经迎来一个崭新的发展环境，乌烟瘴气自由生长的法制空白地已经不复存在，合规发展将成为主流趋势。

（四）科技驱动推波助澜

金融科技作为当前最热门的理念，与互联网金融的相互融合愈发密切，以A（人工智能Artificial Intelligence）、B（区块链Blockchain）、C（云计算Cloud Computing）、D（大数据Big Data）、E（赋能者Enabler）五大核心技术为代表的新技术，使互联网金融迈向新的发展阶段。人工智能与大数据，将助推银行的智慧化、轻型化转型。基于从海量数据中提炼价值、挖掘潜能的能力，越来越多的智能投顾、智能营销、智能风控体系开始出现；云计算，有能力整合金融结构的多个信息系统，通过统一平台提供企业级的服务。

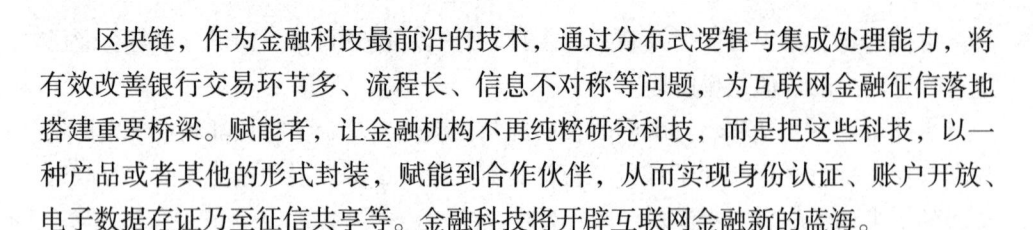

区块链，作为金融科技最前沿的技术，通过分布式逻辑与集成处理能力，将有效改善银行交易环节多、流程长、信息不对称等问题，为互联网金融征信落地搭建重要桥梁。赋能者，让金融机构不再纯粹研究科技，而是把这些科技，以一种产品或者其他的形式封装，赋能到合作伙伴，从而实现身份认证、账户开放、电子数据存证乃至征信共享等。金融科技将开辟互联网金融新的蓝海。

二、互联网金融发展中存在的问题

我国由于互联网金融出现时间短，缺乏相应的监管措施和规章，导致互联网金融业发展良莠不齐，面临着较严重的风险。

（一）互联网金融平台发展良莠不齐

2013年，支付宝推出了余额宝，腾讯、京东、百度等互联网巨头也推出了类似产品，引发互联网金融理财热潮。各互联网企业推出的理财产品投资门槛较低、操作便利，用户体验感佳。但如今，用户的热度在减退，互联网理财产品的收益在大幅度下降，竞争也日趋激烈。

就P2P平台来讲，P2P网贷由于相对较低的准入门槛，加上缺乏管理，许多平台接连曝出倒闭卷款丑闻。可以说，没有进入门槛的标准、没有监督管理机构、没有行业标准的"三无"状态让一些P2P平台可以轻易"圈钱走人"，甚至出现了很多诈骗的案例。在这种情况下，迫切需要完善相关法规，加强监管。随着政策的不断完善，一些互联网金融企业的风险控制能力和成本控制能力增强，其他弱小的互联网企业将会被收购合并，行业将会重新洗牌。

就众筹平台来讲，在获得融资的平台中，以股权型众筹平台居多。虽然平台不断增多，众筹成功的项目却并没有相应激增，有些平台甚至至今未有成功项目。众筹平台的创始团队背景差异巨大，有背靠十余年金融背景的团队，同时也有凭一己之力搭建的平台。一些平台缺乏专业人才，投资人对创业项目的认同性不一致，类似不专业的判断直接导致领投人和跟投人的矛盾增多。此外，向公众筹集的模式较多，每种模式又有多种类型的产品，导致没有明确的定义和规范的众筹领域，产品多属于非标产品，定价机制难以明确，阻碍了众筹平台的扩大发展。

（二）互联网金融风险突出

信用风险是指借款者因为各种原因未能及时和足额地偿还债务或贷款，而使债权人或银行未能得到预期收益的风险。发生信用风险的互联网金融模式主要为P2P网络信贷和电商小贷。互联网金融信息来源往往存在非真实性与非可靠性，加上互联网金融公司风险征信能力和风险控制水平上的不足及政府监管滞后等问题，导致互联网金融公司问题频发。因此，信用风险成为互联网金融公司面对的首要风险，也正日益受到社会各界的高度重视。

（三）互联网金融模式趋同

近年来，国内外互联网金融新模式不断涌现。主要分为四类：传统金融机构利用互联网技术从事的互联网金融服务、互联网企业基于其大数据和云计算从事的金融服务、独立的第三方利用互联网所从事的在线网络融资金融服务、平台为互联网金融服务商提供的各类服务。

但是，中国互联网金融行业整体还处于起步阶段，互联网金融模式还不成熟。首先是国内互联网金融行业呈现跟随模仿的趋势，缺乏原创性。一方面，国内互联网金融企业采取模仿相同类型的外国企业的做法；另一方面，国内互联网金融创新的成功，也吸引了许多模仿者。盲目模仿缺乏创意和创新，企业将在市场竞争中缺乏可持续的竞争优势，很难实现持续健康发展。其次是国内互联网金融行业尚未形成一个稳定的金融盈利模式。互联网金融公司通过收取管理费来获得收入，而一些互联网金融公司扩展业务不收取任何费用，可能会导致公司难以为继。

（四）互联网金融公司运营机制不健全

1. 信息披露相对不足

信息披露有助于提高投资者的风险意识。如果信息披露不完善，信息不对称将严重损害消费者的利益。近年来，信息披露问题在互联网金融领域主要表现为个人网络贷款领域信息披露不足，没有标准化，存在披露虚假信息、夸大信息等现象。P2P网络贷款经过多年的发展，现已衍生出了许多商业模式，不同的商业模式将导致不同的信息披露问题，缺乏相应的信息披露标准。

随着监管草案的出台，互联网金融行业进入了调整期，但互联网金融借贷行业信息披露进展缓慢。作为信息中介，平台应当将其业务信息、财务信息、风险信息等向公众通报。但目前P2P平台一般不向融资方披露信息，信息披露缺乏具体的业绩数据，绝大多数信息披露并没有建立在科学测量和计算的基础上，很难判断相关信息的准确性。

与此同时，企业信息披露只有一个简单的声明，没有足够的数据来支持概念化和表面化的描述，通常不能满足利益相关者的需求和期望，不能满足投资者实质性的信息需求，相关的信息披露和报告也没有通过第三方认证，可信度有待加强。当投资者做投资决定时，核心参考资料就是借款人的债务状况。这部分信息缺乏，对投资者的判断会有一定的影响。从国际情况来看，美国对网贷平台实行严格的信息披露制度，美国证监会将P2P网贷平台视作证券发行人，要求其必须在证监会注册发行，平台还要提交借款人的相关信息作为信息披露资料，这对我国的互联网金融而言具有十分重要的借鉴价值。

2.技术安全存在隐患

随着互联网金融被广泛接受，其安全性一直是投资者最关注的话题。没有网络安全就没有资金安全，这就要求互联网金融公司一定要万无一失，要达到最高级别的安全性。然而，当前互联网金融领域没有统一规范的操作规则，每个细分行业业务的具体操作也没有统一的技术安全标准；运营系统的稳定性、保密性缺失，没有严格的认证体系，也没有定期检查的有关规定，从而使其面临很大的风险隐患。一旦网站被黑客入侵，导致信息泄露，将给用户和平台造成严重的损失。

（五）长尾客户群非理性投资

一方面，大数据摘取了海量客户行为的相关信息，然而在金融领域，海量客户的共性，却可能不是好的决策方向。互联网金融的发展，扩大了交易的可能性边界，促进了普惠金融的实现，使得投融资业务更多地向普通群众开放，这些普通投资者具有数量众多、缺乏专业知识、非理性、风险承受能力差的特点，大部分抱有投机心理，我国的互联网金融法律法规尚未健全，投资者更容易被网贷平台承诺的高收益所吸引，钝化对风险识别的意识，容易造成"羊群效应"，导致金融风险不断累积，从而影响社会的稳定。近年来，平台跑路、非法集资现象屡见不鲜，大部分是利用了投资者缺乏相关认知、追求高收益的非理性心理。

另一方面，基于投资者的非理性投资特点，平台有一点负面消息就会产生很大的联动性，牵动过多的客户流失，用户同时大量撤走现金使得平台面临着资金链断裂、难以为继的局面，容易引发系统性风险。

（六）征信制度不健全

互联网金融征信制度建设过程中存在的众多问题，已经严重阻碍了互联网金融征信的健康发展。

第二章　互联网金融历史与现状

1. 信用信息共享机制不完善

（1）征信标准不统一

标准化的征信制度是信用数据共享、打破"数据壁垒"的必要基础。央行从2006年起就出台了一系列有关信用数据标准化建设的规定，为央行征信系统开展业务打下了基础。但随着互联网金融征信的快速发展，原本服务传统征信行业的标准难以满足当前的市场需求，亟须完善互联网金融征信行业的标准化建设。

首先，信息采集标准不统一。《征信业管理条例》中仅规定了未经本人同意禁止收集个人信息以及不得收集基因、宗教信仰等概括性内容。中国人民银行（以下简称"央行"）在2014年出台的《金融信用信息基础数据库用户管理规范》中对个人信息的范围进行了界定，包括身份信息、交易信息以及其他能够表现信用情况的数据。可以看出，上述内容仅对信息收集的界限作了模糊的规定。而在实际操作中，互联网金融征信机构将用户的网购信息、社交关系以及运用大数据挖掘出的其他信息均归入其收集信息的范围内。这些数据是传统金融征信中不曾见到的。由于互联网金融征信行业的信息采集标准不统一，任由征信机构收集用户个人信息，为征信行业的发展埋下了隐患。同时，各互联网金融征信机构按照自身标准收集的信息有较高重复率，同一用户的信息分散在不同的征信机构中，致使其无法精准断定该用户的履约能力，不利于风险防控。

其次，征信产品标准不统一。央行于2014年11月颁布的《征信机构信息安全规范》中首次对征信相关产品作了规定，包括信用报告、信用评分以及征信评级等，但仍停留在非常基础的阶段。有学者认为，该规定虽有助于激发征信机构创新征信产品的积极性，同时也会导致互联网金融征信产品的监管困难，用户将近乎一致的信息提交给不同的征信机构，得出的信用评分却大相径庭，不能全面了解自身的信用状况。

（2）征信系统间信用信息不互通

征信的核心是信息共享。我国现有的互联网金融征信机构大多立足于自身行业来收集信用信息，如芝麻信用立足于电商平台，前海征信立足于金融领域。各机构虽有自身的行业优势，但仍无法满足互联网金融健康发展的需求。

首先，央行征信系统与互联网金融征信系统间的信息不能互通。央行征信系统发展多年，通过收集银行的贷款信息，在信用贷款领域有很大优势。但央行征信无法覆盖未参与银行贷款、积极参与互联网金融服务的群体，缺乏线上交易的相关数据。同时作为政府主导的公益性信息平台，信用数据的使用过于机械，相关的产品和服务种类较少，且仅可以从信用贷款的角度分析用户的信用状况，切入角度太过单一。而互联网金融征信有着广泛的信息来源，如用户网络购物过程中的消费偏好、交易记录以及网络用户的社交信息，网络贷款和网络理财等信息，可以从更加立体的角度进行信用判断，但却缺少能够直接反映用户信用状况的银行信贷信息。不难看出，两者在数据来源等方面的区别，使得双方存在巨大的合作前景，将各自在数据来源上的优势进行互补，可以全面地判断用户的信用状况。信用数据的不互通在某种程度上增加了民营征信机构获取信息的成本，不利于全面了解用户的信用状况。若双方能够建立有效的信用信息共享机制，补足各自在信息来源上的缺陷，能够更好地满足互联网金融征信发展的需要。

其次，民营互联网金融征信机构间的信息不能互通。各互联网金融征信机构收集的信用信息已成为机构的核心竞争力。在利益冲突的情况下，各互联网金融征信机构会将收集到的信用信息作为商业秘密予以保护，同时在相关法律法规没有出台的情况下，各征信机构也不会对信用数据进行分享和交换。

2. 信息主体权益保护机制不健全

（1）信息主体隐私权保护不足

互联网金融征信依托云计算、大数据等先进的技术手段，在信息收集效率、信息来源及收集成本等方面具有很大的优势，其在收集用户信息的同时，也加大了用户隐私被窃取、泄露的风险。同时加工程序的不完善、没有对收集到的数据按照隐私程度进行区别处理、行业内缺乏统一的信用评估标准、互联网金融征信机构的公信力与权威性不足等问题都埋下了侵犯信息主体隐私权的安全隐患。同时我国的征信行业发展时间较短，大多数群众对该行业比较陌生，对个人隐私的保护意识不强，从而导致公众作为信息的拥有者，反而在征信相关评估过程中处于被动状态。这也是导致信用信息被不合理收集、非法利用的原因。

我国征信制度的建设是为降低经济发展过程中的信用风险而产生的，具有一定的被动性。故在立法层面，对信息主体合法权益的保护只能散见于其他相关法律规定中。例如，《中华人民共和国刑法修正案（十一）》（以下简称《刑法》）第二百五十三条规定了有关侵犯公民个人信息罪的条文，个人信息被纳入刑法保护范围；《全国人民代表大会常务委员会关于加强网络信息保护的决定》中明确了收集公民相关数据需经被收集人的同意，对个人信息的保密工作也作了要求，赋予了信息主体举报、控告和诉讼的权利等。

上述规定虽可以作为信息主体权益保护的相关依据，但在具体实践中操作性不强，难以有效保护其合法权益。例如，在允许收集个人信息的同时，却没有对隐私的内涵进行界定，两者间的界限模糊，个人隐私极易受到侵犯。现行相关

第二章　互联网金融历史与现状

法律规定主要通过对征信机构设定义务的形式来保护其合法权益，诸如没有授权不得采集、禁止收集宗教信仰、基因等，却没有正面保护信息主体合法权益的规定，使得信息主体在保护其隐私不被侵犯的过程中处于弱势地位。

（2）信息主体知情权保护不足

作为我国征信管理主要依据的《征信业管理条例》并没有明确规定信息主体的知情权。虽在第十三条规定"采集个人信息应当经信息主体本人同意，未经本人同意不得采集"，但这一规定非常模糊，在实践中几乎没有可操作性。对信息采集范围以及信息主体的授权方式等均没有作出明确规定。当用户在使用App类软件时，会强制要求用户同意该软件的使用协议，若用户不同意该协议，将无法使用该软件。可以说，在一定程度上信用信息是被强制采集的。另外，《征信业管理条例》第十五条规定："信息提供者向征信机构提供个人不良信息，应当事先告知信息主体本人。"该规定同样也是十分模糊的，征信机构应当以何种方式告知信息主体本人，何种信息可以归为不良信息等均没有具体规定。

3. 征信监管体制不完善

（1）监管主体单一

当前负责对征信业进行监督管理的部门是中国人民银行及其派出机构。对以信贷信息为主的传统金融征信而言，中国人民银行能够对其实施准确的监管，对其健康发展发挥了重要作用。但随着互联网金融征信机构的发展壮大，加之互联网金融服务的拓展，信息跨地域、跨空间的趋势进一步加深，对其监管的范围也随之扩大。如果仍由传统的征信监管主体来对其进行监管，显然无法达到全面、有效监管的目的。同时中国人民银行也有自身负责运营的征信系统，其同时作为监管者和参与者，难免会影响其监管的权威性和中立性，也不利于互联网金融征信行业的规范发展。

（2）监管手段落后

《征信业管理条例》第六章明确规定采取现场检查和非现场检查两种手段对征信机构进行监督管理。这两种手段可以对银行等机构实施有效的监管。但互联网金融征信是建立在先进的网络信息技术的基础上的，其作为一种新兴的征信业务模式，如果仍使用传统的征信监管手段对其进行监管，效果必定大打折扣。

首先，互联网金融征信机构所收集的数据是网络用户在线上活动中留下的购物记录、社交信息等，这类数据与传统信用数据相比是多方位、深层次的数据，且信息的收集、存储均以互联网为载体，中国人民银行如果采用现场检查的手段对信用信息存储器进行检查，显然这种方式成本过高，会严重影响互联网金融征信机构的正常运行。

其次，非现场检查手段。银行等线下金融机构可以定期把其收集的用户的相关信用记录提交给中国人民银行进行管理，而互联网信用信息数据具有连续性、即时性的特点，非现场检查手段无法对征信机构的信用数据进行实时监控，具有一定的滞后性，很难达到监管的目的。

三、互联网金融发展问题产生的原因

随着信息技术的快速发展及其与金融的持续融合，互联网金融自身也在不断升级迭代，科技金融作为互联网金融的新形式正被从业者和研究者高度关注。互联网金融功能实现过程中的部分问题在发展中得以解决或减轻，但要彻底解决还需从问题的深层次原因研究开始。我国互联网金融各类主要问题背后的原因，主要包括以下几个方面。

（一）互联网金融与实体经济的融合不足

服务实体经济是金融的本质要求，也是互联网金融的基本定位，但目前我国互联网金融在将社会资金引入实体经济方面明显存在不足，这其中既有总量不足的问题，也有结构不当的问题。

从总量来说，部分资金并没有真正进入实体经济，而是经过多层流转后最终进入了股市等虚拟经济领域，并没有解决预期的小微企业融资问题。从结构来说，与经济转型升级关系最密切的先进制造业从互联网金融企业方面所获得的融资较少。

（二）互联网技术对互联网金融的赋能不充分

在目前的互联网金融业务中，真正与金融产生融合的还只是互联网技术本身。互联网技术正在快速发展并向各领域渗透，云计算、移动互联网、人工智能、区块链等技术在互联网金融平台上的应用并不充分，目前更多发挥的还是金融脱媒作用，技术与金融行业本身的融合及联系还不够。这就导致了很多互联网金融的技术仅仅缩短了资本方和项目方之间的距离，但是与金融业务内在本质的深度融合并不够。

以人工智能为例，AI可以带给互联网金融的价值远不止于提高效率，AI还

可以通过加密技术与算法机制的运用来强化协同监管，从而为互联网金融的信息安全提供更有效的风险预警和防范措施，但是在目前的互联网金融风险控制和信息安全中这一用处表现得并不充分。

（三）数据共享不足限制了数据能力的发挥

金融行业的创新能力和服务质量在很大程度上取决于其获得、分析和使用数据能力的高低。在互联网金融中，线上模式有利于平台获得和积累海量数据，但是目前在数据共享和数据使用方面的能力明显不足，影响了互联网金融的发展及其金融功能的实现。

在数据共享方面，目前信用信息来源比较多，除中国人民银行、行业协会、地方政府等传统信息来源之外，电商平台和互联网金融平台也积累了大量的信用数据，但用于不同主题的信息标准不统一、格式不统一，很难实现彼此的共享和验证，数据量的积累并不能带来征信质量和效率的提升。

在数据洞察方面，来自各主体和平台的数据需要进行筛选和梳理，特别是来自社交平台的非结构化数据很难直接用于进行信用评价和判断，因此也就无法在征信分析、风险管理和精准营销上发挥作用。

（四）互联网金融的法律体系不健全

我国目前尚未形成全方位、一体化的互联网金融法律体系。虽然《中华人民共和国民法典》（以下简称《民法典》）、《刑法》、《中华人民共和国合同法》（以下简称《合同法》）以及《中华人民共和国消费者权益保护法》（以下简称《消费者权益保护法》）等现行法律法规能够一般性地适用于互联网金融领域，相关部门也专门针对具体的互联网金融活动发布了一些通知、指导意见、管理办法等文件。但是这些规定过于零散，在管理互联网金融活动时，选择适用困难，不能及时有效地解决互联网金融活动的纠纷。因而，建立健全完整的互联网金融法律体系刻不容缓。

第一部由我国官方出台的关于互联网金融的综合性规范是2015年7月由多部委联合印发的《关于促进互联网金融健康发展的指导意见》（银发〔2015〕221号），这部《关于促进互联网金融健康发展的指导意见》属于我国的纲领性文件，对互联网金融的发展具有一定的指导意义。在《关于促进互联网金融健康发展的指导意见》中，针对改善互联网金融的监管局面提出了一些政策性的文件，严格遵循"依法监管、适度监管、分类监管、协同监管、创新监管"的原则，依据各业务模式不同的特点来划分监管职责。在具体的管理细节方面，《关于促进互联网金融健康发展的指导意见》针对具体的事项，如信息保护、消费者权益保护、第三方存管制度等，都提出了相应的具体要求。同时，国内一些比较发达的地区和城市，如上海、江苏等，为了推动互联网金融的发展也相继出台了一些通知、意见等。

目前，我国也出台了一些零星的专门性规范来加强对互联网金融各模式的监管。其中，最早出台的规范是关于互联网支付的，这也是相对比较健全的规范。这些规范着重强调了互联网支付的资金安全问题，加强了对消费者合法权益的保护，并对洗钱等违法犯罪行为向互联网支付机构提出了具体要求，也针对互联网支付明确了其法律性质。在P2P网络借贷方面，2016年8月，银监会（现称银保监会）同公安部等多部门联合出台了《网络借贷信息中介机构业务活动管理暂行办法》。但是在网络银行、网络众筹和网络微贷等业务领域，既没有针对性的规范性文件，也没有相应的监管制度，只能在现行的法律法规中寻找可应用之处。

我国互联网金融法律制度缺失的弊端随着互联网金融的发展而日渐显露。这种不足体现在多个层面，不仅有宏观层面还有微观层面。在宏观层面上，关于互联网金融立法的基本原则、监管部门的确立以及监管职责的划分在立法层面上基本处于空白局面；在微观层面上，如具体的互联网金融企业的准入资格、技术考核、经营范围等，消费者权益保护，不同互联网金融各模式的性质、法律地位等，都没有明确而具体的法律规定。

近年来，在互联网金融的发展历程中也出现了一些比较严重的恶性事件、暴露出一些问题，对此，官方也曾多次在记者会、新闻发布会等场合公开表态要严肃处理，随即也颁布了一些通知和指导意见，但是这些规定法律位阶较低、全面性不够、操作难度大，并不能很好地解决当前所遇到的问题。监管滞后甚至监管真空仍然对互联网金融的良性发展形成了较大的阻碍。综合来讲，我国关于互联网金融发展的法律制度仍然处于欠缺的状态，具体表现如下。

第一，现行法律政策对互联网金融活动及其活动模式的性质认识不清。对于互联网金融及其模式，现行的官方出台的一些意见、办法等通常更注重实务，偏重于维护市场秩序，但很少关注互联网金融行业中产品和服务的本质特征，对其性质认识不清。

第二章 互联网金融历史与现状

第二,现行金融法律法规对于互联网金融模式的发展来说是一种制度性障碍。传统金融行业已发展了较长时间,其产品和模式都更加成熟,与其配套的相关法律法规较多。但是随着互联网技术的应用,互联网金融发展迅速,有些法律法规落后陈旧,并不符合全新的互联网金融业务的发展要求。例如,P2P网络借贷的利率更加自由化,而传统借贷利率管制更加严格,二者就会存在互相冲突之处。

第三,欠缺对互联网金融消费者的权益进行专门保护的法律法规。我国不仅缺乏专门针对互联网金融消费者权益的保障制度,而且没有建立对金融消费群体普遍的保障机制。当金融消费者的权益受到侵犯时,只能向《消费者权益保护法》或者《民法典》《合同法》等法律法规寻求救济。

(五)现行监管体制不健全

第一,互联网金融纠纷处置机制不完善。互联网金融交易纠纷的特点是单笔金额小,但是涉及的人群和地域分布广,导致纠纷处置过程中取证困难、认证困难;很多互联网金融从业机构的电子合同等法律文本不规范,交易证据又缺乏第三方公证,一旦发生风险,其电子合同等金融交易资料很容易被伪造、篡改。

第二,分业监管、机构监管体制难以适应互联网金融的混业经营。自1993年以来,分业监管、机构监管的金融监管体制一直被我国沿用至今,即整个金融体系的稳定由中国人民银行负责维护,银保监会对全国银行业、保险业进行监管,证监会对全国证券业进行监管;按照互联网金融企业的性质来划分监管权限并确定各监管部门所要监管的对象。早期,金融机构较少、业务范围较明确、市场较小,各业务之间基本很少交叉,相对较好管理,现行监管体制发挥了重要的作用。但是,金融改革不断向纵深发展,新的金融企业、新的产品层出不穷,逐步向多元化方向发展,并且各业务之间相互交叉不便区分,现行监管体制越来越难以适应金融改革的发展形势。

金融行业在得到先进的互联网技术的加持下,发生了前所未有的变革,新的金融企业、新的产品层出不穷,各企业之间相互关联,各产品之间相互交叉,很难再将某一个金融企业或者某一个金融产品认定为只属于某一特定领域。

阿里巴巴集团的业务发展史便是一个十分典型的案例,从"支付宝"成立开始,阿里巴巴集团便开始布局,随后"阿里小贷"成立,为个人和小微企业提供短期贷款,接着"余额宝"上线并与天弘基金合作发行基金产品,直到"阿里网络银行"的成立，阿里巴巴集团用 10 年的时间打造了一条互联网金融产业链。这些业务种类繁多，互有交叉，从性质上划分，证监会、中国人民银行以及银保监会都有权进行监管。如果继续采用分业监管、机构监管的方式，很难确定一个监管部门来管理一个业务如此庞大、产品如此丰富的互联网金融企业；即使能够确定，在监管过程中所需要的所有领域的专业知识、技术人员与设备都很难在一个部门中完全具备。

第三，针对互联网银行和互联网货币等业务的监管部门并不明确。实践中，有关互联网金融活动各模式的监管划分，根据现有法规规定，证监会对网络众筹进行监管，中国人民银行对互联网支付进行监管，银保监会对网络微贷和 P2P 网络借贷进行监管；而网络银行因为没有相关法规或者政策性文件的明确规定，其法律地位如何尚无定论，在我国现行监管体制下并无任何部门对其进行有效监管，仍存在监管真空地带。

虽然目前对互联网货币的监管初步设定了监管部门，但仍存在监管范围不明确、监管措施不具体等问题。

首先，初步确定的监管部门对于互联网货币的监管覆盖面不全，仅仅监管网络游戏币的使用，没有统一规范且前瞻性不强，既不能够全面监管市面上已经存在的互联网货币，也不能有效监控新货币的衍生情况。

其次，互联网货币的性质与初步确定的监管部门不匹配，这对实施有效监管、规避风险设置了障碍。

最后，监管部门在实行监管时缺少法律依据，只能遵循相关部门的指导意见、通知进行监管，监管措施很难落到实处。

（六）互联网金融人才缺乏

我国互联网金融的发展与国外相比还是存在较大的差距，前期发展势头过猛，最近两年显然发展能力不足，而且行业中存在的问题逐步显现，就需要足够的人才资源为我国互联网金融未来的发展助力。

可是互联网金融企业对于员工的入职门槛设置极低，没有员工入职考试，许多不具备金融和编程基础知识的人员入职工作，导致互联网金融平台在操作使用和运行维护过程中频繁出现问题。我国关于互联网金融的人才缺乏是导致行业发展缓慢的重要原因，也是造成行业金融风险发生的缘由。

第二章　互联网金融历史与现状

（七）信用建设体系不健全

首先，目前我国并未建立一套完善的互联网金融信用建设体系来监管互联网金融平台，也没有一个相应的体系来规范互联网金融平台的评价等级和资信状况。互联网金融用户无法通过公开的有公信力的征信评级来判断互联网金融平台的资质情况，对互联网金融平台的技术实力、运营能力、风控能力等缺乏评级标准，导致不少非正规P2P网贷平台滥竽充数，利用征信空白，骗取网民资金。

其次，目前我国的个人征信系统也还不够完善，在金融领域，互联网金融平台与中国人民银行个人用户的征信系统之间也没有实现完美对接。个人用户的准确资信状况也很难被互联网金融平台所获取，且平台也很难识别虚假信息，这极大地增加了网络借贷的风险。

（八）行业自律性较差

互联网金融行业自律性差主要体现在企业自身以及行业自律组织这两个方面。

一方面，互联网金融属于新兴行业，许多企业为了抓住时代脉搏在新兴行业领域分一杯羹，纷纷投身于互联网金融领域。但绝大多数互联网金融企业都是在摸索中前进，企业本身缺乏经营管理经验，缺乏大量的专业人才和技术设备，自律能力很弱，再加上个别企业唯利是图，很容易破坏正常的互联网金融秩序。

另一方面，自2013年互联网金融元年以来，我国先后成立了几十个行业组织和地方协会，但各个行业协会和组织之间缺少沟通与互助，行业组织和协会标准不一，所形成的规定也是原则性规定居多；并且有很多互联网金融企业并没有组建或者加入相应的互联网金融企业自律组织或协会，没有一个自律组织或协会的统一规划和协调，各个企业之间独立经营，很容易造成市场混乱的局面，企业自身所承担的风险也会增加。

（九）市场准入制度不完备

我国互联网金融发展至今，时间仍较短，进入互联网金融领域的门槛仍然较低，如P2P网贷平台，建个网站就能作为网贷平台运营了。综合来看，既没有对互联网金融经营模式的审核，也没有对互联网金融技术力量和业务范围的审核，还没有对互联网金融企业资金运作能力的审核。这导致大量企业涌入互联网金融领域，良莠不齐，极大地增加了互联网金融企业要面临的各种法律风险。

同时，由于法律、监管等层面的原因，各业务开展之前的许可制度存在缺失，由此也产生了许多问题，如网络银行的开通是否需要营业执照。由于没有一个互联网金融业务许可证制度的规制，各企业肆意开展多项业务，自由进入各类业务市场，势必会造成各类业务市场良莠不齐的局面，从而增加了各类法律风险的出现，破坏了整个互联网金融市场的良好运行。

（十）风控能力不足，专业能力缺失

我国的互联网金融行业目前处于新兴阶段，行业整体基础薄弱，一方面，受到成本、市场和时间、效率等因素的制约，互联网金融企业控制风险可以使用的工具是相对有限的，风险量化的手段不足，导致风险控制显得颇为被动。另一方面，我国的互联网金融机构与传统的金融机构相比，在产品的定价、风险的评估和内部控制等方面具有较大的差距。

我国的互联网金融行业缺乏相应的资金外流的应对措施，加大了流动性风险，导致大量互联网平台倒闭现象严重。

第三章　互联网金融业态与风险

随着互联网技术的不断发展，互联网与金融不断融合，互联网金融作为一种新生的金融形式逐渐发展起来。互联网金融具有不受地域和时间限制，便捷、高效、低成本、低门槛、高收益等特点，对满足企业融资需求，促进利率市场化改革具有重要的促进作用，但是互联网金融存在的风险也不容忽视。本章分为互联网支付、P2P 网络借贷、众筹融资、互联网基金销售、互联网保险、互联网信托、互联网消费金融七部分。

第一节　互联网支付

一、互联网支付概述

（一）互联网支付相关概念

近年来，由于互联网、5G、大数据的不断发展和成熟，形成了两种常见的互联网支付形式，即传统的以台式电脑为载体的互联网支付和新兴的以手机等移动设备为载体的移动互联网支付，将其分别做如下界定。传统互联网支付是指利用电脑进行账户管理、生活缴费、理财投资等。其主要应用形式为以电脑端为主的各类金融机构的线上支付方式等。移动互联网支付是指使用移动通信网络，借助手机、平板等移动终端进行支付活动。例如，现在消费者习惯在手机上使用的支付宝、微信、银联云闪付等 App 支付方式。

虽然从技术上，两者的主要表现形式有巨大差异，但这种差异带来的是体验上的很大不同。移动互联网支付比互联网支付具有更好的适应性，能够在不同的场合使用，方便快捷，但目前仅仅在传统互联网上实现了 C 端用户支付以及 B

端（即对公客户）的完全使用。传统互联网支付受限于使用习惯、硬件设备、监管要求等因素，远未达到业界所预期的结果，移动支付改变了这一现状，使得网络化经济得到了迅猛发展。所以，理解互联网用户向移动支付渠道转移的原因尤为重要。

（二）互联网支付的供需方及应用场景

1. 互联网支付的主要供给方

（1）银行支付机构

银行的业务结构主要是为企业发展提供各种金融服务支持，为促进国家实体经济发展铺路搭桥。其业务主要有存款、贷款、汇兑、储蓄等，承担了账户管理、金融中介和金融服务等职能。由于账户管理和"存贷汇"职能，商业银行成为天然的银行支付机构，也是最初、最主要的支付机构。互联网支付业务是横跨于对公及零售板块的，为商业银行带来中间业务收入的主要产品之一。

（2）非银行支付机构（第三方支付机构）

央行《非金融机构支付服务管理办法》明确定义"第三方支付机构"为持牌的非金融机构。第三方支付机构的出现，是基于解决每家网站和各银行逐一开通网关以实现互联的烦琐操作过程。最早的支付机构为首信易，它集齐各家银行的网关接口后，统一向各网站输出，就像一个"超级网关"；接着支付宝携独创秘技隆重登场，开发担保支付功能，一举解决了电子商务交易中供需双方的信任问题，获得快速、广泛的应用。

商业银行是互联网支付的最早供给方，随着互联网的快速发展，互联网支付已成为支付机构的主战场。从近几年银行业金融机构和支付机构互联网支付业务量对比可以看出，随着国家经济的增长，支付机构的交易笔数、金额增长均较银行快速。

2. 互联网支付的主要需求方

企业和个人是经济活动的主要参与主体，也是互联网支付的主要需求方。按照支付两端的主体，参考资金流向和主体动机，支付业务可以分为以下几项。

（1）个人对个人（C2C）的支付

C2C（Customer to Customer）业务的属性分为跨行、同行异地和跨境三类，其业务规模比较大。2017年，基于银行卡的转账业务达638.5亿笔，金额达到560亿元。随着我国居民留学、移民等日益增多，跨境的汇款市场日益扩大。

（2）个人对企业（C2B）

C2B（Customer to Business）业务为个人消费者向商家支付的过程，是零售支付的主体业务。由于 C2B 只向商户侧收费，所以其具有较强的商业价值。2017 年，银行卡消费业务达到 68.7 万亿元，再加上线上交易，C2B 业务市场规模巨大。

（3）企业对个人（B2C）

B2C（Business to Customer）业务的资金流主要是从企业到个人。企业和政府发放工资和补贴等一般由信誉较高的商业银行办理；而某些细分领域，如保险理赔款的分发则会由支付机构办理。

（4）企业对企业（B2B）

B2B（Business to Business）业务笔数小、金额大、手续费也不高，主要集中在商业银行。但这类业务还有很多细分市场银行未覆盖，如航旅不同分销商之间机票款的结算等。该业务意味着支付由消费支付向产业支付发展。

3. 互联网支付的主要应用场景

（1）在线交易付款

一般为电商平台上的购物场景，包括京东和唯品会等电商的综合购物，美团、大众点评等线上外卖，蜘蛛网和永乐票务等电影演出票务，去哪儿和途牛等旅游消费，中公教育和沪江英语等线上教学场景。该场景主要使用的是网上支付。

（2）线下消费付款

一般为衣食住行相关的消费场景，包括菜市场、公交、地铁、餐饮场所、娱乐场所、健身房、商店、超市、教育培训、智慧校园、医疗、购物等 20 分钟短半径生活圈及购房、买车、置业和旅游等长半径生活圈消费场景。该场景主要使用的是移动支付。

（3）生活缴费

一般为生活相关的缴费场景，包括话费、水费、电费、煤气费、网络费、物业费、有线电视、非税和社保等。该场景使用的方式有网上支付和移动支付。

（4）理财产品购买或投资

一般为生活投资理财的汇款、转账场景，包括购买基金、股票、理财产品、期货、期权和纸黄金等场景。该场景使用的方式主要是网上支付。从近几年银行业金融机构互联网支付交易结构可以看出，网上支付交易呈逐年增长的趋势；电话支付交易逐年减少；移动支付交易逐年大幅增长，演变为最大占比，移动支付逐渐成为主战场。

(三) 互联网支付业务的发展机遇

1. 国家经济发展长期向好

从我国近十年间的生产总值同比增长来看，我国实际经济发展趋势持续向好。我国经济增长主要由投资、消费和出口"三驾马车"共同发力驱动前进。其中，国内居民消费是经济最为稳定、有效和持续的驱动力。而居民消费又能促进互联网支付的发展。因此，国家经济的发展在一定程度上促进了互联网支付业务的发展。

2. 网民持续增长有利于互联网支付业务发展

《中国互联网络发展状况统计报告》（第47次）指出，我国上网民众人数从2016年起到2020年间，持续大幅增加，互联网普及率从2016年末的53.2%不断提高到2020年末的70.4%，上网民众数量从2016年末的7.3亿持续增加到2020年末的9.9亿。其中，发展较为滞后的农村上网民众的数量也呈现大幅增加的趋势，达到3.09亿，占总体上网民众的1/3。

在国民上网情况中，2020年全年，移动互联网接入流量达1656亿GB。截至2020年12月，我国上网民众平均每周每人上网时长为26.2个小时，每天每人上网时长达到3.74个小时。

近10亿的网民构成了全球最大的数字社会，网民数量的不断增长以及网民上网时间的加长，将为互联网支付进一步发展提供有利条件。

3. 国家政策推动互联网支付业务加快发展

2018年，国家开展互联网产业强国战略，号召企业以高质量发展为目标，推进互联网化和数字化转型，效果显著。随着国家5G试验频率使用许可证的对外发放，5G商用应用步伐迅速加快；而工业互联网建设的突破性进展也加剧了国家互联网数字经济与传统实体经济的深度融合；《中华人民共和国电子商务法》等相关政策逐步出台，互联网的法治体系、运行环境和秩序逐步完善。

目前，消费互联网的发展，覆盖了衣、食、住和行的各个方面。而企业互联网化也在如火如荼地进行。国家的"互联网+"政策有利于互联网支付业务从个人的消费金融发展到企业的产业金融。

4. 支付结算规范不断完善

经过二十多年的发展，支付结算相关的规范已逐步健全，有利于互联网支付持续健康地发展。

一是完成账户改革。2016年7月1日,《非银行支付机构网络支付业务管理办法》落地施行,个人支付账户分类分为功能依次递增的Ⅰ、Ⅱ、Ⅲ类账户。

二是建立支付监管工作运行管理机制。首先,央行重拳出击,重新塑造政府的监管权威,强力整治无证经营支付,对无证经营实施重罚;其次,对持牌支付机构实施分类评级、分类监管,并通过续牌工作对表现较差、交易量较少的机构安排退出市场;最后,建立网联平台集中处理支付机构业务,将支付机构客户备付金账户从商业银行上收至央行集中管理,对该备付金账户资金的变动、客户交易的数据进行监测,减少资金被支付机构挪用的风险。

三是积极打击治理电信网络诈骗、赌博。全国开展护网、扫黑除恶专项行动,坚决打击电信网络诈骗、赌博,成效显著。

四是稳步推进支撑支付市场运行的基础设施建设工程。一方面,创造性地组建了网络支付清算平台,用于集中转接第三方支付机构涉及的银行卡业务。2017年,网联转接清算平台正式运行,效果良好。另一方面,开放性地引入国际清算组织,布局金融向世界的开放。2020年,央行为连通(杭州)技术服务有限公司颁发有史以来的首张中外合资银行卡清算机构牌照,预示着我国支付金融走向国际的开端和决心。

五是出台2021年支付新规中的反垄断办法。支付新规对"市场支配地位"(即垄断)的预警和认定制定了具体标准,并明确了可对其采取停止滥用市场支配地位行为、拆分机构等措施。

六是全面监管支付衍生的互联网金融机构。网络小贷新规、《商业银行互联网贷款管理暂行办法》配套政策和互联网生态大数据的确权政策陆续出台。整体来看,互联网金融的全面监管升级将利好传统银行等持牌金融机构。

二、互联网支付存在的主要风险

本节中探讨的互联网支付风险,主要是指第三方支付机构的支付风险,由第三方支付机构的性质决定,其风险相对要大于其他互联网支付类型。

(一)安全技术风险

互联网支付的快速发展离不开国内互联网技术的进步,第三方支付机构需要以互联网技术为依托进行信息传递和交易指令达成,在用户获得更便捷的支付体验的同时需要更强大更复杂的硬件和软件技术支持,因此互联网技术自身的缺陷和不足日益显现出来,比如由于系统漏洞、防火墙不严密等问题引起黑客攻击或病毒感染，从而导致第三方支付平台上注册的用户的个人信息泄露，甚至威胁消费者的资金与账户安全，不仅可能给平台使用者带来巨大损失，严重者会扰乱支付体系的正常运行。移动端免卡支付、扫码支付、指纹支付等新技术也可能会增加敏感数据和信息泄露的危险性。第三方互联网支付平台的技术水平、支付逻辑、硬件设施是考量互联网支付安全技术风险的重要因素。

（二）资金沉淀风险

与网络购物同步发展的第三方互联网支付通过承担信息中介和资金转换中介的作用消除了网络购物买卖双方互不信任的问题，但同时也引发了资金沉淀的风险。在一笔交易中，第三方支付平台代收买家支付的资金，在交易完成后才会划拨至卖家账户，在交易过程中会有大量资金沉淀在支付平台，若该部分沉淀资金没有得到有效的监管和隔离，很可能出现资金滥用、越权挪用、风险投资等风险，将大大损害消费者的利益，尤其是在支付平台出现经营不善甚至破产清算情况时，被挪用的沉淀资金将无处索偿。近年来，随着支付市场规模的跨越式增长，沉淀资金的数额也随之大大增加，其中隐含的沉淀资金管理和资金利息分配问题需要引起关注。

（三）金融犯罪风险

互联网支付业务在传统的银行转账资金链中增加了第三方支付机构一环，第三方支付机构的介入导致传统资金链的完整性断裂，在缺乏有效监管的情况下，很可能为洗钱、非法套现等金融犯罪提供便利。

首先，不法分子可以利用支付平台和电商平台制造虚假交易，以隐蔽的买卖形式将非法资金包装为合法所得，互联网第三方支付还可能成为一个潜在的跨境支付渠道，为境外违法所得的转移提供条件。

其次，互联网第三方支付模式还可能为套现提供可能，买卖双方制造虚假交易，买方通过第三方支付系统进行信用卡刷卡消费，卖方收到资金后可提现来实现套现，存在极大的安全隐患。

（四）跨行业经营风险

近年来，支付平台的功能逐渐多样化，许多其他传统金融业务和线下业务都被整合到互联网支付平台，比如支付宝已经成功加入了信用卡还款、购物娱乐、充值缴费、财富管理等业务，向一站式综合化互联网金融平台发展。但这种方式在为用户提供了便利的同时也存在巨大的风险，一旦第三方支付出现系统性风险，会迅速传导至互联网金融和传统金融领域，造成连锁效应。另外，由于互联网支付平台和银行密不可分的关系，支付系统的问题会影响银行系统，进而可能引发整个金融体系的动荡，影响国民经济的平稳运行。

（五）法律滞后风险

互联网金融业务模式创新层出不穷，参与机构越来越多，金融产品愈加多样化，而我国现有的传统金融监管体系对互联网金融这一新兴业态没有固定的监管机构和专门的法律。互联网支付更是如此，由于立法存在滞后性，现行的法律体系还未出台一部完善的针对互联网支付的法律法规，对互联网支付业务没有完整的约束体系，因此许多互联网支付平台会在业务模式和监管合规方面触碰法律边界，国家监管机构无法有效地约束第三方互联网支付机构的行为。

第二节　P2P 网络借贷

一、P2P 网络借贷概述

（一）P2P 网络借贷的概念和特征

1. P2P 网络借贷的概念

P2P 是 peer-to-peer 的简写，翻译－为中文即点对点，顾名思义，P2P 网络借贷称为点对点网络借贷，是指借贷人通过平台提供的中介服务进行信息交换，双方达成借贷关系。点对点式的网络借贷也是最原始简单的 P2P 网络借贷模式，随着借贷人的需求在其基础上逐步演变为复杂的模式。P2P 网络借贷最早出现在欧美国家，发展情势乐观，满足了小微企业、中低收入阶层的投资融资需求，激活了互联网金融民间借贷，后逐步被引入中国。

2016 年 8 月 24 日，中国银保监会等四部委联合颁布《网络借贷信息中介机构业务活动管理暂行办法》（下文简称《暂行办法》）明确规定 P2P 网络借贷的定义和平台服务内容。网络借贷信息中介机构是指依法设立，以互联网为主要渠道，为借款人和出借人提供信息收集、公布、评估、交互等中介服务的金融信息中介服务公司。其将信息备案制度作为借款人的准入门槛，通过平台收集的信息评估最高集资金额。2016年《暂行办法》出台，2017年是对P2P网络借贷行业合规化整改的一年，《中国金融稳定报告（2018）》表明2017年的一系列措施收到显著成效，金融乱象得到初步治理，金融机构逐步具有合规化意识。但出台的《暂行办法》并没有对违规P2P网络借贷行为规定明确的民事、行政以及刑事责任承担，所以存在大量案件直接以刑事责任追究的情况。

根据《合同法》424条规定，居间合同是居间人向委托人报告订立合同的机会或者提供订立合同的媒介服务，委托人支付报酬的合同。根据2016年《暂行办法》规定的平台服务内容，P2P网络借贷平台的作用和功能与居间合同相吻合，符合《合同法》所规定的居间人定性。根据2015年出台的《关于促进互联网金融健康发展的指导意见》的规定，从业机构应该选择符合条件的银行作为资金存管机构，P2P网络借贷平台只提供信息，出借人根据P2P网络借贷平台提供的借贷信息与借款人之间签订民间借贷合同，资金并不流向P2P网络借贷平台而是划入指定的银行账户，客户的资金与从业机构的资金分账管理。从资金走向来看，P2P网络借贷平台与借贷人和出借人之间是居间合同关系。

2. P2P网络借贷的特征

P2P网络借贷本质上是个人与个人之间的民间借贷，与传统民间借贷最大的区别为个人与个人之间存在信息媒介，依托于P2P网络借贷平台。

个人对个人的借贷排除了贷款中不可替代的银行，从而使急需资金又不符合银行贷款条件的中小微企业以低成本获得贷款，投资人也可获得较高收益，这也使低投资高收益的P2P网络借贷迅速占据经济市场大量的份额。P2P网络借贷的高效便捷在一定程度上也促进了中小微企业的发展。中小微企业在市场经济中起着不可替代的作用，它的繁荣发展关系国计民生。相对于贷款金额大、信用度高、运营稳定且规模较大的企业，银行贷款给中小微企业所承担的风险较高，所以出现银行不愿贷款给中小微企业的情况，导致中小微企业在市场经济中生存环境较为艰难。P2P网络借贷的出现在一定程度上解决了这一难题。

一方面，相对于传统的借贷，P2P网络借贷的交易方式网络化，更加简单便捷。P2P网络借贷突破了地域和时间限制，降低了交易成本，从贷款方向平台发出申请，到平台由第三方或者专门部门审查资格合格后将贷款汇入第三方银行账户，再到获得贷款，全部程序在互联网上操作，直接实现了融资双方之间的资金体外循环。另一方面，P2P网络借贷主体多元化。P2P网络借贷是纯粹的互联网交易，为了保障安全，借贷涉及出借方、贷款方、第三方银行以及平台等多方主体，并且出借方和贷款方又包括个人和企业等。但是，伴随着便捷、高收益的便是高风险。由于P2P网络借贷的贷款人资格低，达不到银行安全信用等级标准和无有效担保等因素使出借人承担着比传统金融借贷机构更高的风险。我国陆续出台的规范性文件并没有对借贷人的信用等级、还款能力、信息审核等进行明确的规定，并未对违规P2P网络借贷行为的民事责任、行政责任、刑事责任以及损害赔偿进行细化规定。

（二）P2P网络借贷发展历程与运营现状

1. P2P网络借贷的发展历程

中国P2P网络借贷行业的发展到目前为止，经历了大致四个阶段，分别为起步萌芽期、野蛮增长期、规范调整期、整顿清理期。

（1）起步萌芽期（2007—2011年）

我国第一家P2P网络借贷平台"拍拍贷"在2007年6月份正式上线，成为网络借贷行业的一个里程碑事件。但在此期间，整个行业发展缓慢，全国的P2P网络借贷平台大致在百家以内，活跃的平台则仅有几十家左右，而且主要以地方性贷款为主。

（2）野蛮增长期（2012—2015年）

从2012年开始，P2P网络借贷平台的数量进入了野蛮增长期间，特别是2013年提出了互联网金融的概念后，很多拥有民间资本的从业者，如小贷公司、民间借贷从业者等，开始抢占互联网金融的风口，更有很多风险资本、投资机构开始关注并进入网贷行业，使得P2P网络借贷平台数量迅速增加，行业内鱼龙混杂，平台真伪难辨，泡沫极其严重，也爆出大量问题平台，如e租宝、好乐易贷、苏商投资等。

（3）规范调整期（2016—2018年）

2016年，随着市场竞争的加剧与各项监管细则的落地，上线的新平台数量大量减少，同时国家政策在不断调整，监管要求越来越严，平台有关合规调整的压力变大，大量问题平台爆出。如在2018年再次出现"爆雷潮"，大批P2P网络借贷平台出清。

（4）整顿清理期（2019—2020年）

为防止发生系统性风险和大规模群体事件，互联网金融风险专项整治工作领导小级办公室、P2P网络借贷专项整治工作领导小组办公室在2019年1月联合发布了《关于做好网贷机构分类处置和风险防范工作的意见》（简称"175号文"），退出和转型成了主基调。各地监管机构开始持续清退P2P网络借贷平台。

从萌芽到整顿清理，P2P网络借贷平台在我国实现了快速发展及高速成长，造成这种情况的主要原因有以下四个方面：第一，强大的市场需求。我国有大量的中小企业，这些中小企业存在较高的资金需求，而传统银行对中小企业没有较高的偏好，贷款额度较低且审核时间长，导致中小企业无法从银行中获得足够的资金支持。而民间借贷利率较高，增加了借贷成本。同时随着我国社会经济的不断发展，公众有了较高的投资需求，但由于缺乏足够多的正规投资途径，导致公众资金无法得到合理配置，存在显著的矛盾冲突。在这种情况下，P2P网络借贷平台顺势而出，在某种程度上有效解决了公众投资及中小企业融资的实际问题。第二，P2P网络借贷平台具备诸多的优势。同传统借贷相比，P2P网络借贷平台的投资门槛不高，主要面向社会大众，无论是学生、工薪阶层还是中小企业，都可以进行融资，实现了金融的普惠性。第三，随着网络技术的不断发展，也使得P2P网络借贷平台有了更多的技术支持，彻底突破了空间制约，平台可以吸引大量的投资人及借贷人，通过大数据进行快速匹配，满足双方的资金需求，有效节约时间成本。第四，当前我国在这一方面还缺乏有效的政策，整体环境相对宽松，没有完善的监管机制，进而催生了一大批P2P网络借贷平台。但是，随着近年来P2P网络借贷平台恶性事件的不断发生，国家加大了监管力度，陆续出台了一系列的监管策略及方针，导致一大批问题平台被整顿及清理，2020年11月中旬，全国实际运营的P2P网贷机构完全归零。

2. P2P网络借贷平台运营现状

从2011年到2020年，我国P2P网络借贷平台正常运营的数量总体呈现先升后降的走势。截至2019年底，正常运营的P2P网络借贷平台仅为343家。2019年全年在监管部门多次声明网络借贷行业整治以出清为主，引导平台转型或退出。

P2P网络借贷平台退出最终结局包括转型、停运、提现困难、经侦介入和跑路等。根据网贷之家数据显示其中2016年退出平台最多，共有1722家；而以问题平台方式退出的平台数量最多是在2015年，数量为866家。

2019年很多处于前列的P2P网络借贷平台宣布退出、清盘或投案自首，如网信普惠宣布退出，与其关联的平台工场微金出现逾期，最后以汇源果汁代偿。

从历年网络借贷行业贷款余额走势的数据来看，2017年行业总体贷款余额最高，至2019年已经连续三年走低。2019年，在P2P网络借贷行业清退力度不断加码、监管持续要求"三降"（降余额、降人数、降店）的情况下，还有多家大型平台停止发标、开始转型，受诸多因素的影响，到2019年底，总体网络借贷行业贷款余额下降到 4915.91 亿元，与 2018 年同期相比下降了 37.69%。国内 P2P 网络借贷平台主要存在以下几个特征。

（1）总体业务规模下降

P2P 网络借贷平台的成交量在 2019 年为 9649 亿元，而 2018 年则为 17948 亿元，下降了 46.24%，是 2015 年到 2019 年来的最低成交量。在成交量不断下降的同时，借贷余额也呈不断下降的态势。导致这种情况的主要原因：一是随着 P2P 网络借贷行业的不断发展，国家陆续出台了一系列的监管政策加大规范力度，对一些不合规的平台予以清退，一些平台寻求转型或主动退出，停止了 P2P 网络借贷业务，市场规模出现萎缩，进而导致成交量及借贷余额下降；二是由于近年来频频出现的问题平台，导致投资者信心不足，纷纷出现撤资行为，投资者人数在 2019 年下降了 45% 左右。对于 P2P 网络借贷平台而言，投资者提供了主要的资金来源，投资者人数减少势必造成 P2P 网络借贷平台借贷能力变弱，产生资金净流出的不利情况。

（2）区域集中度提高

当前，国家加大对 P2P 网络借贷平台的监管力度及规范化管理，各个区域的 P2P 网络借贷平台规模持续收缩，各个区域的 P2P 网络平台存量下降幅度存在差异，导致平台集中度产生了变化。国内多个区域如山东、河北、山西、四川、陕西、吉林、黑龙江、云南等十多个省份率先实现 P2P 网络借贷平台彻底清零。但与此同时一些区域如北京、上海、浙江及广东的 P2P 网络借贷平台业务的集中度则呈大幅增长的态势，这些区域的正常平台占比反而出现了上升，正常平台的借贷余额也呈增长的态势。造成这种情况的主要原因就是这些区域有较高比重的大型平台，同时借贷年限较长，使得其下降速度放缓，出现了平台区域集中度提高的情况。

（3）问题平台数量持续增加

国内 P2P 网络借贷平台业务在 2019 年以前实现了快速增长，呈高速扩张的态势，但也伴随着较高的风险，提现困难、平台跑路等情况频频爆发，严重制约了 P2P 网络借贷行业的正常稳定发展。从 2013 年开始，我国的 P2P 网络借贷问题平台开始逐步出现，数量也持续增长，仅仅一年的时间里，问题平台的数量就增长了 240%，增速惊人。至 2019 年底，我国的 P2P 网络借贷问题平台数量已经累计达到了上千家。大多数 P2P 网络借贷平台在成立时仅仅看到了行业的经济收益，并未从自身实际情况出发，合理控制网络借贷风险，在后期存在管理上的一系列问题，缺乏持续的资金注入，最终以倒闭或退出而告终。大多数 P2P 网络借贷平台在成立时就需要通过高回报率来吸收资金，一旦吸收到足够数额的资金后就会出现跑路的情况，严重损害了投资人的经济利益，对网络借贷行业健康发展产生了不良影响。

近年来，国家为了规范P2P网络借贷市场，加大监管力度，出台了一系列的政策，逐步清洗P2P网络借贷问题平台。在这种情况下，一些风控能力不强、经营管理存在诸多问题的平台开始陆续退出市场。近年来，P2P网络借贷问题平台的数量持续增加，表明行业的监管力度不断加强，整个网络借贷行业开始进入优胜劣汰的阶段。同时，国内P2P网络借贷行业对新平台的扩增进行严格控制，针对问题平台做到及时查处，将一些问题平台彻底淘汰出市场，净化行业环境。

（三）P2P网络借贷平台的运营模式及异化表现

1. P2P网络借贷平台的运营模式

为适应监管细则的出台和市场经济的发展，P2P网络借贷平台势必会在最初的基础上发生调整，只要理清各种模式下的法律关系亦可判断P2P网络借贷的合法性。

P2P网络借贷平台的常见运营模式主要分为以下三种：无担保模式、物权担保模式和债权转让模式。

（1）P2P网络借贷平台的无担保模式

P2P网络借贷的无担保模式亦是最原始、简单的模式，彻底贯彻了个人对个人的网络借贷精神。采用无担保模式的P2P网络借贷平台根据借款人的申请以及提供的财产证明、收入状况等基本信息进行资格审查，在有必要的情况下也会进行走访调查，综合判断其风险等级，判断借款人的还款意愿和能力，对于符合标准的借款人在借贷平台上进行信息披露。出借人将资金存入在P2P网络借贷平台上的独立存管账户，借款人也通过平台独立的存管账户提现至第三方支付通道。

无担保模式的风险较大，在早些时候，P2P网络借贷平台会在借贷项目上抽取一定比例的风险准备金，在借贷协议上约定借款人无法偿还贷款时，由P2P借贷平台暂时垫付，但是由于风险准备金有涉嫌变相集资、自融等嫌疑逐渐被摒弃。

（2）P2P网络借贷平台的物权担保模式

相对于无担保模式，P2P网络借贷平台的物权担保模式降低了出借人的风险。P2P网络借贷平台对于抵押人来说亦是中介平台，为了降低风险允许抵押担保，抵押人有义务向借贷平台披露其抵押物信息与借款标的具体信息一并向社会公布。

借贷人无法偿还贷款时，出借人提起诉讼或仲裁，根据《中华人民共和国物权法》相关规定享有优先受偿权。

（3）P2P网络借贷平台的债权转让模式

债权转让是指债权人将全部或者部分债权转让给第三人的行为。全部转让是指第三人取得全部债权；部分转让是指第三人只取得部分债权，第三人与原债权人共同享有债权。在P2P网络借贷平台上存在由很多出借人组成一个大的债权，对于P2P网络借贷平台而言，债权转让存在数量限制，只有受让人接受的债权转让数量同时不具备《最高人民法院关于审理非法集资刑事案件具体应用法律若干问题的解释》规定的四个条件时，才能规避非法集资的风险。

2. P2P网络借贷平台的异化表现

P2P网络借贷行为异化总的概括即P2P网络借贷平台不仅仅是中介方，还演变为参与到借贷的法律关系中，分别有以下四种模式。

（1）利用平台自我融资

根据《中华人民共和国商业银行法》（以下简称《商业银行法》）的规定，P2P网络借贷平台不具有吸收公众存款等商业银行业务的资格。最初之所以出现平台自我融资现象，是企业需要资金进行发展或内部运转，但不符合银行贷款资格，所以在互联网注册成立P2P网络借贷平台，为自身企业进行融资，此时的P2P网络借贷平台成为借贷人，背离了平台应有之意。P2P网络借贷的自融分为直接自融和间接自融：直接自融是指P2P网络借贷平台以自身名义进行融资；间接自融是指P2P网络借贷平台以其他企业或个人的名义在平台融资，而实际上由P2P网络借贷平台进行实际操控，或者持有5%以上股份表决权的股东、实际控制人、董事、监事、高级管理人员及其近亲属以及与平台受同一实际控制人控制的关联方在平台上进行融资。

随后一些企业以非法占有为目的，设立P2P网络借贷平台和"皮包公司"订立虚假协议，引诱社会不特定公众向其投资，以达到非法集资的目的。此时的P2P网络借贷平台部分涉嫌构成非法集资，部分符合非法吸收公众存款罪相关规定。例如，胡×、王×平、干×旭等人集资诈骗案中，被告人利用"皮包公司"与社会其他公司签订借贷合同，将虚假合同上传至某平台，以高利息为饵，吸引社会不特定公众进行投资。

P2P网络借贷平台自我融资的共有特征：第一，P2P网络借贷平台的上位公司出现资金周转困难的状况，或不符合银行借贷标准或者小额借贷利息较高等原因。第二，自融平台会出现资金池现象，平台资金由平台实际控制人控制。第三，形成大量分散资金转入平台、平台集中转出的资金流向。第四，在上位公司出现经营困难时，网络借贷平台无法兑付投资者的本金和利息；出现提现难时，网络借贷平台面临倒闭，涉嫌非法集资。

（2）设立"资金池"

P2P 网络借贷平台成立的"资金池"相当于在内部成立了一个影子银行，这是指投资者将钱存入平台的存管账户，平台并没有把这些资产马上借贷出去，而是将大量金额储存在平台，平台再进行借贷分配和使用。这一行为实质上使投资者将资金借贷给平台，扰乱了市场秩序，使得平台崩塌，实际负责人仍然可以卷款跑路。

导致 P2P 网络借贷平台设立"资金池"的原因主要有两个：第一，在监管规则不健全时，不法分子主动恶意非法集资、扰乱市场；第二，由于 P2P 网络借贷属于互联网金融新兴事物，与我国传统的金融模式的规制并不完全相容，存在资质较差的借贷人到期无法清偿贷款，而 P2P 网络借贷平台需要对出借人实现刚性兑付的情况，顺应该情势发展逐渐出现"资金池"模式。例如，宫 × 飞、陈 × 君集资诈骗案中，成立了网络借贷平台，设立资金池，为公司进行资金投入建设，在平台亏损的情况下，采用虚假标的或者真实标的重复使用的手段引诱社会不特定公众进行投资。

（3）采用期限错配方式进行虚假融资

我国最早出现的期限错配是"空手套白狼"式的庞氏骗局。庞氏骗局是金字塔骗局的始祖，是指采用借新还旧的方式制造盈利的假象，从而吸引更多的投资者。期限错配属于拆标的一种形式，将借款人的借款项目进行期限或者金额的拆分，满足出借人的不同投资目的。例如，期限的拆标是将一年的借款拆分为数个不同的月份进行发标，再通过拆东墙补西墙、以钱还钱的方式打利率逆差；金额的拆标是将一项借款分为若干笔借款进行发标，供出借人进行出借。引起社会轰动的"e 租宝"P2P 网络借贷事件就是庞氏骗局，使用虚假融资项目，吸引社会公众投资，通过关联公司获取收益，达到非法占有的目的。e 租宝平台在全国范围进行融资，直接面向全国百姓，在短时间内就吸引了 90 多万名投资者，累计交易额多达 700 多亿。又如，在李 × 煌集资诈骗案中，李 × 煌等人在 P2P 网络借贷平台发布真实的借贷标的只占 7.52%，使用大量虚假标的引诱社会不特定公众投资，平台对虚假标的运作主要也是采用以新还旧的方式维持 P2P 网络借贷平台的运营。

采用庞氏骗局的 P2P 网络借贷平台的共有特征：第一，初期投资，收益颇丰且及时，平台运营资金运转正常；第二，在一定时间内，平台都会按时交付本金和收益，展现平台实力，迷惑公众和监管部门；第三，使用虚假标的，伴随虚假标的的还有虚假抵押，骗取投资人的信任；第四，出借人的资金并没有汇入借款人账户，而是流入平台实际控制人账户。集团的实际控制人控制平台全部资金，无法运营时，便可直接"跑路"。

（4）借款人虚假筹款设立伪平台

伪平台是指平台的设立人并不具有融资需求，却设立虚假平台，发布虚假融资信息，引诱社会不特定公众投资。实质上，P2P网络借贷平台徒有其名，不再具有中介性质，沦为虚假融资的工具。例如，在胡×宝、吕×、王×等集资诈骗案中，设立了互联网金融服务有限公司网络借贷平台，虚构借贷中介地位，使用虚假标的，非法吸收公众存款。

伪平台的共同特征：第一，设计"秒标"等新型投资形式，通过充值返现的方式满足公众短期高利息的期待，吸引社会公众投资；第二，网络借贷平台短期经营，在还款周期到来之前便已"跑路"；第三，投资人的资金直接进入P2P网络借贷平台实际控制人的账户。

二、P2P网络借贷存在的主要风险

（一）投资风险

1. 信用风险

P2P网络借贷与普通贷款一样会产生一种债权债务关系，因此P2P网络借贷具有不能忽视的信用风险。一方面，P2P网络借贷所面临的信用风险系数一般高于债券和银行贷款，其主要原因是P2P网络借贷的借款人往往无法通过银行的贷款审批，他们普遍缺乏抵押物和信用凭证，甚至有不良信用记录。加之P2P网络借贷利率较高，相对于从银行贷款，借款人有更大的资金压力，因此也增大了违约风险。根据美国经济学家斯蒂格利茨和威斯的相关研究，机构所面临的逆向选择风险随着利率提高而增大，利率提高，借款人的信用风险也相应增大。另一方面，投资者需要平台作为中介组织进行投资，但一些平台的创立目的"不纯"，一些平台面对高利润的诱惑选择了"跑路"。投资者在此类平台上进行投资将面临巨大的风险。

2. 流动风险

P2P网络借贷的流动风险主要涉及三个对象（即投资者、平台和借款人）和两个方面（即融资流动性风险和市场流动性风险）。其根本原因在于借款人的借款期限长于投资者的投资期限，导致借款人面临融资流动性风险。在债权转让方式中，借款人需在出资人提供资金后才能获得资金或在出资人规定期限内归还资金，二者的债权关系在形成时间、资金限额、期限上可能存在不一致的情况。因此，当大量投资者因为自身原因或是系统性风险要求提前结束债权关系并取回投资资金时，即类似于银行的集中挤兑时，平台可能无法为其提供足够的资金，导致恐慌情绪扩散，引起更多的投资者挤兑。虽然P2P网络借贷平台会采取各种措施来应对风险，但投资者往往是流动性风险的来源。

P2P网络借贷平台在面对投资者集中挤兑时，一般有三种选择。一是寻找新进投资者代替原有投资者，这样只是投资者之间的债权转让，但是当大量投资者同时挤兑时，新进投资者数量将远远不够。二是让借款者偿还债务，这种方式虽然可以从根本上解决投资者的集中挤兑问题，但同样存在很多不足。首先，突然的债务回抽使得借款者没有足够的时间筹集资金来还款，由于借款期限并未到，这样的资金需求可能会打乱借款者原有的资金计划，借款者可能必须卖出其他资产以提高自身资金流动性，这种方式将导致借款者蒙受损失并且增加流动性风险。当损失与风险超出一定范围时，借款人将会面临破产。当还款数额超出借款人的承受范围时，其可能会选择主动违约的解决方式，从而使流动性风险转变为信用风险。其次，这种提前要求还款的方式本身就是平台的违约行为，可能会导致优质客户流失，而这样的损失通常也会影响投资者。三是平台用自有资金应对投资者的提取。这需要平台有大量的自有资金作为备用资金并保持高流通性，但这显然不符合一般平台的发展要求，所以当平台无法继续兑付而破产时，最终还是投资者的利益受到损害。

（二）平台风险

1.道德风险

道德风险是由欺诈风险和信息误导风险共同组成的，道德风险的形成往往是因为平台自身。自筹资金、庞氏骗局、跑路、非法集资等都是存在欺诈风险的P2P网络借贷平台惯用手法。P2P网络借贷平台自筹资金常常与非法集资联系在一起，如某P2P网络借贷平台的创始人主要从事洁具生产，搭建平台的目的就是自筹资金，这起案件最终被判定为非法集资罪。很多银行拒绝贷款给企业与从事高利贷的投机者，一些平台瞄准了P2P网络借贷的便捷性，通过简单的网页装修便可上网运行，这些平台常用超过4%月利息的许诺来吸引追求高收益的投资者，而很多平台将互联网融资得到的钱拿来自用，如偿还银行贷款、高利贷或用于项目投资等。平台常用保本、高收益、高流动性的优势，以及与银行融资相对比的方式来误导投资者，投资者在未充分了解投资产品时进行投资会大大增加蒙受损失的风险。一些P2P网络借贷平台虽然不是以欺诈为目的进行运营，但为了扩大规模、赚取利润，在运营过程中往往采取各种"创新"方式。这些在法律红线边缘的"创新"方法，时刻面临着法律风险。这些违规平台既损害了投资者的利益，也对整个互联网融资环境造成了极其恶劣的影响，使得投资者对互联网融资"谈虎色变"。这样恶劣的投资环境使得平台为了吸引投资者不得不进一步提高利率，使得整个市场借贷风险越来越大。

2. 数据风险和网络安全风险

数据风险和网络安全风险是构成P2P网络贷款风险的重要组成部分。P2P网络贷款依托于互联网技术，而互联网技术的不完善则可能造成数据信息的泄露、篡改、丢失等不良后果。互联网技术的数据安全问题主要源于外部黑客的恶意攻击和内部人员的操作失误或恶意破坏。网络安全风险则是由网络攻击、渗透、窃听、计算机病毒等引发的风险。现代互联网的高度互联性使得P2P网络借贷平台很容易遭受到网络攻击。互联网金融企业一旦出现网络安全问题，很容易引发系统性风险。

3. 系统性风险

当产生系统性风险时，P2P网络借贷的风险明显增加。当整个经济环境发生改变时，政府会通过调整利率来调整经济环境，这势必会影响P2P网络借贷的发展。当市场上的投资者大部分对经济预期发生变化时，或是当整个资本市场环境出现改变时，投资者的投资策略都将会随之改变，这将会导致P2P网络借贷行业产生系统性风险。投资者在进行投资时总是会在收益与风险之间做出抉择，并选择最优组合以符合他们的收益曲线要求。投资者在做出选择时总是基于理性预期，如果投资者预测某资产的收益高，就会买入，反之则卖出该资产。当市场上存在相同风险而收益更优或相同收益而风险更低的资产时，投资者就可能会放弃现有的资产组合选择新的组合。当投资者认为当前市场所提供的信息会导致未来的期望产生变化时，投资者也会马上做出反应。资产买卖或是投资组合的变化往往发生在投资环境或是经济周期改变时，如我国A股股票市场的集体上涨下跌就可能会使P2P网络借贷平台的投资者改变投资渠道和方式，这种投资者的理性预期变化往往是一致的。这种理性预期的改变可能会使得P2P网络借贷平台中的投资者大量外流，导致流动性风险迅速扩大。

4.紧缩性货币政策带来的风险

紧缩性货币政策同样是对 P2P 网络借贷流动性风险有较大影响的外部环境因素。紧缩性货币政策经常使用的方法是提高无风险收益率，这将降低整个投资环境的货币流通性。社会整体消费与投资减少对 P2P 网络借贷平台流动性的负面影响来自两个方面。一是紧缩性货币政策将提高证券资产的收益率，这将使证券吸引力高于 P2P 网络借贷平台。P2P 网络借贷平台的投资者会从 P2P 网络借贷平台的投资中提取一部分投资资金来保障投资安全。二是收紧需求渠道。紧缩性货币政策对整个经济发展具有紧缩效应，这将给高风险借款人（无论是企业还是个人）带来很大影响，从而导致风险进一步加大，投资者将减少对 P2P 网络借贷平台的投资。

（三）融资风险

对于 P2P 借款人来说，最大的风险是流动性风险，流动性风险与融资平台密切相关。当一个平台运营得不好，缺乏资金时，需要通过加息来吸引投资者，其贷款期限也将受到很大影响。因此，当融资方选择的平台不理想时，会受到以下几个方面的影响：①借款成本过高，加重了融资负担；②贷款期限太短，导致其贷款使用范围有限；③有的平台融资方信用度低，这会对自身信用造成不良后果，这实际上是一种同伴效应；④平台投资者群体对风险和信息过于敏感，投机氛围过于浓厚。这些不利影响将使融资方在融资平台上承担更大的流动性风险。

第三节 众筹融资

一、众筹融资概述

（一）众筹相关理论

1.投资理论

众筹作为一种新型的线上融资模式，无论对于国内还是国外来说都处于探究和摸索阶段，因此应当受到市场和政策监管的双重考核。以我国为例，自 2011 年互联网众筹进入国内市场后，其经历了野蛮式生长并暴露出非常多的问题，如果任由其自行调节而放任不管的话可能会破坏已有市场规则，甚至是对整个金融市场造成巨大冲击，引发经济动荡。因此，各个国家相关部门应根据各自产业发展的现实情况制定符合社会总体发展的经济措施和法律政策。目的就是一方面充分调动社会闲余资金促进文化创意产业的发展，实现社会资源的合理配置；另一方面避免资本纠纷产生社会问题而采取立法规范众筹平台的运营和提升监管力度的措施。

根据投资理论可以知道，当一国居民收入在变动的同时，储蓄和投资也会相应地跟随变化并达到平衡，所以当居民收入水平增加时，人们对于投资的需求也会相应变得更加旺盛。而众筹融资属于金融市场的投资行为，其发展情况可能会受到社会经济水平和居民收入水平变动的影响。

2. 信息不对称理论

信息不对称是指市场交易的各方所拥有的信息不对等，买卖双方对商品或服务的价格、质量等信息所掌握的程度不同。相较于信息掌握较多的一方，信息匮乏的一方在交易过程中将处于不利地位。该理论认为，在市场交易中，卖方相较于买方，掌握了更多关于商品的各类信息；信息丰富的一方通过向信息缺乏的一方传达可靠有用的信息而在市场中获得利益；信息缺乏的一方会努力从信息丰富的一方获取关于商品的可靠信息；通过市场信号的传递可以在一定程度上弥补因双方信息不对称造成的问题。

信息不对称会导致资源配置不当，降低市场资源分配效率。信息不对称发生在投资或者购买行为之前将容易导致逆向选择问题；如果发生在投资或者购买行为之后将容易导致道德风险问题。美国经济学家阿克尔洛夫基于信息不对称对买卖二手车的影响进行分析后提出了"柠檬效应"理论。这个理论是指在二手车交易市场中，很多车子的质量良莠不齐，好车与坏车混杂在旧车市场中，买家并不能很好地辨识出究竟哪些是质量好的哪些是质量差的车子，但是卖家对自己的车子质量基本上是了然于心的，在利益的驱使下，所有的卖家都会标榜自己的车子是属于质量优良的一类，以此获得更高的售卖价格。信息不对称导致二手车的买家并不愿意相信卖家的话，只愿意以市场的平均价格购买旧车。这样无疑就造成了部分高质量的二手车的价格被低估，卖家无法从中获利，从而选择退出二手车交易市场，那么留在市场上的都是一些质量较差的车子，整个市场的交易价格会随着车子的质量降低而不断下降，这样长此以往无疑是一种恶性循环，市场交易数量将会不断萎缩，严重情况下将导致整个二手车市场的消失。

众筹融资市场与产品市场相似，信息分布的不均衡导致了逆向选择问题同样存在。众筹的项目发起方若想在众筹平台融资成功，需要向投资者展露必要的项目信息，促进投资者对项目的了解，首先需要向投资者披露项目的质量信息，确保其项目具有可行性，从而降低众多投资者的感知风险。作为众筹的发起方，必定对其项目质量和项目信息了然于心，但是作为众多中小投资者来说，其对项目的了解是远远不够的，尤其是众筹项目，更多涉及的是一些创意和想象，而这些内容又关乎本身创意的问题，投资者对众筹项目的了解只能通过项目发起方在众筹平台披露的有关必要信息，而这些内容和信息是非常有限的。通常众筹的项目发起方为了保护创意内容不被抄袭和模仿，在众筹平台公布有关项目的内容仅仅是简单的概念描述或者简短的视频介绍。除此之外，仍然存在部分项目发起方为了谋求众筹成功，而提供虚假信息欺骗投资者和众筹平台。投资者为了获得良好的投资回报可能会误选一些事先承诺回报率较高，但事实并无法兑现的众筹项目，从而导致了逆向选择问题的出现。

3. 羊群效应理论

作为新兴边缘学科的行为金融学将心理学，尤其是行为科学理论融入金融学之中，这对传统金融理论的创新和发展具有重要意义。在行为金融学中有一个著名的概念叫作"羊群效应"，简单来说就是指从众效应，它是指在金融市场和交易活动中的一种非理智的群体行为。在我国金融市场中，活跃着非常多的中小投资者，他们自身掌握的金融知识和关于投资方面的信息相比较于一些企业和财团下的专业性投资者来说是非常有限的。在投资行为中，为了能够趋利避害，很多人更愿意选择相信绝大多数人做出的投资决策和方案，这就是我们通常说的"跟投现象"。这种有意识的模仿他人行为决策的现象不仅仅存在于金融市场，在现实生活的很多方面都能够有所体现。这种行为好似羊群中一旦有只领头羊行动奔跑起来，其余羊也会不假思索一哄而上，全然不顾前面可能会有狼或者不远处有更好的草，因此得名"羊群效应"。

随着互联网的快速发展，信息传播速度的即时性得到加强，人们知晓和了解他人的行为决策的时间也被大大缩短，因此在如今的互联网金融市场中模仿他人的行为决策也变得更加容易。互联网让信息节流的启动更加迅速，能够扩展到更广泛的人群中。但信息节流也并不会一直不间断，随着新信息的到来或者知识更加渊博的决策者出现都将终止信息节流。人们这种在网上模仿他人到逐渐改变自身行为的方式，将会最大限度地减少不必要成本。

在众筹融资过程中，投资者可以根据众筹平台提供的"用户评论"窗口自由地发表对众筹项目的观点，很多众筹项目发起方也会积极主动地和投资者在评论区进行互动，解答投资者对众筹项目的疑问以及披露众筹项目的进展情况，以此来吸引更多人对该众筹项目的关注。除此之外，很多众筹平台也会设置"项目支持人数"和"点赞人数"或者"大众评分"等内容信息，以供投资者了解该项目所受欢迎的程度。这些行为无疑促成了众筹融资平台中"羊群效应"的产生。

4. 平台经济学理论

众筹平台作为众筹融资过程中的三大主体之一，对其作用和价值的研究必不可少。利用平台经济学理论可以很好地解释平台方在众筹过程中所起到的作用。该理论是指通过将产业链上下游的各相关方在实体场所或虚拟空间中连接起来，完成商品的交易或者信息的互换。

平台经济作为一种商业模式的创新，具有以下几点特征。

（1）依赖于用户参与

在现代互联网背景下，平台的诞生能够在某些或者某个方面满足用户的需求。这些平台的成功无疑满足了用户的生活需要，从而拥有广泛的用户参与。

（2）信息的精准匹配

平台的经济效率体现在"撮合能力"上，即指平台将某类交易的卖家和买家匹配到一起，从而达成交易的能力。能否将交易的两大实体高效准确地匹配在一起并撮合交易的完成，将是决定平台能否有效占有市场的重要指标。平台经济的价值体现在其突破了物理和空间造成的主体距离，将广泛的受众群体通过虚拟空间的形式连接起来，使得企业打破自身所在区域市场规模较小的限制，可以面向规模更大的全国乃至全球市场。

（3）双边网络外部性

"双边网络外部性"是指已经加入该平台的买家越多，则卖家加入该平台的潜在收益也会越高，因此买家越多对卖家的加入吸引力将会越大；同样，已经加入该平台的卖家越多，则买家加入该平台的潜在收益也会越高，因此卖家越多的平台，对买家的吸引力也会越大。由此我们可以总结出，买家和卖家是否加入该平台将会是一个正反馈过程。对于平台企业来说，如何实现自身的正反馈，流量必定是基础，而如何持续获取流量是打造平台生态圈的关键所在。一个优质的平台一定是有着广泛的用户数量基础的。不但要抓住用户需求，使其在该平台上从事自己想要完成的交易活动，同时还要拥有保持用户忠诚度的能力，使得用户能够保持使用该平台而不转变使用其他的平台。

（4）跨界融合

随着资源共享范围的不断拓展、程度的不断加深，产业内部间的边界变得更加模糊，产业通过平台实现的跨界融合现象也变得更加普遍。平台型企业通过连接多样化群体，整合各方资源，打破原有产业内部机制，设立新的体制和规则，满足了多样化群体的需求，充当着连接、整合和沟通的角色。企业通过平台可减少不必要的中间环节，创造了更多的价值连接，在不断提高效率的同时实现了产品的增值。此外，企业也可以通过平台完成跨界融合，实现从内容创意到产品最终投入市场的闭合产业链条，从而实现最大化生态系统的总体价值。

众筹平台作为互联网金融产物，通过将投资者和融资者集聚的方式，实现资本的有效流通，在帮助有创意与活力但却苦于资金困局的中小型企业解决融资难的同时，还可以提高广大普通民众的闲余资金的利用效率。无论是想要发起众筹的项目团队，还是有投资需求的普通民众在选择众筹平台时都会重视平台的影响力，而这种影响力最好的佐证就是其融资项目的成功数量和融资金额。良好的融资成功率将会吸引更多更好的项目加入该众筹平台进行融资，而众筹项目数量集聚的平台也将会是广大投资者首选的目标。因此，能否增强自身众筹平台的影响力将是决定其在行业内生死存亡的关键。

（二）众筹平台的分类

根据目前我国众筹发展的现状，按照回报模式和上线项目类别的不同，可将众筹平台划分为五种类型，分别为权益型众筹平台、股权型众筹平台、物权型众筹平台、公益型众筹平台和综合型众筹平台。

1. 权益型众筹平台

权益型众筹平台是指投资者对该平台上的项目或公司进行投资，在项目完成后以实物或服务作为回报模式的众筹平台。这类众筹平台上线的项目主要是文化创意类，产品大都处于预售阶段，在项目尚未创造出来之前，将创意和概念展示出来，以此吸引投资者的关注从而获得资金支持。权益型众筹具有融资和营销的双重属性，通过投资者的预订购情况推断产品面世后普通消费者对其需求的真实情况，从而在项目的预售阶段及时对产品的内容或服务做出针对性的调整。

2. 股权型众筹平台

股权型众筹平台的特点是融资者让渡一定比例的股份从而获得融资，投资者以参股的方式分享未来收益的一种方式。这种融资方式相比较于奖励型众筹融资模式具有单笔投资额大、投资人数少、风险性高、专业性更强等特点。股权型众筹可分为公募股权型众筹和互联网非公开股权融资两种形式。受证券市场规则的影响，目前中国法律还未允许公募股权型众筹形式的开展，通常我们所说的股权众筹融资都是指互联网非公开股权融资。

第三章 互联网金融业态与风险

股权众筹融资主要是投资者、融资者、平台三方参与，股权众筹融资者是需要资金的个人或者公司，个人或者公司通过出售股权获得资金，投资者通过手中的股权获得收益。平台是连接投资者和融资者之间的媒介，平台为投融资双者服务，从中收取手续费盈利。

股权型众筹主要有以下三种法律关系。

投资者与融资者的合同关系。可以根据募集资金的状况对两者之间的法律关系进行分析，在融资者尚未成立公司或者尚未正式得到充足资金启动项目之前，融资者和投资者之间属于由合同法进行规制的合同法律关系。在合同法律关系中投资者负有在规定时间内提供资金的义务，融资者在公司成立或者项目启动之初负有对公司详细情况和项目详细情况进行说明的义务，也负有在得到目标资金后在规定时间内进行公司设立或者项目启动的义务。融资者有权了解公司设立和项目进行情况、有权在公司和项目盈利后收取利润、有权根据自己的股权份额行使表决权和管理权。融资者有管理公司和合理推进项目的权利，但是以上权利和义务都建立在公司设立、项目正式启动的基础上。如果融资失败那么投资者的本金也将会退回，因此也可以将其合同看作一个附条件解除合同；如果公司顺利设立、推进，那么融资者和投资者就会转变为增资扩股法律关系。

平台和融资者的居间合同关系或者委托代理关系。融资平台对投资者进行审核，审核合格后发布融资信息，平台通过为融资者提供居间活动获得收益，在融资成功后根据融资额收取一定的报酬，因此两者是居间合同法律关系。但是又区别于传统的居间合同关系，平台对融资者的主体资格和项目审核负有义务，对融资过程监督。委托代理关系是指通过代理人的活动为自己建立民事法律关系，融资者为了融资将项目交予平台，平台为其进行运作，具体如何进行融资主要由平台代理融资者进行，融资者只需要提交所需材料。投资者为了进行投资，将其资金交予平台，平台基于与融资者之间的合作，代理投资者进行投资。因此，平台与融资者之间也是委托代理关系。

平台和投资者的居间合同关系或者委托代理关系。在投资者进入平台后，平台通过大数据分析对投资者展开针对性服务，从接收到项目说明到提供投资者和融资者之间的交流平台，最后双方谈妥签订投资协议，在之后的进行中也要为融资者披露信息和投资者了解项目进行状况提供便利。平台对自己提供的融资信息承担审查义务，对投资者和融资者之间的信息承担保密义务，进入融资阶段必然要考虑到融资者和投资者的资金安全。

3. 物权型众筹平台

物权型众筹平台的特点是融资者通过互联网向大众筹集资金，用于收购实物资产，通过实物资产升值变现获取利润。这类平台给予投资者的回报通常可以分为经营分红、租金分红以及物权的未来增值收益三种。

4. 公益型众筹平台

公益型众筹平台的特点是不以营利为目的，通过互联网或者其他媒介向不特定的大众募集资金，用于救助灾害、救济贫困等公益事业。投资者对这类平台所上线的众筹项目进行投资属于无偿捐赠，没有任何回报。这类众筹模式对于投资者来说更多的是一种精神层面的参与和自我价值获得感的实现过程。

5. 综合型众筹平台

综合型众筹平台的特点是不专注于某一特定领域的众筹，平台上的项目类别较为丰富，可能包含智能科技、影视娱乐、音乐书籍等差异性项目，根据众筹项目的特点采用不同的回报方式。

（三）众筹融资的概念与特征

1. 众筹融资的概念

融资是指资金需求者和资金提供者以各种方式（主要分为直接和间接两类），将资金进行流转融通，最终为双方带来利益的一个过程。所谓的直接融资，是指资金提供者以借款人的方式，直接将资金提供给资金的需求方，其中不涉及第三方中介平台；间接融资，则是指投资者通过金融机构或其他中介平台，将资金提供给资金需求方。

众筹这个名字源于"crowdfunding"一词，其含义是指以互联网为基础的团体合作，用于支持组织或个人发起的项目的资金汇聚集中的一种方式。伴随着时间的推移，关于众筹的理论不断丰富和创新，众筹融资方案也在不断地推陈出新，但项目、发起人、出资者、平台等要素始终是众筹融资的核心。

随着经济水平和技术水平的进一步提高，现代社会中众筹的定义，更倾向于某种金融科技活动。众筹在我国更多地被应用于某些互联网平台对投行、券商部分功能的替代。在这种发展背景下，出现了越来越多的众筹平台，主要为某些初创或具有发展潜力的项目提供平台以筹措资金。

众筹融资首次较为广泛地用于文学和艺术创作领域，主要是指投资于影视及文学作品的推广等。它具有相当意义上的公益慈善性质。此后，伴随众筹模式的

第三章　互联网金融业态与风险

逐步发展，这种模式涉及的行业变得更具有普适性和多样性，并逐步衍化为中小企业取得资金流的重要方式之一。

众筹融资是云融资在实际运用中的一种具体体现。基于互联网公开、受限程度低、透明程度高的特点，其最鲜明的特点即全要素、全时段、全空间的普及。在众筹最初被引入中国时，其曾被翻译为云募资或云基金，这也从一方面反映了众筹与云融资理论的一致性。

2. 众筹融资的特征

众筹作为互联网时代背景下产生的新兴融资模式，为丰富和完善我国多层次资本市场发挥了重要作用，它的特征可总结为如下几点。

（1）准入门槛低，交易成本低。传统的融资渠道分为两种，一种是以资本市场为主导的直接融资模式，另一种是以商业银行为主导的间接融资模式，这两种模式在融资金额、交易期限、风险收益等方面拓宽了融资渠道，在优化金融资本配置和促进经济增长方面发挥了巨大作用，但同时也消耗了投融资双方高昂的成本。而相比较而言，通过众筹平台交易，对投融资双方来说都是一次门槛的降低。融资者按平台申请流程制定上线计划书，平台对其项目进行审核，符合要求即可上线众筹。投资者只需要简单地按流程注册平台需要的信息后就可直接选择众筹项目进行投资。如果项目众筹成功，融资者需要向平台支付一定比例的手续费，一般是最终融资总额的2%～5%。如果项目最终众筹失败，融资者则不需要支付任何费用，而无论项目是否众筹成功，投资者都无需支付任何手续费用。

（2）投资者范围广，融资风险较为分散。众筹投资者直接源于互联网用户，基于互联网操作的便捷性，众筹为广大普通群众直接参与金融市场的投资提供了可能。借助互联网可以极大地缩短投融资双方信息沟通的时间，降低投融资双方因信息不对称而付出的成本，从而提升投融资成功的概率。除此之外，由于众筹融资相比较传统融资其项目参与人数变多，单个投资者的最低投资金额要求也随之降低，因此对投资者来说，其需要承担的风险也会分散开来。

（3）融资功能与宣传功能的双重作用。众筹作为一项新型融资方式，不仅为部分创新项目解决资金困难提供了渠道，同时也为这些项目的宣传策划提供了一条新的思路。众筹项目可以在平台主页以文字和视频的方式进行全方位展示，同时依托众筹平台自身的用户流量在评论区引发话题讨论，在吸引投资者进行投资的同时，也助推了网页浏览者向后期产品购买者的转化，从而起到广告宣传的作用。

二、众筹融资存在的主要风险

(一) 合法性风险

在融资交易的过程中，股票的发行和转让都是在众筹平台上完成相关交易的。我国法律规定只有全国中小企业股份转让系统、证券交易所才是股票发行和转让的合法平台。而众筹平台绝大多数属于普通有限责任公司性质的，收取佣金，也没有合法许可，不符合法律规定要求。

由于在现阶段的法律制度中，没有对应的法律条文来判定融资交易是否符合法律规定，所以法院只能从融资者与众筹平台的合同关系方面进行阐述。由于现行的法律制度没有明文禁止或否定众筹融资协议，所以默认该协议具备合法性和有效性。

(二) 信用风险

众筹平台在进行众筹融资交易时，不仅发挥证券监管部门的作用，还发挥证券交易所的作用，这预示着众筹平台既要为交易双方搭建交易平台，还要对交易双方的资质进行严格审查。众筹平台的审核对维护双方交易安全起着至关重要的作用，一旦发生交易双方信息不对称的问题，平台将会承担相关信用风险。

众筹平台进行资质审核包括领投人和融资者的有关信息，如果领投人和融资者之间涉及某种利益联系，则会对交易的合规性产生一定的影响。众筹平台如果对领投人的审核缺乏严谨性，则会产生很多不良后果。

另外，众筹平台还需对融资者进行审核，一般而言，平台从融资者手中获取的资金是其收入的主要来源，因此，审核过程存在较为严重的形式主义，甚至存在走过场的现象，还存在审核体系的不完善、审核过程缺乏透明性和公开性等问题。如果由于融资者信用问题而导致该项目出现问题，众筹平台依然要承担相关信用风险。

(三) 管理风险

众筹的收益来自项目成功。在我国，筹资者在平台发布股权众筹项目并不需要经过严格审批，只要提交基本个人信息和项目信息，平台初步审查认为项目有创造性和可行性，就可以发布。国内目前部分平台引入了征信体系和风险管理制度，项目发起人必须提交良好的征信报告并通过风险审查才可以发布，但平台自身的审查体系缺乏权威性。股权式众筹的最终收益来自筹资项目的良好运营，创业公司大多缺乏资金管理经验和公司运营经验，投资者很有可能无法收回预期收益。

（四）资金安全性风险

众筹在融资时，首先是由投资者将资金转入融资账户里，但此类融资账户的掌握权大多在众筹平台手中，且当前我国仍未建立起具备规范性和统一性的第三方托管机构。众筹平台尚未制定完整的、具体的资金监管方案和资金吸纳资格方案，所以资金的安全问题得不到有效保障，极易受到资金控制者、平台运营等多方因素的影响，一旦其中某一个因素出现问题，不仅资金安全无法保障，股权众筹平台也需对其资金监管不力承担相应的责任。

第四节　互联网基金销售

一、基金及互联网基金销售的概念

互联网基金销售肇始于20世纪90年代，随着经济全球化进程的加快和互联网技术的快速革新，基金市场不断发展。对于快速发展的基金市场，基金投资者在选购纷繁复杂的基金产品时往往迟疑不决，较难做出理想的投资决策。1992年，美国嘉信理财公司率先成立网上基金超市，投资者不但可以按照需求选择基金产品，还可以接受相应的理财咨询服务。之后，此种基金销售模式被各个国家和地区广泛推广，互联网基金销售模式初步成型。

（一）基金的概念

广义上说，基金是为某种目的而募集的资金，如我国社保基金、退休基金、证券投资基金等。为契合文章之主题和行文之方便，在此所论及的基金仅为证券投资基金，其主要指通过发售特定的基金份额，由投资者自由申购基金份额，然后将其形成独立财产，并交由特定的基金管理人管理，实现整体投资收益增值保值的理财目标。基金是一种集合理财、利益共享的理财创新模式，其可以吸收大量的社会闲散资金，为企业创业营造良好的融资环境，助力我国经济实现稳定增长的目标。将闲散资金汇集并交由专业机构统一运作的集合投资模式，在为投资者拓宽投资渠道的同时还有效分散了风险。据此，基金以其高收益、低门槛等优势广受各国投资者青睐。基金种类多样，可根据不同标准将其划分归类。根据募集方式的差异可分为公募基金和私募基金，前者可以面向公众公开发售，后者只能采取非公开方式发售。以基金份额是否随时变动为标准可划分为封闭式基金和开放式基金，前者基金发行前规模固定不变，后者可以随时申购或赎回，发行规模不固定。目前我国证券市场以开放式基金为主。根据投资对象的差异可划分为货币基金、股票基金、债券基金、期货基金等；其中，货币基金一般投资于商业票据、银行定期存单、政府短期债券等领域。

（二）互联网基金销售的概念

2015年7月，以中国人民银行为首的十部委共同颁布《关于促进互联网金融健康发展的指导意见》，互联网基金销售这一新兴的金融创新模式初次被郑重提及。目前，学术界对互联网基金销售暂未形成统一而明确的定论。

学者谢平认为互联网基金销售是以大数据、云计算等技术为依托，通过第三方支付平台实现交易便捷化的一种新型基金销售模式。学者宫晓琳认为互联网基金销售是指利用第三方支付平台社交化优势，实现合同签订、资金转换等交易互联网化，减少交易成本和环节的基金销售模式。学者张兆曦认为互联网基金销售是证券投资基金通过互联网销售平台销售基金的模式。

在上述概念表述中，都涉及一个核心关键词即第三方支付平台，梳理现有研究成果可以分析出，第三方支付平台存在不同称谓，如第三方网上支付、第三方网络支付等。在此将以第三方支付平台作统一代称。第三方支付平台是指具备一定实力和信誉的支付机构，采用与各大银行签约的方式，通过与银行支付结算系统接口对接而实现资金转移和结算服务的交易平台。

此外，这些概念都阐述了互联网基金销售的某些特征，如低门槛、交易便捷等。虽然上述互联网基金销售概念表述较为简单，但是综合起来基本可窥其全貌，因此互联网基金销售的特征可概括为以下几点。

首先，基金购买便捷化。便捷化体现在基金购买方式和基金购买门槛两方面。过去，基金销售主要以基金投资者线下购买为主，伴随着基金购买流程复杂、购买成本高等缺陷，我国基金销售长期处于迟缓发展阶段。如今，互联网基金销售利用互联网开放共享的理念，开创了一个突破时间和地域限制的无边界社会，基金投资者仅需借助手机或电脑即可足不出户选购心仪基金。此外，较之传统基金销售动辄几千元、几万元的高投资门槛，互联网基金销售更是低至0.01

元，极大地扩大了基金投资者的范围。

其次，基金购买"T+0"快速赎回机制。基金行业触网前，基金赎回一般采取"T+2"规则。基金投资者在提出基金赎回申请后，需先交由基金公司进行确定，然后于一到两个工作日到账。然而，互联网基金销售模式下，基金投资者可不受地域和时间限制随时申购或赎回特定基金份额。

考察完互联网基金销售的特征，再比对互联网基金销售在我国发展的现状，不难发现，这些特征都能在互联网基金销售现实发展中得到印证。参照我国《证券投资基金销售管理办法》第二条对基金销售行为的限定，基金销售行为包括基金产品的宣传推介、基金份额发售、基金份额申购、基金份额赎回等行为。互联网基金销售可做如下划定：互联网基金销售是指基金管理公司借助互联网平台从事基金产品宣传推介、基金份额发售、基金份额申购和基金份额赎回等基金销售的行为。

目前，我国互联网基金销售模式可归总为两类：第一类为基金管理公司自建网络平台从事基金销售业务，如汇添富基金管理股份有限公司自建网站销售汇添富基金；第二类为基金管理公司与第三方支付平台互助协作的基金销售模式，如华夏基金管理有限公司与腾讯理财通平台合作的华夏基金财富宝。前者交易模式与传统基金销售无异，不外是基金管理公司借助网络平台实现交易时间、交易对象和交易地域的无限延伸，此模式下的监管对象并未发生松动，即基金管理公司。目前，我国法律对此模式已设有较为完善的法律规范予以规制。而后者则属新兴模式。增加此类自带客户流量的第三方支付平台，使得基金交易法律关系愈加复杂，交易风险不断集聚。目前，我国法律对规制第二类基金销售模式尚存在较多空缺，互联网基金销售相关法律制度还需要不断完善。

二、互联网基金销售存在的主要风险

（一）技术风险

技术风险是互联网基金销售风险的主要风险，包括技术缺陷、系统漏洞和恶意攻击等。下面重点介绍技术缺陷。它主要是指在开展金融业务时，由于计算机网络的信息技术还不够成熟，存在很大的安全隐患，导致各种金融投资业务不能正常运行，从而给企业信誉造成实际损失。

（二）业务风险

业务风险是互联网基金销售风险的重要风险之一。它主要包括两个方面：客户操作时面临的风险和内部系统控制风险。随着互联网基金销售业务的不断增加，投资客户数量不断剧增。客户需要具备一定的互联网操作技能，了解操作方法。如果客户操作技能不熟练，就会错误操作，产生一定程度的操作风险。加之一些客户比较粗心大意，安全意识不强，轻易地把自己的银行信息告诉他人，给犯罪分子提供了犯罪信息，从而造成巨大的经济损失。另外，内部系统控制风险是指由于我国互联网营销发展还处于初级阶段，内部系统控制建设比较滞后，金融投资信息化的发展不完善，存在一定的缺陷，导致一些内部人员不遵守规则，违规操作，给互联网基金销售内部运行造成很大的风险。

（三）信用风险

信用风险是指交易一方因为一些原因不愿意或者没有能力履行合同而形成的违约，导致银行和投资方或者与之交易的对方有可能遭受到损失，即交易方在到期日不能完全履行义务的风险。从交易的主体来看，主要有平台信用风险、买方信用风险和卖方信用风险。信用风险具有以下几种特点：客观性，它不以人的意志为转移；传染性，其中的一个或少数几个信用方因为破产或者经营不善，会致使信用的丧失甚至整个秩序的紊乱；可控性，可以通过控制把风险降到最低。

第五节　互联网保险

一、互联网保险概述

（一）互联网保险的概念与特点

1. 互联网保险的概念

2020年9月28日，中国银行保险监督管理委员会出台《互联网保险业务监管办法（征求意见稿）》，指出："互联网保险业务，是指保险机构依托互联网订立保险合同、提供保险服务的保险经营活动。"

随着互联网技术的发展，保险业对于互联网在保险中的认识也在不断深化，当前的互联网保险主要借助互联网技术的升级与支持，将保险的售前咨询、险种费率、承保理赔以及后续实务处理各流程逐步线上化，使互联网成为保险企业实现为客户提供更多保险服务的技术支持工具。伴随着移动互联网、大数据、云计算等新兴信息技术的融合发展，保险领域的各要素将与互联网技术实现充分结合，通过语音、视频以及虚拟现实技术等应用，将更多、更复杂的金融服务通过移动互联网得以实现，保险产品的价值也将通过技术的升级得以提升。未来的互联网保险与传统保险将渐渐融合统一，互联网保险业务也将成为保险业的主要方式，传统保险将逐步被取代。

2.互联网保险的特点

（1）交互性

互联网保险通过互联网收集消费者的需求、展示产品的信息、进行产品宣传等活动，实现供需双方的互动与交流，避免传统保险营销模式中仅能采取自上而下的方式，将保险信息单向传输给消费者。在对保险开展营销活动的过程中，消费者能更加积极、主动地利用互联网表达自身对产品的需求，主动发声；保险公司可以通过互联网收集消费者偏好的产品和服务，更迅速有效地将有关企业及产品的信息传递给消费者，从而开展进一步的交流、互动，有效地减少信息不对称给企业和消费者带来的利益损失，达成互利共赢的营销目的。

（2）个性化

保险企业通过对数据库的使用，可以精确掌握消费者的需求以及特点。而在对消费者进行详细全面的了解后，可以实现各种风险费率的差异化、碎片化，并据此研究出能够与消费者需求一一对应、高度匹配的精准化方案，以达成个性化的在线投保。互联网保险的个性化特质促使保险企业以投保人的评价反馈为落脚点，及时改良、完善相关产品以适应不同的风险等级偏好。

（3）场景化

互联网保险以场景为切入点，通过大数据与人工智能技术整合资源，深入理解消费场景、需求与营销逻辑，开发更契合场景、更贴近消费者需求的产品。例如，通过电商交易等新型的方式，将保险业务嵌入消费者的日常生活中，促使其能够在多种不兼容的环境下获得完善的服务。同时，对消费者提供科学的风险保障，满足他们的个性化需求，尤其需要重视对退货运费险等的完善。针对使用第三方平台的用户，强化对其账户的安全保护，提供安全险等相关业务。碎片化的场景有利于保险营销人员更好地进行业务拓展和客户服务。

（二）国内外互联网保险的发展

1. 国内互联网保险发展沿革

（1）萌芽期（1997—2004年）

这一阶段，因互联网刚刚兴起，人们接触互联网的机会较少，互联网保险主要作为保险公司的线上服务系统而存在。一般认为我国互联网保险的产生标志为1997年11月28日中国保险信息网的成立，该网站由中国保险学会等发起设立，主要为保险市场主体提供服务。该网站销售出了国内第一份网上保单（由新华人寿签发），标志着我国保险业与互联网业务第一次联系在一起。随后，原国内的老七家保险公司均搭建起自己的官方主页，发布保险产品相关信息。相关保险服务开始突破地域和时间的限制，部分保险产品的销售与投保等服务逐步实现了全程网络化，国内互联网保险开始起步。此阶段的互联网保险主要是作为销售代理而存在的，但由于互联网法律制度的滞后，社会公众对互联网保险认识的不足及互联网技术本身发展的局限，互联网保险主要发挥的是宣传普及保险知识的作用。

（2）深化探索期（2005—2011年）

随着互联网市场的逐渐回暖，尤其是2005年4月《中华人民共和国电子签名法》实施后，国内互联网保险的发展进入一个加速阶段。此阶段国内互联网保险用户的数量迅速增加。"互联网保险超市"成为当时最新的销售理念，各家公司也对其官方网站进行优化升级、积极探索保险的互联网营销方式，一批专门的互联网保险网站开始涌现，并主动向消费者提供保险产品推介服务。消费者可以借助网络选择购买适合自己的保险，投保更加方便，上线销售险种更多，咨询及购买保险的客户数量也越来越多。2011年9月，《保险代理、经纪公司互联网保险业务监管办法（试行）》颁布。

（3）全面爆发期（2012—2016年）

4G时代的开启为移动互联网的发展奠定了基石，这一时期，互联网保险也进入了快速发展期。互联网保险保费收入从2011年的32亿元增长至2016年的2299亿元，增长幅度约71倍。其中2013年和2014年保费增速是最快的，分别达到187.6%和169.8%。从业务结构来看，互联网人身险发展迅猛，其占互联网保险整体保费收入的比例逐年上升，但受产品特性所限，产品创新活跃度却不及财险。而在互联网财险市场上，车险保费占比超六成。由于目前车险标准化程度较高，财险的产品创新则更多集中于非车险端。

此外，伴随着市场规模的扩张，经营互联网业务的保险主体也快速增加，从2011年的28家增至2016年的117家，除专业互联网保险公司外，大部分传统保险公司也通过官方网站、与第三方平台合作等模式实现保险业务的网上推介。其中，标志性事件为2013年9月众安在线财产保险股份有限公司获得了原保监会的开业批复，成为国内首家专业互联网保险公司，这是国内也是全球第一张互联网保险牌照。其保险业务流程全部实现网上经营，完全通过互联网进行承保和理赔服务，创新了传统保险公司的经营模式。

（4）规范发展期（2017年以后）

互联网保险在快速发展的同时，也产生了若干乱象。自2016年4月开始，监管部门针对互联网金融发展中的乱象，主要是P2P网络借贷平台的"跑路"等现象，开始了为期一年的互联网金融整顿，其中也涉及对互联网保险的整顿。同期，受保险行业转型影响，国内互联网保险产品结构也开始了转型，互联网保险的快速增长势头有所回落。简言之，在国内互联网保险保费规模快速增长阶段，车险和理财型人身险成为主要的增长点，因为其险种经过多年发展十分成熟，费率与合同约定变动极小，消费者对条款及适用范围熟悉，故而成为互联网保险销售的最佳选择。

但随着2016年商业车险费改政策的落实，网销车险不再具有费率优惠政策，车险通过互联网销售的保费便直线下滑。同期，监管部门接连出台政策收紧人身险理财型产品业务，对互联网保险形成双重打击，直接造成接下来两年的保费收入均不足2000亿元，渗透率也有明显下滑。当然这期间也有一些新的发展亮点，例如，健康险增长迅猛，2018年同比增长108%，目前已成为仅次于车险的国内第二大险种。同时，互联网保险与保险科技走向高度融合，中国互联网保险的发展逐步走向规范化与法制化道路。

2. 国外互联网保险发展现状

（1）美国互联网保险发展现状

美国作为全球保险行业规模最大的国家，同时也是引领全世界互联网保险行业发展的领头羊。最初互联网的业务模式是网络投保，这个阶段的互联网保险与传统保险的差异性仅仅体现为销售方式的差异，美国对此未提出过多监管要求，而是通过《第五号函件》《电子签名法》等法规对网上保险销售广告以及保险中介资质进行相应监管。时至今日，美国互联网保险业态早已不再局限于线上保险销售，而是通过广泛应用大数据、云计算、人工智能、物联网通信等技术改良传统保险产品。在服务类型上，保险条款内容讲解、网络签订保险协议、实时在线理赔等工作模块成为各家企业开拓互联网保险市场的重要商业战略；在保险险种上，线上医疗健康险、网络安全保险等新型险种正在覆盖传统保险险种未能触及的社会风险领域。例如，美国健康保险公司 Oscar Health Insurance 以线上销售健康保险以及提供医疗问诊服务为主营业务，其目标是通过重塑消费者体验，以消费者为第一位设计保险，改变美国人参与医疗保健系统的体验。在其官网上，用户通过输入居住地区邮编、投保人数、年龄（或出生日期）、健康状况等信息即可获得系统自动推荐的保险产品方案，每个方案都附有适合人群、保费厘定、理赔时间和方式等详细信息。该保险公司同时还与 Misfit 公司合作，投保人或被保险人在投保之后会收到免费的健身手环，该物联网设备将实时记录持有人的运动数据和身体健康指标。对于积极锻炼的投保人或被保险人，该保险公司则会予以保费优惠。当然，互联网保险发展的背后仍然存在诸如道德风险、个人信息保护等问题。

（2）欧盟互联网保险发展现状

欧盟对互联网保险或保险科技的监管仍采用传统保险的监管方式，即侧重对保险公司的偿付能力监管、市场准入限制以及系统性风险防范，但归根结底，监管制度设计的核心目标仍是保护保险消费者的合法权益。从欧盟监管制度演进过程来看，欧盟层级的保险监管制度始终以统一化的保险市场为规范对象，鲜有对个别险种及其投保人、保险人之间权利与义务关系的直接规范。在欧盟现行保险监管体制下，受到金融危机的影响，确保保险公司能够在发生保险事故时进行理赔成为欧盟各成员国监管保险业务的核心内容，亦即《二代偿付指令》已经成为欧盟极具代表性的保险监管制度。除此之外，《保险销售指令》则偏向调整保险公司与保险中介机构之间的业务关系，通过市场准入限制等内容增强对欧盟保险消费者的保护。而在互联网保险领域，由于保险科技的应用直接牵涉到保险消费者个人数据的收集与使用，欧盟监管的另一个重心表现为对个人数据收集、使用、处理和存储等行为的规范，以《通用数据保护条例》为代表的个人信息保护制度不仅适用于一般的互联网公司，也同样适用于采用保险科技的具体险种。

事实上，尽管线上医疗健康险等新型险种开始涌入欧盟传统保险市场，但这并没有彻底改变欧盟的保险监管格局。一方面是因为技术创新仅改变了投保人与保险人之间订立合同的方式和个别险种的服务方式；另一方面则与欧盟保险监管制度与保险合同法平行发展的趋势相关，欧盟仅在监管层面存在统一化的立法趋势，而互联网保险中法律关系的变化则反映在各成员国国内法的修订与调整上。例如，德国通过立法推动德国医疗保健系统的数字化进程，允许将患者的健康数据存储在电子病历中，实现患者轻松使用远程医疗服务（包括视频咨询），同时还要求法定的健康保险公司在短期内向被保险人提供各种数字化的短期保险产品。

（3）日本互联网保险发展现状

日本互联网保险业务创新大多表现为以互联网、智能手机、移动应用程序为媒介的新型销售渠道和日益精确的风险精算技术。由于日本人口老龄化趋势严重，所以在互联网人身险领域，收集健康数据进行实时评估承保风险的寿险、健康险等产品占据了主要的市场份额，以此解决日本公共健康保险覆盖面不足的问题。面对健康险的网络化、技术化的发展趋势，日本保险监管机构十分重视对互联网保险产品的监管。修订后的日本《保险业法》要求保险公司应当在"营业方式说明"中明确说明销售的所有保险产品，保险产品的所有实质性变更都必须在事前得到日本金融厅的批准，采用金融科技的新型保险产品亦在此列。不过，如果仅是涉及保险销售方式和渠道的变化并不在实质性变更的范畴之内，只需遵守市场准入条件、强制性信息披露等相关规定即可。日本互联网保险监管模式与其他国家最大的不同在于其侧重对市场准入的严格控制，国外保险企业唯有具备足够好的财务状况才被允许进入日本保险市场。

二、互联网保险存在的主要风险

（一）安全风险

在互联网保险中，信息技术是核心内容，而信息的安全风险成为最大风险，信息系统的不完善、病毒以及黑客入侵等，这些都是互联网保险所面临的安全隐患。由信息系统的漏洞所导致的客户信息被盗取，这对于保险公司而言是致命的冲击。

（二）法律风险

目前针对互联网保险尚无专门的法律法规，导致互联网保险在发展的过程中出现一系列问题。互联网保险法律风险包括监管缺失、法律滞后等。

（三）产品设计风险

在传统保险模式下，保险业务的成交量与相关业务人员的综合素质息息相关。而在互联网保险中，交易是在网上直接发生的，所以这就对保险产品的设计提出了更高的要求。如何设计出一款简单便捷、吸引客户眼球的保险产品，是互联网保险产品设计中应该重视的课题。由于巨大的利益驱使，保险公司往往将收益率较高的理财产品取代保险产品，而保险保障这一层功能被严重忽视。目前，互联网保险产品虽然有品种的区分，但是千篇一律，功能差别很小，产品创新性严重不足。

第六节 互联网信托

一、互联网信托的典型模式

互联网信托业务模式多样，其中主要有信托收益权拆分转让模式、信托受益权质押融资模式、消费信托 O2O 等。

（一）信托收益权拆分转让模式

信托收益权是指在信托存续期间享有的由信托财产产生的经济利益的权利。其拆分转让是指信托受益人将其收益权以约定的形式拆分转让给投资人，受益人获得转让价款，受让人获得该信托收益权的过程。目前，市场上采取信托收益权转让模式的互联网金融平台有"时间价值网"等。这种模式的交易流程为信托计划持有人（转让方）在平台发布信托收益权转让项目，通过设置最低起投金额拆分转让其所享有的信托收益权；投资者按约定向转让方支付价款，转让方授权平台自行或委托第三方支付机构将扣除管理费、手续费等中介费用后的款项划转给自己后，信托收益权转让成功。受让方享有的信托收益权包括信托公司兑付的信托本金及不超过预期收益率的收益；转让方对已经转让的信托收益权不再享有任何权利，但必须在信托公司收到该信托收益之日起 2 个工作日内支付给受让方。通过这种形式降低了信托投资门槛，有利于普通大众进入信托投资领域，但是这种模式的发展还有赖于对合格投资者资格界定的调整。

（二）信托受益权质押融资模式

受益权质押融资是把信托资产作为增信手段进行融资的一种模式。其交易流程为：信托受益人以其合法享有的受益权为质押担保，在互联网平台上发布借款信息，投资人按照约定给信托受益人借款并成为该信托受益权的质权人，在约定期限届至时由信托受益人偿还投资人的本金及收益。实践中利用这种模式进行借款融资的不在少数，最典型的是高搜易平台上的"信托宝"产品。此种模式中高搜易平台作为信息中介，是联结投融资双方的重要桥梁。首先由平台将信托受益人持有的受益权进行综合整理，拆分成不同等级的信托计划在平台上出售，由投资者根据自身情况选择购买。然后投资者在平台上注册成为会员，根据自我需求选择适当的产品，这样就和信托受益人之间成立了借款合同。在此，投资人委托深圳市前海赚帮互联网金融信息服务有限公司与各大信托公司推荐的信托持有人签订质押合同。

（三）消费信托O2O

消费信托是指信托公司从消费者需求角度设计信托理财产品，投资者在信托投资的同时还能享受到消费权益，完美地将投资者的理财需求和消费需求整合起来。2014年，中信信托携手百度等联合推出挂钩电影《黄金时代》的消费信托产品开启了互联网消费信托的先河。其将电影《黄金时代》及周边产品的消费权益纳入信托范围，消费者通过参与"百发有戏"平台的预售或团购获得电影票、影院卡等实物，以及服务或媒体内容形式的消费权益。在此模式中，消费者通过互联网进行认购，同商家建立某种商品和服务消费的合同关系，并由商家出具代表消费权益的电子凭证，消费者凭该电子凭证享有项下的消费权益。然后，商家将这些消费权益集中以后，委托信托公司进行投资管理，等期限届满后，由信托公司将本金及产生的收益以保证金等形式退还消费者。在互联网消费信托中，生产商或服务商在自身网站或第三方网站进行商品或服务的展示与宣传，借助互联网的营销渠道突破传统销售的瓶颈。此模式的主体包括消费者、生产商或服务商、信托公司，产生两类法律关系：其一是消费者与生产商或服务商之间的消费合同关系，这种消费合同是预售合同，消费者按合同约定在一定期限后才能获得商品或服务；其二是生产商或服务商与信托公司之间的信托合同关系。其中嵌入了两个信托计划：消费者与商家之间的单一事务管理信托，商家与信托公司之间的资金信托。消费者的预付款扣除了商品对价部分，其余都是生产商或服务商聚集后交由信托公司代为理财，这样产生的则是资金信托合同关系；对于预付款中的商品或服务对价部分，也可以由信托公司管理，这样成立的就是单一事务管理信托合同关系。

二、互联网信托存在的主要风险

互联网信托主要包含四大风险,分别是合规性风险、信用风险、流动性风险和操作性风险。

(一)合规性风险

传统信托行业的基础法律法规是"一法三规",除了"一法三规"外,信托行业的监管机构和自律组织还陆续颁布了一系列实施细则,并随着市场的变化,进行了相关适时的修订。但对于新兴的互联网信托发展的相关法律法规却迟迟没有出台,信托行业现有的法律法规滞后于互联网信托的创新发展,新兴互联网信托的创新发展与现有的法律法规不相适应,从而使得互联网信托企业的一些创新产品时常游离于法律法规与制度的红线边缘,给互联网信托的发展带来阻碍。

在互联网技术与传统信托的基础上发展起来的互联网信托,使得传统的信托法律法规与制度滞后于信托行业发展的矛盾现状愈发凸显。互联网技术的开放性和普惠性使得互联网信托也朝着开放性和普惠性方向发展,具体的表现有降低投资者的门槛,信托受益权的拆分转让以及借助第三方平台进行营销等。新兴的互联网信托业在不断挑战已有的信托法律法规和相关制度,面临着较为严峻的法律风险,其中最突出的法律风险主要有两个层面,一是现行法律对于合格投资者的限制,二是规定信托不能公开营销。

(二)信用风险

截至2019年,信托行业累计的风险项目达872个,涉及的信托资产规模达2221.89亿元,环比增加2.88%。而在2017年同期,信托行业累计的风险项目有601个,涉及的信托资产规模为1314.34亿元,信托项目个体所面临的风险增加,加上2018年国际整体经济大环境趋差,使信托企业兑付压力陡增。信托企业在前些年的发展过程中累积了较多的信托贷款,而该类信托贷款业务最显著的风险就是信用风险。"P2P+"融资类信托是目前我国互联网信托产品中规模最大和较为成熟的模式之一,"P2P+"融资类信托模式的本质上更多的还是信托贷款,这也就是说目前我国互联网信托面临的主要风险依然是信用风险。造成互联网信托信用风险的原因主要有两个方面:一是当前我国征信体系的建立尚不完善,征信系统相关信息共享程度偏低;二是信托企业互联网信用管理系统存在不足,信托产品信用评级机制不完善。

第三章　互联网金融业态与风险

（三）流动性风险

互联网信托的发展使得信托产品和受益权的流通转让问题在一定程度上得到了缓解，但互联网信托的创新也带来了新的流动性风险。"P2P+"融资类的互联网信托产品面临P2P平台拆标，造成期限和金额不匹配的问题。另外，由于互联网信托本质上仍是信托，因此还面临着信托项目抵质押物处置变现的问题。这两个问题均为互联网信托产生流动性风险的主要原因。互联网信托的流动性风险是指信托项目缺少足够的现金或信托财产向受益人进行分配，或是需要受托人通过对质抵押物进行处置或变现才能向受益人进行分配，而造成受益人不能如期获取其预期信托收益。我们可以将拆标导致的期限和金额错配归为产生融资流动性风险的主要成因，将质抵押物处置变现归为产生市场流动性风险的主因。

（四）操作性风险

互联网信托是伴随着信息技术的快速发展而来的信托行业运营的新模式，是信托行业转型和创新的趋势方向。正是由于互联网信托近几年才刚刚发展起来，所以不管是对信托企业还是信托从业人员，或是信托投资者来说都是新事物，他们在运作上都不太熟练，容易带来操作风险。具体而言，由于互联网信托操作系统的缺陷、人员对应用系统的不熟练或者外部黑客的恶意攻击而造成的风险，均称为操作风险。由于互联网传播的快速性和各行业之间的高度关联性，一旦发生操作风险，其挽回的可能性极小，并且影响面特别广，因此我们应该高度重视互联网信托的操作风险。首先是外包服务商带来的操作性风险，由于互联网信托的刚刚兴起，很多信托企业开展互联网信托业务都是将操作系统进行外包，由互联网企业提供相关服务。但是，可能会由于互联网企业缺乏足够的安全意识，对操作系统的安全性重视度不足，或是相关技术人员没有掌握较高级的互联网技术等因素，造成互联网信托业务发生操作系统性风险的可能性增大。其次是信托企业内部的操作性风险。现有信托企业的从业人员虽然信托业务能力较强，但对于互联网领域的技术性操作能力相对不足。互联网信托业务的发展也促使现有的信托从业人员学习互联网信托的操作技术，积极掌握互联网信托操作系统的相关技术。信托企业可以进行互联网信托实务操作的强化培训，减少甚至杜绝信托员工的操作方面出现失误，提高员工对互联网信托应用系统的掌握程度。最后是客户端的操作性风险，互联网金融的快速发展为人们带来了便捷的支付手段，通过手机、Pad等用户终端即可实现资金的划转。当前多家信托企业均推出了自家的移动 App，客户可以通过便捷的移动终端实现信托产品的咨询、预约、认购、查询等业务，但是客户在便捷移动终端填写个人信息、输入交易密码等个人私密信息时，有可能被不法黑客截获信息或是陷入不法分子的"钓鱼"网站，从而造成经济损失。

第七节 互联网消费金融

一、互联网消费金融概述

（一）互联网消费金融的概念与特点

1. 互联网消费金融的概念

互联网消费金融为消费金融网络环境下所诞生的新模式，也是消费金融的变革，诸多互联网消费业务、运作方式随之诞生。互联网金融是以消费金融为基础，依托网络、金融科技等对客户提供丰富的产品、服务的新模式。依靠互联网技术深化对消费金融的认知，可有效应对传统消费金融存在诸多限制的局面，缩减消费金融和公众之间的距离，从而更为灵活与便捷地提供各类服务，提升整体的业务效率。除此之外，新的消费金融情景也实现了较为快速的发展，能够加快消费金融的渗透和发展。

互联网消费金融的本质是信贷业务，依托对互联网技术的有效运用，可减少贷款程序的中间审批程序，使借贷程序可更为简单，从而更好地解决相关群体的资金需求。当前的消费金融借还业务通常都转移到网络平台，具体业务流程如图3-1所示。

申请 → 审核 → 放贷 → 消费 → 还款

图 3-1　互联网线上操作流程

2. 互联网消费金融的特点

（1）普惠性

互联网消费金融的信贷期限一般为1—2个月，主要是针对人们日常生活消费的小额信贷。由于客户分散在各地，对客户的追债成本高，加之客户的购买力

第三章　互联网金融业态与风险

不同，电商企业为防范风险，给予个人的信贷额度较小，一般在万元左右，"京东白条"内测时期的最高授信额度为15000元，对于申请者的门槛较低，这种小额的授信额度主要是为了降低互联网企业的风险。此外，互联网消费金融涉及的范围比较广泛，涵盖了学习和生活的方方面面，互联网消费金融产品种类十分丰富，目前涵盖了教育、租房、装修、旅游、汽车等各方面，普惠性较高。

（2）便捷化

互联网消费金融服务的自身特点决定了其具有便捷性，足不出户即可"掌上办"，这是原来传统消费金融无法比拟的优势。同时它的服务对象广泛，寻找潜在客户的机会也更多。通过运用当前迅速发展的互联网技术，借助大数据、云计算等最新前沿技术，可以为消费者定向推送金融信息，使他们更容易掌握相关的咨讯，促进消费金融业务精准推销。消费金融产品审批速度快，流程简单明确，消费者可以随时掌握审批条件、流程、风险等，真正实现了快速开展消费金融业务。

（3）场景化

互联网消费金融涵盖内容非常多、产品种类丰富、业务开展形式灵活多变，我们生活中各个场景可能都与互联网消费金融密切相关，最常见的是汽车消费贷款、房屋消费贷款等。传统金融服务中，消费者拿着信用卡刷卡，根据自己的消费需求按照额度进行消费，相当于借银行资金并在授权范围内使用资金。互联网消费金融则主要是在消费发生时，直接在消费阶段展开金融服务。

互联网消费金融服务涵盖保险、基金、车贷、旅游、医疗、教育、装修、外卖、农业、商业、餐饮等方方面面。同时，互联网消费金融资金涵盖范围也很广，资金门槛低，即使额度很小也能享受金融服务，用户体验较好。

（4）大数据化

相比于传统消费金融，互联网消费金融的优势是数据分析，特别是结合了算法等技术，使得互联网分析用户更加精准。以大家使用较多的淘宝网为例，其根据成交记录、浏览习惯、收货地址、退换货记录、还款记录等大量碎片化数据，以技术手段分析客户的消费习惯和金融风险意识，再经过技术手段精准推送定制服务，引导客户积极消费，购买金融服务产品。消费者也能享受到大数据带来的便利，能够找准自己想要的产品和服务，消费还款比较便捷，无其他额外的成本和时间负担，根据消费需求可随时借款消费，随时随地还款，还可以设置自动还款，使得消费更加便捷，提高了生活品质。同时，互联网消费金融企业如支付宝、微信等也建立了自己的信用体系，消费者其平台进行消费、还款等都会记录

· 111 ·

信用值，引导了消费者逐步通过消费来提高信用，信用越高享受的优惠或者福利就越多，可以更好地营销其金融产品。综上，互联网消费金融可以通过技术掌握海量数据，实现精准营销和评估，使成本和风险大大降低。

(二) 互联网消费金融的发展概况

1. 互联网消费金融发展现状

从参与主体来看，我国互联网消费金融主体主要包括互联网企业、商业银行和消费金融公司。商业银行具有最优质的客户资源、稳定的资金来源、较完善的征信系统，在消费金融市场的竞争中占有很大优势。

互联网企业，拥有先天的客户资源优势，而夹在中间的消费金融公司则显得缺乏竞争优势。截至2021年6月，我国已获得牌照的消费金融公司已有30家。从发展历程来看，我国的互联网消费金融已由快速增长期转变为当前的调控阶段。2017年以来，由于互联网消费金融在发展过程中的弊病逐步显露，国家和政府相关部门对互联网消费金融的健康发展予以充分重视，先后颁布了一系列法律法规以规范互联网消费金融。

然而，尽管我国不断出台相关政策来规范互联网消费金融行业，由于互联网技术的迅速发展和金融创新模式的不断出现，导致政策的颁布与实施往往落后于新发展模式的诞生。另外，相关政策的不完善容易使得互联网消费金融行业内一些不合规的行为滋生，例如，恶意竞争抬高利率、使用暴力催收手段、监管套利等。这无疑会对互联网消费金融带来负面影响，使消费者降低对互联网消费金融的信心。

此外，征信问题是整个互联网消费金融行业面临的又一大挑战。商业银行以及持牌消费金融公司已接入央行征信系统，而大部分互联网企业主要是依靠大数据征信。央行的征信系统具有权威性，其数据完整，而大数据征信系统虽然能够搜集到时效性强的动态信息，但是其征信数据的规范性欠缺，对客户的隐私保护也不到位。两种征信系统各有不足，也各有优势，但由于两者的数据共享机制并未打通，无法达到资源共享与优势互补，从而在一定程度上影响了互联网消费金融的进一步发展。

另外，互联网消费金融的融资渠道有限，融资成本较高。虽然互联网消费金融的融资方式呈现多元化，可通过股东增资、向金融机构借款、银行拆借、资产证券化、发放金融债券等方式融资，但各种融资方式的申请条件较为苛刻。而此次新冠肺炎疫情的暴发更是增加了互联网消费金融的监管难度以及坏账风险，对互联网消费金融无疑是一次重大考验。

2. 互联网消费金融发展困境

（1）规模庞大但风险性提高

目前，我国互联网消费金融已由快速增长阶段转变到现在的持续调控阶段，已经形成规模庞大的互联网消费金融体系。相较于传统消费金融，互联网消费金融借助区块链、大数据等新兴技术的扶持，获得了更全面的消费者征信信息，且审批速度快，因此深受高校学生、都市白领等年轻群体的喜爱。在互联网消费金融高速发展的同时也带来了一些问题，一方面便捷的贷款申请流程对于刺激短期消费、提升生活质量有一定帮助；另一方面过快的消费信贷的发展也会催生出提前消费等问题，甚至可能影响宏观经济的稳定性。

近年来，我国互联网消费金融放贷增速保持平稳下降，在此时期，我国需要以美国次贷危机、日韩信用卡危机为鉴，尽快制定符合我国国情的相关法律，促进行业的健康发展。

（2）征信体系不完善

我国征信市场覆盖面不大，全国具有央行征信记录的只有3.8亿人左右，仅覆盖全国人口的25%左右，严重低于美国60%的高覆盖率。虽然互联网金融协会联合8家征信公司于2017年成立了信联征信，但目前征信共享机制并没有实现有效打通，数据互联互通程度低，且互联网消费金融并未全面接入央行征信系统，导致互联网消费金融机构信任度偏低且无法准确分析用户的征信行为以及资金用途。

我国虽然已经制定相关征信法律，但是相对于西方发达国家，我国在征信系统中的隐私信息保护和失信惩戒措施比较落后，部分小型互联网消费金融平台延期还款惩罚制度不完善，导致一些不法分子向多个平台贷款却拒绝还款的行为受不到任何惩罚。

同时，对于平台贷款利率的司法解释不到位。譬如，平台的手续费、服务费、逾期费是否要并入贷款利率并无统一说法。倘若合并在一起，绝大多数平台的利率将超过2015年施行的《最高人民法院关于审理民间借贷案件适用法律若干问题的规定》中的第26条规定的最高36%的贷款利率，这些问题都亟需我国立法机构解决。

（3）互联网消费金融资金运转受挫

我国互联网消费金融以资金端、平台端、资产端为主体，以监管机构、征信机构、催收机构为辅助部分，从而共同构成了我国的互联网消费金融体系。

从资金端分析，新冠肺炎疫情的暴发对本就在发展初期的互联网消费金融体系造成了不小的冲击，对企业的全面复工复产造成了巨大阻碍。

从平台端分析，互联网消费金融依靠的主要是消费金融企业，如果得不到资金端强有力的资金支持，就会导致互联网消费金融市场供给增速大幅下降，使正常的信用借贷、消费分期需求得不到满足。

从资产端分析，我国互联网消费金融行业的信用卡不良率快速上升，增速大幅度高于商业银行，其不良率从 2012 年的 0.56% 上升到 2019 年 8% 以上，增幅超过 10 倍；而同期商业银行信用卡不良率从 0.95% 上升至 1.86%。在 2020 年之前，大量不具备还贷能力的用户获得了互联网消费金融机构的信用贷款，由于疫情造成部分用户失业、负债以至于还不上贷款，给整个系统的资金流动带来了问题，使得宏观经济的风险性升高。如果没有政府的及时介入，平台可能采取暴力催收、提高利率等手段来降低坏账带来的负面影响。

（三）互联网消费金融的主要模式

互联网消费金融的中心业务是消费信贷，一般可分为以下两种模式。

1. 电商平台运营模式

当前典型的电商平台，如京东、拼多多、抖音、淘宝等平台，主营电子商务，他们的客户资源多，经营模式为自营和合作，利用自身的客户资源挖掘金融消费潜在客户资源。消费者在消费时可以任意选择付款方式，如各类第三方支付、银联等，其中各平台也推出了自己的借贷消费支付方式，用户选择后无需实付现金即可购买商品，同时还往往有少量支付优惠，消费者分期按时支付本金、利息即可。同时平台利用其信用体系，定期对客户进行评级，定期更新信用值，调整各项借款额度和利率，引导消费者消费。平台记录用户的各类数据，如日常消费记录、退换货记录、浏览记录等，综合评估并定期更新授信额度，可以在推销产品和服务的同时规避经营风险。电商平台具有用户黏性，消费者习惯使用后一般会持续消费，加之平台的各项刺激政策持续引导，平台资金量充足，便于灵活开展各项理财投资业务。

2. 公司经营模式

国内比较有代表性的公司如捷信、招联消费等，本质上是借助互联网手段直接开展消费金融服务。根据经营方式不同，消费金融服务主要分为两类。一是公司直接从事信贷业务，根据消费者的需要提供相应产品和服务，但是审批条件相对较高，如个人消费贷款需要进行客户评估，按照风险设定授信额度，且设置最高的授信额度限制。二是和电子商务平台等单位合作，借助其平台开展分期贷款等业务，消费者消费时可以向互联网消费金融公司申请代付。

二、互联网消费金融存在的主要风险

（一）市场变动风险

市场变动风险指的是互联网消费金融在市场利率变动、市场汇率变动、商品价格变动等因素的影响下导致金融机构面临诸多损益不确定性，增大经营风险。

（二）法律及监管风险

法律风险是互联网消费金融的法律法规不完善造成一些金融机构根据法律漏洞出现违规操作以及消费者恶意拖欠借款引起风险；监管风险是监管部门没能制定和执行完善的监督管理制度造成监管职责不明、监管标准不一、监管不严，导致互联网消费金融缺少发展规范，带来风险。

（三）机构流动性风险

金融机构在互联网消费金融业务发展中无法融资或者融资渠道不畅会造成成本增加并带来风险，这会直接影响资金的流动性，严重时会陷入破产危机。从2019年大量P2P网贷平台集中跑路、破产和倒闭等情况来看，金融机构的主要风险在于提现困难，这正是资金流动性弱引起的。而且为了满足投资者的短期投资喜好，金融机构一般会把长期项目拆分为短期项目，如将一年期投资拆分为12个一月期投资，以达到快速融资和提高人气等目的。这样的期限错配很容易发生流动性风险，短期投资者一旦减少或者退出投资，以新偿旧的模式极有可能造成机构资金链断裂，最终破产、倒闭。此外，金融机构因为自身经营理念落后、风险抵御能力弱等容易引起操作风险。

（四）消费者信用风险

信用风险通常是指借款人在主客观原因的影响下没有根据协议按时还款的行为，如消费者通过虚假资料申请贷款，以及多头借贷、逾期不还、套现及以贷养贷等失信行为。以蚂蚁花呗为例，它主要依托支付宝，没有独立应用，信用记录没有纳入征信系统，同时缺少线下审核征信报告，审核时消费者的个人信用记录也不完善，很容易在贷后产生信用风险。

三、互联网消费金融的突破路径

（一）确立法制体系，提高监管效率

目前，我国仅对消费金融公司有法律层面的规制，而在准入机制、退出机制等方面还未形成明确制度。因此，通过借鉴美国、英国、韩国以及日本的立法经验，认为我国应当将优质数据实现安全共享，通过立法的形式明确互联网金融平台的准入与退出机制。

应推进互联网消费金融法律法规体系顶层设计，根据我国互联网消费金融业现存问题，要有针对性地制定法律法规，同时加强中国人民银行、证监会、银保监会等各监管部门之间的沟通，发挥行业协会联合监管，使监管力度加强的同时，形成协会的自律监管，最终形成行业内的自律准则，使互联网消费金融发展更加规范健康。

（二）继续健全个人征信体系

个人征信体系是互联网消费金融的重要基础设施。目前，我国个人征信体系逐渐形成了以"中国人民银行征信系统为主导、市场化征信机构为辅"的多元化格局。从国家在2016年颁布实施《社会信用体系建设规划纲要》（2014—2020）及《金融信用信息基础数据库用户管理规范》可以看出，我国的征信体系正在不断地完善，国家在不断强调征信的重要性。建设一个良好完善的个人征信体系就要使其具备法定性、全面性、真实性、动态性、开放性、共享性，因此完善我国征信体系可以从加强科学技术应用与结合，建立互联网消费金融的共享机制等方面做出努力。具体做法如下：一是基于大数据分析，由国家一个具体部门牵头，把所有的企业单位及个人的信息数据形成一个完整安全的社会信息库，形成对每个个人及法人信用等级的准确定位，针对信用等级低的用户设定限制条款，并提升用户违约成本，同时加强法律管理，对失信行为起到应有的威慑作用；二是创建第三方数据服务机构，向委托人提供专业的征信报告与咨询服务，使企业与企业之间能够共享各自的数据，同时获得第三方数据。

（三）提升互联网消费金融企业自身能力

一是通过资产证券化方式拓宽互联网消费金融企业的融资渠道。资产证券化是一种快速且低成本的融资途径，将资产证券化合理运作不仅可以扩大企业资产

规模，增加企业资本，而且还可以提高资产质量，加快发起人的资金周转速度，增强资金的流动性。值得注意的是，根据《消费金融公司试点管理办法》的规定，消费金融公司最高可以实施 12.5 倍的杠杆，因此要在资产证券化的过程中做到合理的把控，随时做好"踩刹车"的准备，切不可把"油门"踩得太狠。

二是缩短互联网消费金融行业在城乡的发展差距，拓宽行业市场。科技的不断进步，使互联网在城乡得到广泛普及，将互联网金融引入农村发展，能够有效改变农村金融的困境，同时也有利于进一步拓展农村消费市场。城乡对互联网消费的参与程度越来越高，此时便需要拓宽互联网消费金融市场渠道，着力推进农村信息化建设，加大对互联网金融消费的承载力，强化普及互联网金融知识，提高农村居民对新业态的认知程度，从而积极推动普惠金融覆盖范围，构建我国普惠金融体系。

目前，我国正处于经济结构转型升级的关键时期，我国的互联网消费金融已由快速增长阶段转变为现在的持续调控阶段，形成了规模庞大的互联网消费金融体系，但是由于其发展迅速且尚未成熟，还在诸多方面存在不容忽视的问题，如监管不到位、风险控制能力不足、专业技术人才缺乏等，而此次全球暴发的新冠肺炎疫情又对互联网消费金融乃至全球经济的发展产生了重大影响，为众多行业的发展带来了挑战。在这场考验中，互联网消费金融企业通过层层筛选，留下了优质企业继续向前，而能力不足的企业纷纷被淘汰。对此，我国应该在国内外双循环的背景下，确立相关法律制度，提高监管效率；健全征信体系，打破"数据孤岛"的状态，加强互联网消费金融的流动性，完善数据信息安全技术；有序推进资产证券化的运作，拓宽融资渠道，同时开发农村消费市场，打造多元化市场结构。

第四章　互联网金融衍生物

互联网金融的衍生物的出现已成为不可逆的发展趋势，市场需求、政策驱动和互联网企业的战略布局都促成了互联网金融的初步发展。本章分为大数据金融、互联网征信、供应链金融、区块链金融四部分。主要包括大数据金融的相关概念、大数据金融应用的背景、大数据金融存在的主要风险、互联网征信的内涵、互联网征信的模式与特点、供应链金融的内涵、供应链金融的运作模式、区块链金融的相关概念、区块链金融的发展应用等内容。

第一节　大数据金融

一、大数据金融概述

（一）大数据金融相关概念

1. 大数据

（1）大数据的概念及其内涵

"大数据"一词是由英文"Big Data"翻译而来的，虽然对于大数据的关注度与日俱增，但时至今日国内外对于大数据的基本概念仍然没有达成共识，关于大数据的定义至今仍没有统一的标准，缺乏既权威又准确的概念界定。

多年前的 1980 年，未来学家阿尔文·托夫勒的著作《第三次浪潮》在美国出版，书中阐述了由科学技术发展引起的社会各方面的变化，作者把计算机看作"新文明形态的诞生"，预测并构想了信息化网络的可能性，明确提出了"数据就是财富"的观点，认为信息时代即将席卷而来成为第三次浪潮。虽然书中并未直接提及大数据，但是这被看作是提前预知到大数据未来的可能性。当下，关于大数据，普遍认可的说法是根据美国杂志《自然》于 2008 年 9 月发表的一份以

第四章 互联网金融衍生物

"大数据"为主题的专刊,指出一开始大数据的概念是由诸如天文学和基因学这样经历了信息爆炸的学科创造出来的,随后大数据开始进入人们的视野,并成为创新领域的前沿话题。随着互联网应用和信息技术发展,传统的思维和观念受到前所未有的冲击,大数据的快速兴起同时引起了工业界、商界、学界和政府部门等的高度重视和密切关注。各界人士分别从各自的行业领域出发对大数据展开研究,但对大数据概念的界定都未能形成统一的标准。

国外研究对大数据相关概念的界定涉及多个维度。世界著名咨询公司麦肯锡最早对大数据展开研究,在其2011年发布的研究报告中,这样对大数据进行定义,"大数据是大小超出了传统数据库工作的抓取、存储、管理和分析能力的数据群"。高德纳咨询企业则是将大数据定义为,"需要新处理模式才能具有更强的决策力、洞察发现力和流程优化能力的多样化、高增长率和海量的信息资产"。维基百科将大数据定义为,"利用常规软件很难处理,所耗时间超过可忍受范围的数据集",并认为应用大数据存在诸多挑战,如采集、管理和分析等。牛津大学教授维克托·迈尔·舍恩伯格在《大数据时代》里指出,"大数据是一种技术资源,也是一种思维方法;既是人们获得新认知、创造新价值的源泉,也是改变政府与市场、政府与社会关系的一种方法"。另外,IBM、微软、SAS等根据大数据的特征也对大数据进行了定义。

国内研究对大数据相关概念的界定,包括学者和官方机构的定义。

涂子沛认为大数据是传统的小数据加上现代的"大记录",是结构化数据加非结构化数据,不仅容量大,而且价值大,需要人类以前所未有的能力来加以使用的海量数据。

李志刚在《大数据:大价值、大机遇、大变革》中指出,大数据是用传统方法或工具不能处理或分析的数据信息。中国计算机学会大数据专家委员会的秘书长程学旗认为,大数据是"融合物理世界、信息空间和人类社会三元世界的纽带,人们可以借助于科技手段在信息领域找到自身的大数据映像"。中国工程院院士李国杰认为"一般意义上,大数据是指无法在可容忍的时间内用传统IT技术和软硬件工具对其进行感知、获取、管理、处理和服务的数据集合"。王向民认为"大数据最初的意义是指无法通过传统数据工具在短时间内搜索、存储、整理并分析的海量或巨量数据,但实质上是互联网、物联网、云计算等几种积极革命的叠加结果"。杨尊琦则在其著作《大数据导论》中指出,大数据是指一定时间范围内无法用常规的软件工具使用的数据集合。

工业和信息化部电信研究院在《大数据白皮书(2014年)》中指出,大数据是具有体量大、结构多样、时效强等特征的数据。国务院的《促进大数据发展行动纲要》于2015年发布，纲要中从数据集合的主要特征、发展态势和新的知识价值能力得以展现的新信息技术和服务业态角度来定义大数据。百度百科则从资讯角度出发，以涉及的资料量规模、主流软件工具的效率以及帮助企业经营决策的目的来定义大数据。

尽管目前还没有一个明确的关于大数据的定义，但通过以上定义的罗列，我们可以看出大数据日益由一个专业术语成为一个广泛传播的概念，对大数据在不同领域和层面的定义早已超越了数据自身的范畴。目前关于大数据的界定，充分反映出各行各业对于以大数据为代表的信息技术发展趋势的认知和把握，普遍认同大数据带来了极大的社会价值，提高了生产效率，促进了经济发展，甚至也在一定程度上改变了人们的世界观和方法论，人们对信息化、数字化的重视和认可程度也随之提升。与此同时，大数据在当今时代的文化意义也不容小觑，人与人之间的沟通交流、社会交往以信息为载体进行，而大数据则成为一种象征文化的"符号"，体现的是人们顺应信息时代发展趋势，积极利用大数据进行工作和生活的态度。随着信息化、资料处理、分析等技术的不断突破，大量的信息资源被解读、使用，政府各部门、社会各行业"大而复杂""繁且艰深"的信息和数据，迫切需要更加完善的政府治理对策。

综合并借鉴前人的研究基础，大数据是以容量和价值维度为主要特征的数据集合，是在分析数据后获得应用价值，最终转化为变革社会力量的要素资源。即大数据是一种技术手段、思维方式，更是一种社会资产，它是新资源、新工具、新应用的综合体。

（2）大数据概念的哲学阐释

大数据概念一经提出，就是相对于传统意义上的"小数据"来说的，二者均源于数据。

一开始，数据的来源是测量，人们对客观世界测量得到的结果需要记录，而记录要借助符号工具，于是符号构成了数据。因此，可以这么理解，记录事物和事件所用的符号就是数据，这些符号可以以不同的形式存在，也可以用来反映事物，还可以拿来描述事件。在《现代汉语词典》的释义中，数据是"进行各种统计、计算、科学研究或技术设计等所依据的数值"。从传统意义上而言，数据一般来说作为"数量"而存在，也就是"有根据的数字"，它是人类在实践中精确描述世界的需要。可以这么说，包括生产、交换活动在内的一切人类活动，都需要建立在数据的基础之上才可以进行。

第四章　互联网金融衍生物

传统意义上的数据和信息是有一定区别的，数据、信息和知识概念不同，但却有着相互依存的关系。数据是信息的载体，是信息产生的基础。信息则是根据目的加工后产生的数据，也就是说通过处理数据然后得到了信息，信息是有价值的数据，而知识则起到承载信息的作用，它是经过人脑工作后呈现的有规律的信息。跟随信息时代发展的浪潮，软件科学获得突破性进展之后，有电子化文件柜之称的数据库被发明了出来，数据的存储"仓库"得到"扩容"，除了文本类型的数据之外，还有图片、音频、视频等都可以存储在电脑的数据库中，使得数据的内涵也逐渐扩展延伸，数据不再仅仅是"有根据的数字"，也逐渐和所有保存在电脑中的图片、音频、视频等信息交替使用，数据于是开始成为信息的别称，甚至比信息所代指的范畴还要大得多。从现代意义的角度而言，数据和信息虽然可以互相替换，但我们现在所说的信息和大数据还不完全是一回事，只有那些在各种光纤网络中飞速流淌的数据流，才能称之为大数据。即使一台断网的、在信息孤岛上的电脑中存储的信息再重要、再有价值，也无法将其称之为大数据，网络于是成为大数据应用的血液和神经。

进入信息时代之后，随着计算机、互联网、移动互联网的快速融合发展，人类步入大数据时代。此时，个人的信息互动大多以数据为载体进行，大数据可以说就是"在线"的数字化信息。计算机的发明，将信息转换成可以度量的数字，形成由 0 到 1 表示的一系列二进制代码，使与现实世界相对的网络虚拟世界得以构建，人类活动的时空界限由此打破。有线互联网时代，通过与有线网络连接上网，可以实现大数据的即时即地收集、处理和传递、交流，人们的沟通交际、行为方式和生存模式发生深刻变化。随着技术的升级更新和迭代，移动互联网应运而生，上网不再受时间地域的限制，人们通过上网发生的一切行为或者说是现象随即成为数据，全世界的网民都开始成为数据的生产者，导致数据由线下向线上转移，并引发了数据爆炸，从而汇聚而成海量数据，人与世界因此连接，"一体相融"，成为社会发展不可阻挡的趋势。原先网状无序的、离散的、碎片化的、不可记录的、不可挖掘的所有信息被"一网打尽"，从根本上促进了信息的交流、传递和共享，使得"万物皆可数"成为可能，大大促进了人们信息的交流交换，促进了生产力的快速发展。

数据是人类社会生产生活的产物，数据的收集、分析、应用都是人与人在符号层面上的互动，进而人的关系、价值和情感得以承载，人与人之间的关系通过数据表现出来。

若从数据本身角度来说，它只是符号的组合，一旦信息传达不能正常或有效进行，数据就只是一串符号而已，毫无任何价值可言，而信息的传递、交流需要物质载体。自古至今，随着各种工具的使用和发明，人类的信息传递、交流、共享得以实现，生产力不断向前发展，因此可以说数据的本质是关于"人"的符号。

大数据源于数据，但又绝不能简单等同于"大"的数据，"数据大"和"大数据"有着本质的区别。大数据不仅指规模庞大的数据对象，而且还包含对这些大规模数据对象的处理和应用，是数据对象、技术和应用三者的统一。大数据的科学基础是信息论，本体研究属于技术哲学、技术社会学领域。大数据是信息技术与专业技术、信息技术产业与各领域紧密融合的典型，是信息技术发展的高级形态，引发了人类思维和决策方式方法的变革。

人类对客观世界量化和记录产生的结果就是数据，大数据则是在数据与数据之间交互影响作用下的客观事物表现出来的现象，这现象所体现的是事物发展和运行的规律，蕴含着大数据的整体性、多维性和相关性。数据的量变引起质变，从而形成大数据，大数据的整体性表现在数据的部分世界向整体世界扩展，人类认知范围也在时间和空间维度上得以拓展。以数据的单一指标和单一类别来分析事物又与大数据的多维度和全面分析形成鲜明对比，大数据强调的是从多个维度对数据进行交叉分类，全面分析，进而探寻事物之间的内在规律。数据之间的相关关系赋予大数据相关性思维，即基于普遍联系的哲学思维，通过大数据寻找关联物，捕捉现在和预测未来。

从技术层面而言，大数据是一项科学技术，而科学技术属于生产力的范畴，它对社会发展起到积极的推动作用，表现的是人与自然之间的关系。从哲学社会学角度看，大数据承载的是人与人之间的社会关系，从本质而言是一种生产关系。

2. 大数据金融

大数据金融是指整合巨量的结构化与非结构化数据，通过实时分析处理客户的交易信息，判断客户的消费习惯，掌握客户的各方面信息，以此预测客户的未来行为，使得金融机构或金融服务平台降低金融风险并为客户提供个性化的金融服务。大数据金融目前分为平台金融和供应链金融两种模式。

平台金融模式是指掌握海量客户的互联网企业，这些互联网企业通过分析和挖掘其客户在该平台中的实时网上交易和支付信息所形成的大数据，通过云计算和数据模型分析而形成的网络信贷或基金等金融业务模式。平台金融模式的一个典范是阿里小贷，它的出现有效解决了中小企业融资难的问题。这是因为阿里小贷采用商户在阿里巴巴、淘宝和天猫平台中的交易数据、交流信息和客户购物特点等方面的大数据并进行实时分析和处理，以此构成了商户在上述电子商务平台中的信用数据，当确认其确实具有还款能力后，阿里小贷就会发放贷款，无须抵押，贷款发放快。供应链金融模式与平台金融模式的显著差异在于其是通过供应链上下游企业的信用捆绑，来降低企业的融资风险，缓解上下游企业融资困难的问题。供应链金融模式的最大特点是它改变了金融机构只针对单一中小企业进行主体信用评级的模式，而是根据该企业的信用状况进行授信，使金融机构的信用评价变成主要关注企业所处供应链的整体状况，以及核心企业与中小企业的商业伙伴关系。2012年，中国银行北京市分行与京东商城签署了战略合作协议，由京东供应链金融服务平台为京东的商户或供应商提供应收账款融资服务。之后苏宁电器也成立了重庆苏宁小额贷款有限公司，其目的就是为处在苏宁供应链体系中的中小企业提供供应链金融服务。

（二）大数据金融的应用背景

最早提出"大数据"时代到来的是全球知名咨询公司麦肯锡，其指出"数据，已经渗透到当今每一个行业和业务职能领域，成为重要的生产因素。人们对于海量数据的挖掘和运用，预示着新一波生产率增长和消费者盈余浪潮的到来。"其实，"大数据"早在物理学、生物学、环境生态学等领域以及通信等行业广泛应用，但因近年来互联网和信息行业的迅猛发展才引起大众的关注。

所谓大数据，并不是通过调查问卷等随机抽样产生的部分数据，而是获取到某个对象、某个领域的所有数据，且其处理速度快、时效性要求极高，在一定程度上削弱了以往对于精确制导的追求，对数据驾驭能力也提出了新的挑战。同时，我们可以利用大数据掌握某个领域的大体方向，站在宏观的角度推动行业发展，为行业发展带来机遇。

大数据的重要性不言而喻，亚马逊前任首席科学家安德里亚斯·韦根更是称"数据是新的石油"，数据已然成为当下最重要的研究课题之一。

近几年，数据总量发生了井喷式的增长，部分行业领域已通过可视化技术对这些数据进行了收集、存储与分析，实现了混杂型数据的集成化、可利用化。早在2011年，麦肯锡公司就意识到，大数据将快速在各个行业领域渗透应用，同时也将不断提升行业的生产力水平，进而实现数据盈利。

以阿里金融为代表的互联网金融企业依托低成本网络社交平台，利用互联网技术和信息通信技术，掌握了在资金、支持、投资以及信息中介服务等方面的主动权，进而加快了以开放、便捷为特征的互联网金融产品应用，并以快速、门槛低的金融服务，实现了在第三方支付、网络贷款、保险等产品领域的大量获客，并通过不断延伸创新服务，在网络金融生态体系中占据了主导地位，给传统商业银行带来了巨大的冲击。

与此同时，大数据的广泛应用也给信息安全带来了一定的挑战。一方面，部分平台为了实现快速获客，会利用一些特殊途径交换所持有的客户信息，从而造成客户信息泄露。另一方面，在数据传输、档案管理方面，没有形成有效的制度规范，在客户数据收集、留存、传输和处理过程等方面均存在一定的风险。

二、大数据金融存在的主要风险

（一）数据监听风险

在大数据金融的发展过程中，若存在数据监听现象，那必然会对国家金融安全造成影响。虽然我国大数据发展极为迅猛，但无论是大数据中需要运用到的软硬件设施设备还是数据服务都较为依赖国外的先进技术，这必然就存在数据信息被泄露、监听的风险，并最终对我国金融安全带来一定的影响，甚至可能会严重影响我国金融方面的发展。

（二）隐私侵犯风险

现今大数据金融发展较为迅猛，其中应用数据侵犯用户及客户的个人隐私的可能性很高。在应用大数据技术的过程中，会用到传递技术与超强的计算机系统，这能够高效实现对各个数据的分析。其中，交叉检验技术与块数据技术的加入，使得大数据在身份识别上较为简便、高效。另外，大数据金融还需对客户及用户的个人信息进行全面的分析运用，在这样的情况下就无可避免地会侵犯客户及用户的个人隐私，进而造成信息泄漏。

（三）法律监管风险

近几年，大数据金融发展势头较为迅猛，但对其进行规范管控的法律制度却无法积极跟进，这必然就会存在因为法律法规不完善而导致法律监管不力的现象出现。大数据金融所涉及的领域及行业极为广泛，这导致其与现今监管体系无法进行有效的重合，进而给管理带来一定的阻碍，当监管不严时，必然会出现风险。在实际的操作中，一些P2P会运用集合理财这一方式获取大额度的活期或定期理财资金，然后通过运用智能投标将这些理财资金或资产进行错配，接着在一些平台中再将投资债权转让给其他的投资人。因法律监管标准不一，导致现今法律法规对网贷平台中投资的债权转让并没有细致的规定，因此针对这方面的监管正处于一个真空地带。

第二节 互联网征信

一、互联网征信概述

（一）互联网征信的内涵

对于兴起时间较短的互联网征信，不同的学者对其含义有不同的定义。互联网征信快速发展，在技术上和实际操作上对传统征信都是极大的挑战，也体现了我国互联网经济发展的迅速。但由于互联网征信兴起时间较短，因此在金融领域和征信领域均没有对其含义进行专门的描述。在学术界，一些学者认为它应属于大数据中的征信，还有一些学者持反对态度，他们认为，无论是传统征信还是新兴的互联网征信，都是建立在采取用户个人信息进行分析比对从而得出结论，只有这样才能体现用户的信用水平，所以大数据并不足以概括互联网征信的特殊性。也有学者提出，这种新兴的征信模式必须通过对互联网上个人的信用信息进行收集加工整理才可以得出一个用户的信用等级。所以将这种新兴的征信模式称为"互联网征信"更为贴切。学者邓舒仁曾经提出一种观点，他说在互联网征信中，征信机构可以采取不同的方法措施来获取用户留下的信息，根据不同的方式就可以将互联网征信划分为不同的类型，比如说，征信机构可以从线上采集用户信息，也可以在线下通过第三方商家的数据来获得用户信息，从而总结出个人的信用情况。学者赵雯也持有同样的观点，认为互联网征信可以通过线上和线下两种方式采集个人信息数据，从而整合获得个人信用状况。

通过分析多位学家的观点，结合互联网征信在我国的实际运行方式和特殊性，可得出以下观点：互联网征信通过互联网平台以及大数据分析，一方面在线上通过收集用户在多个商家的信息记录获取信息，另一方面在线下收集用户个人的收入、不动产信息等并综合分析归纳，从而得出用户个人的综合信用情况，以便更好地为用户提供优质、便捷的生活服务。

（二）互联网征信的意义

第一，采用互联网征信相较于传统征信可以减少交易费用。用户想查阅自己的征信情况，如果在传统的征信系统中，用户需要携带相关的证明自己信息的文件资料到征信查阅机构进行查询，其中就涉及了人力、物力及财力。而互联网征信出现后，此项费用就可以节省，因为互联网征信提供了极大的便利条件，用户在网上就可以完成信用信息的申请和下载，避免了资料提交时耗费的人力、物力及财力。因为用户已经提交过个人信息材料，且互联网征信可以同步网络建立电子档案，所以授信方无须再次进行审核，在以后用到个人信用情况时方可直接下载。这又减少了在传统征信中多次进行审核的问题，可以有效节约成本，减少不必要的交易费用。所以，互联网征信的出现及不断完善为用户查阅自身的信用信息带来了相当大的便利，其可以通过线上和线下两种方式准确了解用户需求，做出正确的判断，不但可以提高效率，而且还可以减少交易费用。

第二，采用互联网征信能使不同征信机构获得用户同样的信用信息。在市场经济体系下，第三方主体对个人信用信息的掌握程度并不相同，这叫作信息不对称现象。而掌握信息较多的一方可能通过自身拥有的更多的用户信息，对获得用户信息少的机构造成不正当竞争，以谋取更多的利益。因为信息的不对等，可能造成道德上及行为上的种种矛盾。早些年金融界就曾出现过互联网网贷平台曝光用户借款不还的事件，比如P2P，这就是因为有的征信机构对用户信用不了解，没有真实地掌握用户信息，导致金融借款出现问题，出借机构也因此面临巨大风险。互联网征信系统如果得以完善，必将改变不同征信机构获得用户信用信息不同的现象，通过对用户进行信用分析，合理鉴别恶意欠款人，保证互联网金融实现较大收益的同时能有效避免风险的发生，保证互联网金融的安全运营。

第三，采用互联网征信督促用户注意自身信用记录。在网络大数据下，互联网征信可以实时记录用户的个人信用信息，并在不同征信机构间进行相互分享，所以，一旦个人出现不良信用信息，将严重限制用户的生活。当今时代是互联网时代，网购深受人们喜爱，特别是年轻群体，如果用户在网购时出现失信情况，那么整个互联网都会保存其失信记录，该用户在以后的网购中就会受到约束。再比如支付宝的蚂蚁花呗，用户可能觉得几块钱不值一提，但可能就是几块钱出现信用问题，导致其在以后的买房贷款或者乘坐交通工具等方面受到限制。所以在大数据背景下，互联网征信将实时提醒用户注意自身的信用记录，防止失信问题出现。

不仅如此，相比传统征信只能记录用户在某个时间节点的征信状况来说，互联网征信还具有可以实时更新用户信用信息的功能，方便受信方做出准确的判断，降低交易的风险，让用户的失信行为暴露在阳光下。这样也会让用户注意自己的个人信用，诚信交易，有利于市场稳定。

（三）互联网征信的模式与特点

互联网征信即互联网征信机构通过信息主体授权后，从信息主体处或者第三方平台处获得用户线上、线下的个人信用信息，再借助信息技术对所获取个人信用信息进行整合、挖掘，最后对个人信用进行评价的活动。

根据用于评估用户信用状况的信用信息主要来源，互联网征信模式的类型可以分为基于电商平台模式、基于社交平台模式、基于同业共享模式、基于网贷平台模式四种。芝麻信用是基于电商平台模式的典型代表。芝麻信用主要依靠其母公司阿里巴巴旗下的淘宝、天猫、支付宝等第三方平台获取用户线上信息，再通过芝麻信用特有的信用评价体系生成芝麻分，以分数的形式对个人信用状况进行评价。互联网征信机构根据自身数据来源、应用场景等特点构建不同的信用评价体系。例如，芝麻信用构建了自己的评价体系，包含身份特质、行为偏好、信用历史、履约能力以及人脉关系等五个维度。芝麻信用个人信用评价产品主要适用于阿里巴巴旗下机构及与阿里巴巴平台合作的第三方机构，以向合作公司提供征信产品以及共享用户信用信息的方式，通过业务合作形成了以芝麻信用信息为核心的业务合作闭环。

与传统征信模式相比，互联网征信有着很多鲜明的特点。我国传统征信以中国人民银行征信中心为主导，体现的是政府主导的模式。而互联网征信模式下的征信机构多为互联网企业，其都是参与市场竞争的法人组织，政府在其业务开展中不具有决策作用。

传统征信模式与互联网征信模式下所收集的个人信息也体现出了不同的倾向，如央行所收集的信息多为官方平台保存的个人信用信息或者金融机构的客户信息，收集的信息内容与个人信用状况的关系也更直接。而互联网征信的数据来源十分丰富，除了与信用相关的司法、行政信息及已合法公开信息等线下信息，还包括用户的线上行为信息，并且用户的线上行为信息成了互联网征信中个人信用信息的主要来源。信息主体的线上行为信息有电商平台消费信息、社交平台遗留信息以及网页浏览时遗留的浏览信息等，其范围涵盖了网络用户吃、住、行以及就医等各类可以反映主体消费能力和偿还能力的信用信息。传统的央行征信系统因为数据来源单一，在评价个人信用状况时不够全面。但是，互联网征信机构收集的个人信用信息来源广泛、类型多样，并且随着互联网的普及，互联网征信机构能够获取的线上信息只会越来越多，信用评价的精准度也会越来越高。

互联网征信是在大数据时代对传统征信的有力补充，两种征信模式有诸多不同之处。除以上几点外，相较于传统征信，互联网征信还具有应用场景多、信息获取成本低等特点。

二、互联网征信存在的主要风险

（一）市场风险

征信体系的市场风险是受市场环境影响产生的，市场是不断变化的，因此市场机制的风险也是不可预见的。当前我国社会征信系统放开，国内的征信系统逐渐由过去的国家垄断走向了市场化，由此给更多的民间征信机构带来很大的发展空间，同时也加剧了征信市场的竞争。随着竞争的加剧，市场利益驱使的非理性行为也会逐渐增多，给与之紧密相连的金融市场带来巨大风险。如果我国征信政策发生改变，市场机制风险则将加大，受到互联网的影响，这种风险将呈现出成倍增加的态势。

（二）信息安全风险

在互联网时代下，网络信息安全是一个不容忽视的问题。一是互联网作为一种技术载体，本身容易受到技术攻击。一旦征信信息被非法访问、截取和篡改，将对个人隐私、个人权益构成重大威胁。二是很多互联网征信平台建立时间短，信息系统安全体系、风控制度和应急预案尚不健全，容易造成信息泄露。

第三节　供应链金融

一、供应链金融概述

（一）供应链金融的内涵

供应链金融起源于企业在生产环节供应链管理的实际运作中。企业在对供应链的资金流动进行管理时,随着银行等金融机构的介入,向供应链上的企业给予资金支持,由此产生了以财务融资和供应链管理为基础的"供应链金融"。目前,国内外学者对供应链金融的含义进行了大量的探讨,并从不同的角度对其进行了阐述。然而,学者们普遍认为,供应链金融是一种金融产品与服务,它可以为中小企业提供资金。通过研究供应链金融的内涵,可以看出其具有贸易信用、银行信用和内部资本优化的特征。

现有研究供应链金融内涵的相关文献,主要是从融资服务视角或供应链视角对其进行研究的。在融资服务视角下,供应链金融可以看作企业向银行等金融机构进行的一种短期融资方式。迈克尔指出,供应链金融是一种金融服务,它通过金融机构和供应链融资主体进行供应链体系的财务管理、成本分析和创新金融工具的组合,并将供应链内部的资金和信息流进行集成,从而降低企业的交易成本。我国学者胡跃飞和黄少卿基于实体经济视角,分析了供应链金融的发展流程,认为供应链金融是对供应链中财务资源的整合,它结合了新型信用贷款模式,可以为供应链上的企业提供资金扶持和金融服务,保障供应链资金流的正常运转。伍德克等则从企业资本流动的视角出发,提出供应链金融可以减少供应商和零售商成本,通过追踪资金流向、合理配置资金等方式,向供应链内的企业提供信贷和结算等金融服务。在融资服务视角下,供应链金融可以被看作是将金融机构和融资企业连接起来的一座桥梁,它优化了资金流动,在企业资金受限制的情况下,向战略供应商提供更多的流动资金。进一步,张路对供应链中的核心企业进行了较为深入的研究,认为供应链金融以核心企业的信誉为依托,向经营链条上的相关企业提供全方面的金融服务。另外,有些学者研究指出,供应链金融在满足融资需求的同时也能提升企业的营运资本运行效率、降低企业违约风险。

从供应链角度看,供应链金融是指供应链成员相互合作,以达到供应链的协同、优化运营资本等目的。霍夫曼将供应链金融视为由供应链外部相关者与内部节点企业计划、控制和运营金融资源从而促进企业价值增长的一种模式。葛姆指出供应链金融是把财务观念与企业的生产管理结合起来,通过最佳资本成本率和业务规范来提升供应链中的资金运用效率,优化企业财务模式。国内学者范方志等则从核心企业角度出发,提出了以核心企业为中心的供应链金融体系,认为供应链金融围绕核心企业,对上游和下游企业进行有效的注资,确保整个供应链的正常运转。供应链金融能够有效地控制供应链中企业的资金运转,从而减少供应链中供应商和零售商的成本,改善其营运资本。

此外，2016年发布的《供应链金融技术的标准定义》指出，供应链金融是指在供应链流程和交易中，运用资金融通和风险缓解的方式方法，提升营运资本管理与流动投资资金使用的效率。这对未来进一步深入探讨供应链金融问题有一定的参考价值，同时为建立我国的一些供应链金融规范提供了借鉴。

（二）供应链金融的特点

供应链金融的最大特点是以核心企业为中心形成金融支持（图4-1）。具体而言，在一条供应链当中，一个企业的竞争力越强、业务规模越大，就越容易在交易中处于强势地位，其对于产品价格、产品品质等贸易条件的要求也就越严苛。这往往会对该企业的上下游企业造成较大的压力。此时，这个企业所制定的标准对上下游配套企业的影响就会逐渐增大，致使该企业成为整个供应链条中的核心企业。而由于其上下游配套企业的规模往往相对较小，从银行获取贷款等融资比较困难，面对核心企业的高标准，就更可能出现资金紧张等问题，带来供应链的失衡。也正因如此，供应链金融强调要以核心企业为整个供应链条的中心，在融资过程中将资金更多地注入与核心企业配套的中小企业当中，避免中小企业因融资难而导致供应链条失衡。与此同时，银行信用也要侧重于中小企业，在融入中小企业的过程中提高中小企业的商业信誉，降低中小企业获得融资的难度，确保中小企业与核心企业能够长久地保持战略协作关系，从而带来整条供应链竞争力的提升。因此，在保证核心企业中心地位的前提下，确保中小企业获得足够的金融支持是供应链金融最明显的特点。

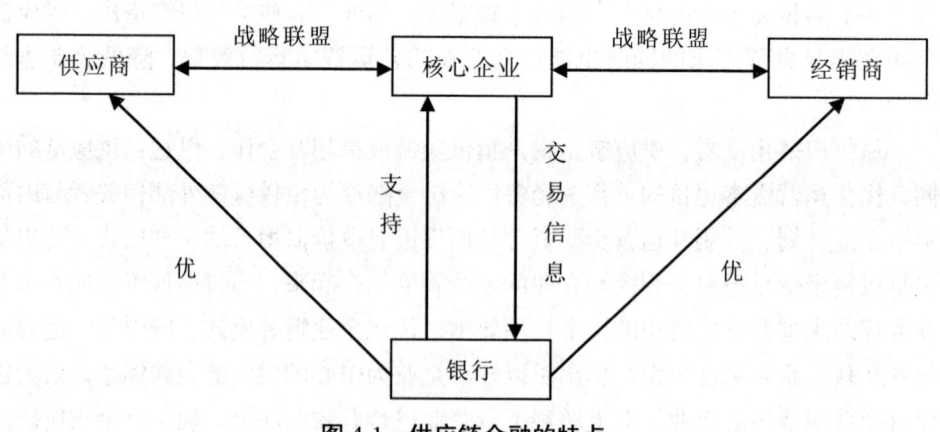

图4-1 供应链金融的特点

(三) 供应链金融产生的理论基础

1. 供应链交易成本理论

交易成本理论又被称为交易费用理论。20世纪30年代，著名经济学家罗纳德·哈利·科斯在其所著的《企业的性质》一文中率先提出了这一理论。交易成本理论的主要观点是，倘若要达成交易成本最小化这一目的，就必须将交易本身作为分析的对象和单位，在分析过程中赋予不同的交易以不同的特征要素，并根据这些特征要素的要求构建不同的体制与组织，以实现有针对性的交易成本缩减。具体而言，交易成本理论主要由如下几部分内容构成。

（1）交易成本的概念

科斯将交易成本界定为在一场交易中，交易双方为了获取准确的市场信息所必须耗费的成本，以及达成交易过程中的谈判成本、契约成本。换言之，交易成本既包括事前成本，即搜寻信息的成本；也包括事中成本，即谈判和缔结契约的成本；还包括事后成本，即监督约定履行的成本和违约追责的成本。

（2）交易成本产生的原因

从根本上来看，交易成本产生于人性因素与市场规则的冲突过程中。一方面，在交易过程中，交易的参与者往往会因为身体、心理、智商、情感等因素的不同，在追求利益最大化的过程中受到不同的限制和约束。不仅如此，在此条件下，参与者们往往会为了寻求更大的自身利益而采用隐瞒、欺诈、毁约等手段，使交易的风险提高、效率降低。另一方面，市场环境本身具有一定的复杂性和不可预期性，政策导向、自然灾害、经济形势等的突变均会对市场环境产生影响，这也增加了交易达成的难度。同时，由于市场环境的这种不确定性，交易双方往往会处于一定程度的信息不对称状态，使交易容易被少数信息垄断者把持，最终引发市场失灵现象。为尽可能规避风险，提高交易达成的可能性，交易的双方必须根据交易的特征制定一定的规则和机制，从而尽可能减少交易参与者所受的不同程度的限制，并避免因交易者的欺诈手段、市场环境的复杂多变对交易产生的冲击，这正是交易成本产生的根本原因。

（3）交易的特征

依据交易成本产生的原因，科斯进一步总结出了交易所具有的三项基本特征，具体阐述如下。

首先，交易的商品和资产具有一定的特殊性。在交易达成前，交易者所投资的商品和资产尚未在市场中流通，不具备流通性。交易一旦终止，交易者投资在产品中的成本很难被回收用作他途。

其次，交易具有不确定性。任何一场交易都面临着不同概率的风险。尽管人类具有理性，但这种理性尚未达到能够精准预测并完美规避所有风险的水平。加之市场环境下存在信息不对称现象，双方必须通过谈判、订立契约等方式来尽可能保障己方利益。一般而言，交易的不确定性越大，双方在风险规避上所投入的成本也就越高，交易的成本就会增加。

最后，交易的频率与交易成本成正比。交易发生得越频繁，双方在管理、议价等环节投入的时间和精力也越多，由此带来的事中成本就会越高。为此，企业多通过将交易各环节尽可能内部化、高效化来节省交易所需的成本。根据交易成本理论，交易的不确定性越小、频率越低，随之产生的交易成本也就越少。这就意味着如果企业能够设计出合理的交易机制，尽可能减少交易过程中人类理性的偏差、市场信息的不对称，缩减双方在管理、议价等环节耗费的时间和精力，就能够大大缩减交易成本。这也为供应链金融的诞生提供了基础和条件。

2. 供应链委托代理理论

委托代理理论同样诞生于 20 世纪 30 年代，由美国著名经济学家伯利和米恩斯提出。这一理论的主要观点是，为了避免企业的所有者及经营者可能带来的诸多弊端，应当将企业的所有权和经营权分离开来，企业的所有者仅仅保留完全的剩余索取权，不再享有企业的经营权。具体而言，委托代理理论主要由如下几部分内容构成。

（1）委托代理理论产生的基础

同交易成本理论类似，委托代理理论也和市场信息的不对称性息息相关，其重要理论基础就是非对称信息博弈论。这里所指的非对称信息，既包括时间上的不对称，即交易、决策发生前的不对称和交易、决策发生后的不对称，也包括内容上的不对称，即仅由特定人参与而导致的信息掌握上的不对称。委托代理理论正是为了避免这种信息不对称所引发的市场乱象，而主张将企业的所有权与经营权相分离的。

（2）委托代理理论的主要内容

作为契约理论的主体部分，委托代理理论主要研究的是委托代理关系，也即在订立契约的基础上，某个或某几个行为主体选定并雇佣另外的行为主体为其提供服务，并且赋予被选定的主体一些特定的决策、管理权力，同时为其劳动支付对等的报酬。在这样的委托代理关系中，授予权力的一方被称为委托人，被授予权力的一方被称为代理人或委托代理人。同理，在现代企业中，为了尽可能提高公司的运行效率，保障决策的科学性与合理性，部分公司的所有者会雇用职业经理人等，将公司的经营权让渡给后者，职业经理人有权根据其专业知识和技能做出与公司运营相关的决策。如此，职业经理人和公司的所有者之间就形成了委托代理关系。

（3）委托代理理论的意义

一方面，委托代理理论以契约的形式承认了公司的经营者所拥有的人力资本，并为其劳动提供相应的报酬，有利于极大地激发经营者的积极性和创造性。在建立委托代理关系的过程中，公司所设计出的股权激励方案也能够在最大程度上鼓励经营者实现股东价值的最大化。另一方面，委托代理理论所带来的企业所有权和管理权的分离能够将经营者的职业知识与技能价值最大化发挥出来，帮助企业逐步建立起战略、薪酬、考核、监督、文化等各方面的核心机制，从而实现公司管理水平的飞跃。

（四）供应链金融的运作模式

供应链金融的发展最先是由商业银行主导的模式，发展到现在由电商平台主导的模式。

1. 商业银行主导模式

最早的供应链金融运作模式是由商业银行主导的。银行依靠着自己在供应链中的地位，解决上下游企业的资金需求问题。供应链金融最早由深圳发展银行介入，之后四大行也纷纷推出具有自己特色的供应链金融产品，来满足自己链条上企业的需求。

随着科技手段的发展，供应链业务开始变得更加便捷，融资效率大幅提高。对于资本充足率问题，因为商业银行本身就是吸收存款的机构，所以本身的资本金比较充足。而不足之处在于，由于商业银行未直接参与企业的生产经营，往往对企业的具体情况不够了解，所以经常出现决策的失误，从而引发一系列的风险问题。

2. 核心企业主导模式

核心企业相对于商业银行来说，能够掌握上下游企业的交易信息，从而能够筛选出信用良好的企业来发放贷款，也可以对不同的主体设置不同的利率。

核心企业处于产业链的核心地位，掌握海量的交易数据，从而可以建立平台上的征信体系，更好地开展供应链金融服务。核心企业的经验也更加丰富，对于风险的控制水平更高。随着科技手段的不断发展，核心企业可以通过挖掘海量的数据，进而建立风险评估模型。假如核心企业的资金有限，可以拓展资金来源，比如因为自身的信用良好，可以与商业银行进行合作。

3. 物流商主导模式

物流企业在企业中间经常充当着纽带的角色，地位非常重要，在网络大力发展的背景下，物流企业的重要性更为显著。物流企业的作用有如下体现：首先能够对货物进行保管，防止出现损失，然后将货物进行运输。物流企业对于企业交易信息较为了解，可以根据交易数据识别企业的资金需求，从而更加有效满足企业的需求。此类企业在有资金需求时，同样也可以与银行加强合作，实现共赢。如今，物流企业在供应链金融运作中起着非常重要的作用，物流机构首先从供应商那里取得商品的所有权，然后再对买家出售商品，在这个过程中起到了一个媒介的作用。

4. 电商平台主导模式

相对于以上三种融资模式，电商平台主导的模式具有更大的优势。在线上电商平台，资金需求方、资金供给方、平台可以直接实现对接。供应链金融的发生是以真实的交易为基础的，交易过程更加透明，信息不对称的现象减少，信用风险发生的概率也将会降低。电商平台上拥有巨大的客户资源，平台可以通过交易的数据对每个企业的信用进行评级，在贷款发放之前就可以实现对风险的控制。通过整个供应链金融平台，业务操作变得更加便捷，运行成本也大幅降低。电商平台可以借助中心地位一步步对客户进行拓展，平台的发展也会更加良好。开展电商平台主导模式的企业有阿里巴巴、京东、国美等。

（五）供应链金融的发展动力

1. 政策动力

供应链金融是有效解决产业供应链上中小企业融资难的问题的有效途径，因此供应链金融业务也得到了国家政策的大力支持。早在2016年，中国人民银行等八部委就发布了《关于金融支持工业稳增长调结构增效益的若干意见》，首次提出了针对工业企业的"供应链+金融"的发展战略，指出应大力发展应收账款融资，使应收账款融资服务平台能够容纳更多的供应链，同时扩大商业银行提供的应收账款融资规模，来帮助中小企业解决融资困难问题。同年，商务部等十部门在《国内贸易流通"十三五"发展规划》中强调了产业与金融融合的重要性，要加大财政金融支持力度，稳步推广供应链金融的保障措施。2017年，中国人民银行等多部门发布了《关于金融支持制造强国建设的指导意见》《小微企业应收账款融资专项行动工作方案（2017—2019 年）》，分别指出要大力发展产业金融和产品服务，明确了依托人民银行建设应收账款融资服务平台来弥补产业供应链上下游企业融资缺口；并提出应发动供应链上的中小微企业、核心企业、金融服务机构等主体参与到应收账款融资服务平台建设中，打通中小微企业通过平台融资的途径，扩大应收账款融资规模。完善平台与供应链核心企业的对接，为核心企业在平台及时确认应收账款提供便利。同年，国务院办公厅发布了《关于积极推进供应链创新与应用的指导意见》，进一步强调了积极稳妥发展供应链金融的重要性，指出供应链金融是金融服务实体经济的重要途径；提出了全国性信息共享平台的重要性，应提高供应链各主体间的信息共享程度；支持商业银行、核心企业等供应链上的主体积极构建供应链金融服务平台，拓宽产业供应链上的中小微企业融资渠道。中共中央办公厅、国务院办公厅于2019年发布的《关于加强金融服务民营企业的若干意见》再一次强调了供应链金融业务的重要性，指出应减少对抵押担保的过度依赖。商业银行应加强基于产业链核心企业、真实交易背景和以物流、资金流、信息流为背景的供应链金融业务，向供应链上下游企业提供非抵押担保的订单融资以及应收账款融资服务。近几年来，供应链金融业务服务中小企业的属性得到了国家的认可和大力支持，这是供应链金融业务持续发展的重要动力，为供应链金融的健康发展提供了有力的政策支撑。

2. 市场需求动力

在供应链金融业务中，应收账款和存货余额是影响供应链金融融资放款规模的主要因素，较高的应收账款余额和存货余额是我国推进供应链金融业务的有力保证。截至2020年年末，我国规模以上工业企业应收账款余额达16.75万亿元，存货余额达12.59万亿元。近十年来，我国规模以上工业企业应收账款余额与存货余额均呈现逐年上升的趋势，但应收账款余额的增长幅度更加明显。大量的应收账款及存货成了供应链金融发展的持续动力，发展供应链金融也可以减少应收账款、预付账款带来的账期匹配问题以及存货积压问题，增强企业资金流动性，降低企业短期破产风险。

从贷款需求来看，我国大、中、小企业贷款需求均保持在较高的水平。虽然近年来贷款总体需求与贷款审批缺口收窄，大中型企业贷款需求波动较小且保持平稳，但小微企业贷款需求增长较快，需求指数远高于大中型企业。小微企业融资问题仍是我国间接融资市场存在的问题，而供应链金融是解决小微企业融资困难问题的有效途径。这表明供应链金融在我国的应用仍处在初期的探索阶段，资产总规模较小，市场潜在需求巨大。

二、供应链金融存在的主要风险

(一) 供应链金融的内源性风险

1. 信用类风险

参与对象信用等级的高低直接影响供应链金融风险的发生概率,具体体现为重点企业和中小企业的信用类风险问题。重点企业的综合素质、道德标准以及信用担保水平是影响企业信用类风险的直接因素:①重点企业供应链信用担保能力不足,当出现负债累积情况时,易超出其风险承受范围,造成整个供应链兑付危机频发的局面;②由于重点企业在供应链中的地位举足轻重,所以其很有可能借助地位优势传播虚假信息。中小企业的债务偿还能力强弱也会一定程度地诱发信用类风险。中小企业的特点是经营规模小、生产力不强、缺乏先进设备与技术经验等,致使其缺乏强有力的抗击风险能力;③中小企业经营缺乏规范性和统一性,并且信息缺乏真实性,极易造成中小企业信用类风险。

2. 操作类风险

供应链金融的各项业务覆盖整个供应链系统,其包含的内容范围广,可满足不同的需求,并且操作过程较为烦琐,在各个环节衔接处极易引发操作类风险。尤其是在贷款前期考察阶段,如果工作人员专业知识储备不够、业务能力不达标,容易出现违规行为,引起操作失误;在业务完成的过程中,尚未对文件传输或通知流程和操作予以严格的规范;在贷款后期管理过程中,操作制度不完善,质量监管和控制、回收等环节操作流程不详细、操作人员行为不规范等均有可能触发风险隐患,导致业务监管权责不清,大大提高了供应链金融操作类风险发生的概率。

3. 财务类风险

未能及时清算资金账目、未能按照规定时间偿还债务均属于供应链金融中的财务类风险问题,会致使中小企业资金链断裂,引发财务危机。一般而言,供应链金融企业采用的融资服务以预付款或者信贷形式为主,容易造成应收账款的大量积压,致使企业资金流动迟缓以及使用效率大打折扣,增加企业经营成本及压力,一旦垫付资金周转困难,就会造成企业资金链断裂的风险。目前,我国发展势态良好的供应链融资形式为供应链金融资产证券化,主要指的是将应收账款等基础资产发行成债券的形式,为供应链企业提供一种新型的综合性金融业务。由于我国供应链金融市场鱼龙混杂，资产证券化内容的真实性无从考证，应收账款账目不清晰等因素，容易引发财务类风险。

4. 信息类风险

具体表现在供应链金融信息闭塞或者知识产权得不到保障等方面，致使供应链无法实现快速运行。因此，要提高信息的可靠性、真实性和准确性，这样才能有效规避信息类风险。供应链上的企业切不可因追求自身利益而谎报、隐瞒企业信息，最终造成无法通过正当途径获得有效信息的局面，使信息的准确性大打折扣。企业内部投机取巧现象以及信息缺乏强有力的穿透性等因素会导致信息流通的阻滞。商业银行和供应链金融企业之间缺乏信息的关联和沟通以及存在信息不够完整等问题，致使很多重点企业和中小企业无法达成交易关系，重点企业的资源优势无法覆盖到下级中小企业中。此外，供应链信息量的剧增也会触发知识产权安全隐患，使共享信息的安全性得不到有力保障，造成重要数据丢失风险、信息泄漏风险。

（二）供应链金融的外生性风险

1. 市场类风险

经济制度体系、银行利率以及市场价格的波动对供应链金融造成的安全隐患问题，统称为供应链金融市场风险。如果抵押物市场价格波动较大，会使得授信方还款积极性受到一定的影响，中小企业违约的发生概率也会进一步增加。在经济制度体系和银行利率发生改变时，会减少市场需求量，投资回报率不高，致使缺乏实力的企业濒临倒闭、供应链资金安全得不到保障，提高了风险发生的概率。

2. 制度类风险

法律法规和制度体系不完善、执行力不足等都是造成供应链金融制度类风险的直接因素，抑制了供应链金融的稳定发展。目前，我国与供应链金融相关的法律如《中华人民共和国担保法》等依然存在很多有待完善的地方，无法覆盖整个供应链金融领域。此外，我国供应链金融业务分布范围广，且产业结构更具多样性，所以制度体系的不完善会产生法律漏洞，降低执行效率，影响供应链整体运行，易触发风险隐患。

3. 行业类风险

由于金融市场和竞争合作关系缺乏稳定性，容易造成生产中断、无法确定生产工期以及产品质量不达标等问题,同时竞争关系的不稳定也会引发利益分配不均等相应的风险性问题。

4.技术安全类风险

尚未完善技术操作手段,以维护供应链金融的稳定运行。许多企业对金融科学技术的了解仅仅浮于表面,并未及时采取措施弥补技术漏洞和消除安全隐患,同时缺乏安全性、创新性与适应性,大大增加了技术安全类风险发生的可能性。

第四节　区块链金融

一、区块链金融概述

(一) 区块链金融相关概念界定

1.区块链

(1) 区块链的基本概念

近年来,越来越多的研究人员和专家学者投入对区块链技术本身和多领域拓展化的研究中来,相关研究近年来呈现指数级增长趋势。区块链是分布式数据存储、点对点传输、共识机制、加密算法等计算机技术的新型应用模式。所谓共识机制,是区块链系统中不同节点之间建立信任、获取权益的数学算法。

区块链的核心是一种大规模的分布式数据库,这个技术平台是开放的、可编程的,它不仅能够记录金融交易,而且还能与智能合约相结合,记录并运行、维护所有有价值的东西。这使得区块链具有数据不可篡改性、可追溯性和永不消失性特点。

区块链本身是一个分布式系统,这项技术不是一成不变的,它的共识算法、区块内的数据结构、所使用的加密算法、分布式的网络传输方式等都可以随着具体的应用需求而进行单独设计。这极大地提高了区块链的可移植性,使得这项技术可以较好地应用于物联网、边缘计算等领域。又因为区块链拥有由加密算法和共识机制所保证的数据隐私与安全性,分布式结构所提供的去中心化、去可信第三方的特性,所以在需要进行数据管理的领域可以方便地移植区块链技术到该领域,如能源领域、供应链、数据管理。区块链也可以视为一个分布式总账,数据在区块链上具有良好的连贯性和可追溯性，能够快速地验证双花攻击，使得区块链在金融、审计和数字货币等行业也具备良好的可拓展性。事实上，区块链最早也最成功的应用领域便是金融领域。区块链在加密货币上的优势，加上区块链技术开源易于实现和计算，所以在国际贸易、税收、实业等行业也具有极大的实用价值。除了以上提到的领域，近年来区块链应用开始向更多领域拓展，例如需要保证数据隐私与正确的医疗领域，需要数据隐私与可追溯性的 AI、大数据领域，甚至可用于公共管理，例如投票、教育、旅游等。

关于区块链的系统进化过程有几种角度，一种是将其归纳为以下三个阶段。

①区块链 1.0——电子货币；

②区块链 2.0——数字资产与智能合约；

③区块链 3.0——从 DAO（区块链自治组织）、DAC（区块链自治公司）到区块链社会（科学、教育和医疗）。

这主要是从区块链能够实现的功能角度来划分的，其中智能合约的出现是一次重大的进步。虽然尼克萨博早就提出了智能合约的概念，但是直到区块链出现，智能合约才找到了适合它运行的载体。智能合约也催生了如以太坊这种区块链开发平台和去中心化应用（Decentralized Application）的概念。

还有一种看待区块链发展的角度是围绕共识算法来展开的。区块链中的公式算法作为区块链技术的核心组成部分，为区块链的全面应用提供了理论基础和安全保障。以此来划分区块链的发展阶段可以看到，共识算法最开始是应用规模最大的，是随比特币一起诞生的工作量证明算法，但这一算法会带来极大的资源浪费，于是有学者提出了新的股权证明。这一算法减少了挖矿带来的资源浪费，但没有改变区块链需要矿工挖矿的工作模式，并且容易发生用户参与度不高的问题，于是在此基础上拉里默提出了委托的股权证明（DPoS）。该算法提高了每个用户的参与度，性能也较之前的算法有了极大提升，但有可能发生权力集中到部分节点的情况，有违区块链去中心化的愿景，于是又有了 Ripple、PBFT、Paxos、Raft 等算法。其中 PBFT 的因地制宜的改良版在具体的区块链应用中有较广泛的使用。

最后也是最影响区块链应用的一种分类，即公有链、私有链、联盟链，详情如表 4-1 所示。

表 4-1 公有链、私有链和联盟链的对比

属性	公有链	私有链	联盟链
常用共识算法	PoS、PoW 等	Raft、Paxos 等	PBFT、DPoS 等
去中心化程度	完全去中心化	中心化	部分去中心化
参与者	任何人	私人	联盟成员
是否需要激励方式	需要	不需要	可选
区块生成方式	竞争产生	私人指定	协商产生
速度	分钟级	毫秒级	秒级

（2）区块链技术的结构原理

在概念方面，区块链最早来源于比特币的底层技术，其不是一项单独技术，而是由点对点传输技术、共识算法、密码学加密技术、智能合约与分布式存储等多项技术组合形成，本质是一个基于对等网络并由集体维护的分布式账本数据库。这一技术组合使得交易信息可在由不同参与节点组成的分布式网络中被同步记录，在不通过第三方中介机构信任背书下，数据实时更新、可共享追溯且无法伪造篡改。

在结构原理方面，区块链由区块按时间顺序连接形成，区块用于记录信息。每个区块包括区块头和区块体两部分。区块头中包含前一区块哈希值、Merkle 树根值、时间戳与交易在本区块生成的哈希值等；区块体中则记录了交易的详细信息与数据，记录在区块体中的数据公开且被永久保存。各区块按时间顺序相连形成链条，由此信息可追溯到初始区块。如果要改动一个区块，整个链都需要被修改，更改难度与成本极大，因此赋予了区块链不可篡改与可溯源性的特征。

P2P 网络。P2P 网络（Peer-to-peer Network）即点对点对等网络。不同于中心化网络，区块链系统中各节点所处地位及拥有权利平等，不存在中心控制节点或特殊层级结构。各节点既是信息的产生者也是信息的接受者，均可自由进出网络，均会承担网络路由与验证区块等功能。各节点间依据通信协议交流合作，可直接共享信息与数据，不需要中心节点的中转或授权。随着节点数量的增加，P2P 网络基于其强大的网络适应与服务能力，具有强大的可扩展性。同时在扁平化结构下，信息资源可在各节点同步更新，消除信息孤岛，促进信息间的流通，系统运行也不会因某一节点出现故障而受到影响。

P2P 网络技术在资源共享与下载、实时通信、分布式存储与计算等领域有较

大前景。在期货市场监管中可通过P2P网络构建市场信息平等共享模型，促进各监管主体间的协同合作，同时对交易与监管数据进行全网推送与广播。

时间戳。时间戳本质上是一个时间签名，用以标识某一时刻的时间。新区块连接进入区块链前，需由具有记账权的节点在区块头加盖时间戳，标记该区块信息的录入时间。之后每当有新区块加入时，对新区块加盖时间戳的同时还会强化前一区块的时间戳，形成按时间排列的链条。时间戳能够证明所记录在链上的数据与信息是真实存在的，使得数据一旦被记录在区块链中便不可篡改，便于数据溯源。

在期货市场活动中，对每笔期货的交易与合约的达成加盖时间戳，可以保障交易的真实性，在发生纠纷时有助于监管者对信息进行追踪与溯源。

共识机制。共识机制指利用特定的算法与策略，使各节点就分布式共享账本中的数据达成一致，确保账本可靠。在传统中心化网络中，用户间信任由中心机构担保，数据的一致性与可靠性也由中心化服务器保证。而基于P2P对等网络的区块链系统没有中心化控制中心，因此各主体间的信任由共识机制依据交易的合法性保证。共识机制解决了分布式网络中的信任问题，保障了节点之间信息的可靠性与一致性。目前主流的共识机制包括Ripple共识算法、PoW（工作量证明）机制、PoS（权益证明）机制与DPoS（股份权益证明）机制等。

安全机制。为保证区块链中数据的安全性与完整性，区块链在技术架构中使用了哈希算法、加密算法与数字签名技术等多种现代密码学技术，以解决区块链技术在应用中出现的信息造假、多重交易与隐私安全等问题，保证区块链系统的安全性。

哈希算法。区块链中记录的数据并不是原始的交易记录与数据，而是通过哈希算法将原始任意长度的数值进行压缩变为固定长度的哈希数值。如下列公式所示，x代表任意长度的原始输入数值，y代表经哈希算法运算后形成的特定长度的数值。

$$H(x)=y$$

此哈希函数有如下特点：第一，哈希函数处理数据的过程是单向的，由x可以算出y，但无法根据y逆向推出x，保证了原始数据的安全性；第二，不论输入数值的长度如何，哈希算法运算所消耗的时间与输出的数值长度都是固定的；第三，输入数值敏感性强，即函数输入的原始数值即使仅差一个字符，运算后输出的结果也会千差万别。

哈希函数可用于确保数据的完整性与实体认证环节，也为多种密码体质与协议安全提供保障。目前在应用的哈希函数为 SHA256 与 RIPEMD160 两种算法。

非对称加密算法。在一对基于数学原理的密钥中，一个用来加密信息，另一个用来解密信息。其中，公开的为公钥，不公开的为私钥。当用公钥进行加密时，只有用对应的私钥才可解密。公钥可以通过算法从私钥中提取，但私钥无法从公钥中推出。在期货市场监管中，非对称加密算法可用在参与方身份认证与交易认证中，以降低信用风险与交易风险。

数字签名技术。数字签名指数据信息的电子化签名，其结合了数字摘要与加密技术并通常在信息摘要部分进行签名。数字签名具有签名不能造假、唯一使用性、签名信息不可否认性以及其他机构无法篡改已签名信息的特点。在非对称加密算法运用体制中，利用公钥对明文信息加密的目的是保证信息在传输中的保密性，而利用私钥对信息进行数字签名是为满足对签名者的身份进行核验、不可造假的需求。

（3）区块链技术的特点与优势

分布式协作重构信任机制。区块链技术以对等方式将各参与方连接到一起，形成分布式的协作网络。网络中各节点不再依赖中心节点便可以实现信息间的交流、共享与传播，降低了各参与方达成合作的难度。建立了不需要中心组织机构的新型信任机制，利用分布式账本打破不同主体、不同平台与不同业务间由于信息不对称而形成的信息孤岛。各个对等节点既是信息的提供者也是接受者，有利于实现信息在大范围内的共享与共治。

信息难以伪造和篡改。在分布式网络与共享账本中，每个节点所记录的数据都真实且公开，若要对账本数据进行修改与更新，需要获得大多数节点的共识。因此记录到链中的数据难以伪造与篡改，可减少人为因素对系统的影响。

账本公开透明。每个账户所记录的数据与信息都是公开的，每个节点都拥有真实账本的副本。区块链系统中信息的传输、区块的生成与连接都需各方达成一致性共识，同时系统将数据信息以特定的形式发送至各节点，被赋予权限的节点依据其权限可保存与记录相关数据，保证了账本中数据的透明性。

信息可溯源。在区块链网络中，每达成一笔交易，系统会将相关交易数据向全网节点广播与验证。同时每一笔交易会被加盖时间戳，每一项活动按照时间顺序被记录，具有极强的可追溯性和可验证性。当有违规行为与纠纷发生时，可迅速对其进行溯源与处置。

2.区块链金融的概念

区块链技术经过多年的发展,可将其发展历程分为三个阶段:区块链1.0、区块链2.0、区块链3.0,其中区块链1.0和区块链2.0是针对金融行业的。区块链1.0主要是加密货币,如比特币、转账、数字支付等。区块链2.0主要是智能合约,其主要应用于非货币金融领域,例如证券、股票、期货等。现阶段区块链金融涉足的领域主要有以下四大方面:数字货币、银行、证券、保险。区块链3.0则是以物联网、云计算等技术混合发展应用为特征,这一阶段更加注重提高行业的协作水平和管理水平。这三个阶段没有先后之分,是一个共同发展、相互促进的过程。以上三种模式各有各的优势所在,且分别对应于不同的使用场景。

对于"区块链金融"这一概念,首次是梅兰妮·斯旺在《区块链——新经济的蓝图》这本书中提出的。截至目前,对区块链金融这一概念的界定在学术界尚未达成共识。其中有学者认为区块链金融应当综合考虑区块技术与金融的本质,从而对区块链金融进行定义,应当将其定义为"智能化金融服务"。另外,大部分学者更加倾向于将区块链金融定义为区块技术与金融的结合所衍生的产品和服务。

本书对于区块链金融的界定是区块链技术在金融行业的具体应用,如货币行业、银行领域以保险和证券等,就是区块链技术与金融行业的结合而衍生的新型金融产品和金融服务。

(二)区块链金融的价值

现阶段,互联网、云计算、大数据和人工智能等科学技术的不断发展,为金融科技的发展提供了无限的可能。金融科技在理论界尚无统一的定义,总体可以将其应用划分为四个领域:支付结算、资金的流通、资本的管理、市场的设施。金融科技是数字科技的总称,其中区块链技术被称作最具有发展前景的技术,也被认为将会给金融界带来巨大变革的技术,被独立称为区块链金融。

区块链金融具有自身独有的价值,其创建的信任机制与传统金融的信任机制是有所不同的。造成这种不同的原因主要是区块链技术所具有的去中心化特征,从根本上打破了传统金融的信任机制。传统金融的信任机制主要是依靠金融机构进行结算和记账。常见的金融机构作为国家设立的单位充当了信任的媒介,通过国家金融监管部门对金融机构实施监管,从而确立了人民对金融机构的信任机制。但是,区块链金融所具有的去中心化打破了这一局面。区块链金融在交易之中无须对交易数据进行特定部门集中处理,利用区块链技术可以消除监管的需要，优化数据资源的配置，提升交易的效率。区块链金融利用自身的区块链技术优势就可以对交易过程中的信息进行完整、真实、全面的记录，同时该信息一旦进入区块中存储完成，就无法进行篡改。这种信任机制与传统金融纸质化的背书机制相比更加严谨且误差率较低，因此使得交易模式更加简洁、高效。

另外，金融行业是一个涉猎范围较广的行业，其中主要有银行、证券、保险等领域。传统金融行业作为国家高度监管的行业具有如下几个特点：第一，金融机构都是由国家特别授权经营的单位，具有垄断的特征；第二，金融机构的经营范围都严格受到国家授权的限制，经营范围具有明显界限；第三，传统金融机构主要针对的是大型、固定的客户，所提供的金融产品和金融服务固定单一，并且申请程序过于繁杂。然而，区块链金融的出现将上述传统金融的限制一一打破了。区块链金融作为新兴的金融模式将更多的交易主体与金融行业连接了起来，区块链金融借助互联网以及区块链技术的优势，打破了传统金融行业的垄断局面，并且利用去中心化的特征将各行各业无差别地连接起来，无须传统金融的中心监管以及金融机构的统一审批，这极大地提高了金融交易的效率。同时，各个交易平台之间的联系也更加紧密，打破了传统金融分业经营、分业管理的局面。

（三）区块链金融的应用场景

区块链技术的主要功能是解决比特币中的安全问题和双重支付的技术问题。因此，数字货币是最早使用区块链技术的领域，其也是运用最为成熟的领域。近年来，以太坊、瑞波币等数字货币的出现以及火爆，使区块链技术也受到各国政府的高度重视。

虽然区块链技术在货币领域的开发和应用属于非常成功的典范，但是区块链货币的发展依旧存在诸多问题，例如市场垄断的问题、市场监管问题、技术革新对区块链货币价值造成的风险以及区块链货币发行的问题等。因此，对于区块链货币的法律监管还需要进行更加深入的研究。

区块链技术的核心优势在于去中心化，其不需要传统的监管中心作为媒介就能建立信任，该优势在提高银行交易效率的同时还能节约交易成本、简化交易流程。传统金融交易过程复杂、程序较多，这些程序在增加交易成本的同时还降低了交易的效率，区块链的出现完全可以克服这一难题。随着区块链技术的不断成熟，世界各国规模较大的金融机构业已加快了对区块链技术的探索步伐，各大金融机构相继开始建立自己的区块链技术研发团队、定期发布有关区块链技术的最新研究报告，同时也开始了对区块链技术的专利申请等一系列活动。世界各国的

第四章　互联网金融衍生物

交易证券所也积极地加入了对区块链技术的探索行列,如上海证券交易所、纽约证券交易所、芝加哥商品交易所等,其中涉及的领域有证券交易和发行、交易资产等重要的数据。

现阶段,保险业存在大量信息不对称、信息泄露和信息泛滥、无法共享的问题。然后区块链的出现为传统保险业的发展带来了破坏式的创新,但现阶段,区块链在保险业的应用仅仅处于技术验证的阶段。区块链技术的可追溯性可以使得保险业务程序更加透明化、更加规范化,在根本上杜绝"双重索赔"现象的发生,可以很好地防范保险诈骗等犯罪行为。与此同时,区块链技术本身所具有的匿名性对于保护被保险人的个人信息以及保险公司自身的商业秘密等有关隐私安全问题具有很大的优势,因此,区块链技术利于自身的共识机制优势可以从根本上保障保险行业的交易安全。

从区块链技术在金融行业的实际应用情况看,其在金融领域的主要功能有三个:一是对金融信息的存储、共享、核对等信息传输功能;二是行业内数据统计等附带一定价值的传递功能;三是智能合约中的自动执行功能。总体而言,区块链技术在金融领域的实践主要是对区块链某些功能的探索,其次是将区块链作为底层技术进行开发和研究。

(四)区块链金融的发展与应用

1. 金融和科技的融合发展历程

"金融"和"科技"的高度融合衍生出金融科技。根据FBS(一家提供金融和投资服务的经纪公司)的定义,金融科技主要是指:"由大数据、区块链、云计算、人工智能等新兴前沿技术带动,对金融市场以及金融服务业务供给产生重大影响的新兴业务模式、新技术应用、新产品服务等。"金融科技实际上是指通过技术手段进行技术革新,对传统金融领域的产品和服务进行改革和更新。与其他行业相同,金融行业在发展过程中不断受到科技的影响,因此,二者的结合并非偶然。

金融科技的发展可分为三个阶段:第一阶段为金融信息技术阶段,即依托信息技术的萌芽和发展,将IT软硬件应用到金融领域,采用电子化、信息化手段为金融行业提供软硬件服务。第二阶段是互联网金融阶段。此时科技在金融领域的应用有了更深入的体现,即突破了传统金融中介限制,形成依托互联网和移动终端的新型金融业务载体和业态,很多企业和民众都受益于该次进步。一些典型的互联网金融模式快速成长，旨在降低交易成本、分散风险并扩大金融服务的范围。第三阶段则是真正意义上的金融科技阶段。随着科技与金融产业的深度融合，一些新技术逐渐应用于金融领域，改变了传统金融的信息处理方式和手段、交易和投融资过程等。金融科技通过去中心化、智能化、自动化等方式深刻改变了传统金融市场的基础设施和交易形态，使金融服务与相关活动更加高效便捷。

2. 区块链金融与金融科技

有学者认为，区块链金融是一种理念，代表着新兴的金融科技，伴随着互联网金融的发展和变迁不断进行优化和升级。也有学者认为，区块链金融是金融科技的子概念，但二者既有联系紧密之处，又有区别。两者都是传统金融与新兴科技的融合，都是利用科技优化金融服务。其不同之处表现在以下几个方面。

从范围来看，金融科技包含的范围更广，其主要包括大数据、云计算、人工智能和区块链等在内的新兴技术与以此为基础形成的金融新业态。而区块链金融则特指区块链技术在金融领域的应用。

从发展阶段来看，金融科技的发展时间更长，在金融和科技的早期融合阶段，金融科技就已经服务于金融，促进金融行业的发展。而随着金融发展与技术创新，区块链技术与金融的天然契合性才逐步显现，区块链技术渐渐应用于金融领域，形成区块链金融。

从目标指向来看，金融科技的发展进一步走向跨界融合，探索各类服务场景；而区块链金融的发展将进一步提升金融交易的效率与便利化程度，对金融领域产生深远影响。区块链金融的发展前景表明，相关金融企业要积极拥抱区块链技术，应用区块链技术进行探索创新，优化金融业务。

综合来说，区块链一般被视为金融科技的核心，是目前金融科技领域最具挑战性的创新之一，也是当前金融科技领域发展势头最迅猛的技术。区块链金融应当作为金融科技的一个子集或一个阶段而隶属于金融科技，并不能完全等同于金融科技。

3. 区块链金融演绎金融科技未来

区块链技术发展迅速，现在已经成为世界金融系统的核心。正是因为区块链技术的去中心化和去信任化特点使其形成技术依赖，而不是人为管理，所以区块链才能成为可信赖的金融服务工具。当前区块链技术在数字货币、票据市场、股票发行、交易和结算、互联网股权融资和场外市场等方面有着广阔的发挥空间，其从根本上颠覆了原有传统金融行业，必定会将金融行业的底层基础设施重构。

毫无疑问，区块链技术将持续高歌猛进发展，未来相当长的时间内都是金融领域关注的热点。区块链所带来的分布式记账技术以及 Token 范式催生出了开放式金融（去中心化金融）、普惠金融等新业态，在很大程度上可以定义我们未来的商业世界，充满无限可能。区块链金融也必将重塑世界经济，演绎金融科技未来。

二、区块链金融存在的主要风险

（一）金融风险

区块链金融风险主要由金融业务风险和金融交易风险构成。具体来说，主要包括以下三种。

1. 区块链金融操作风险

区块链金融操作风险是指由交易主体在交易过程中对系统使用不当、操作不娴熟等失误而造成的风险。一方面，交易主体在事前未经系统的专业培训，势必会对区块链金融业务系统了解不够，由不当使用造成操作性风险；另一方面，以区块链技术为依托形成的若干操作、管理和使用系统本身就有设计缺陷，交易主体对于一些系统的不当使用也会引起操作风险。

2. 区块链金融选择风险

区块链金融选择风险是指金融消费者在市场交易中面临不利选择的风险，这在区块链金融交易中是由市场主体信息不对称而引起的。正是因为区块链金融在交易中的虚拟性，增加了金融交易者的信用评价机制和身份信息的不对称性，致使交易者在金融交易选择过程中可能会受到不公平对待。由信息不对称导致的选择风险会使消费者无法看清区块链金融机构提供的服务，使金融机构在被选择的过程中无法发挥其优势，质优价廉的机构由此可能会被迫退出交易市场。

3. 区块链金融信用风险

区块链金融信用风险是指由于不能与客户建立良好的信任机制，金融机构无法正常有序开展其区块链金融业务的风险。造成此种风险的原因有很多，主要是因为区块链金融以技术为基础，技术带来的故障是无法避免的。在此种情况下，金融机构的客户就无法达成其预期目标，由此造成金融机构的信誉受损。

（二）技术风险

高度依赖计算机技术与代码的区块链，用其技术将金融活动的基础设施、流程、数据等智能化，使得技术成为区块链金融的关键。这就不可避免地导致技术风险成为区块链金融风险中的重要类型。区块链金融的技术风险主要是指在区块链金融运行过程中，由技术漏洞、系统缺陷、技术失灵等原因导致区块链金融创新应用中的不确定性以及偏离区块链金融预期目标的可能性。

传统意义上的金融技术风险是区块链金融技术风险的开始，但是由于金融科技的发展和区块链等新兴技术的产生及应用，区块链金融的技术风险相较于传统技术风险来说更具有特殊性和复杂性。总的来说，区块链技术的复杂性决定了因其技术不完备而不能完全消除技术风险。在其自身运行过程中，由于技术不成熟或不完善造成技术失灵，从而产生技术风险。而区块链技术在研发、应用、运行和维护等流程中涉及操作不熟悉的主体，也难免会形成技术漏洞。

一方面，区块链技术作为静态技术，本身就具有难以避免的固有缺陷，技术失灵或其脆弱性特征均会导致区块链金融的发展偏离其初衷。技术不完备是区块链金融技术风险最主要的来源。尽管区块链发展迅猛，但就像创造区块链技术的人类一样，都有不完备性。就像随着密码学技术的进步与量子计算的应用，即使相关区块链的软件和协议运用密码学原理进行加密，但也都存在被破解的可能性。由技术不完备所导致的系统漏洞或设计缺陷往往难以预知，由此所造成的后果都将严重影响金融安全。区块链金融对技术的高度依赖很容易使金融消费者的财产和信息安全受到威胁，也易致使金融基础设施不稳定。例如 The Dao 事件，黑客组织就是利用技术漏洞，导致大量的以太币被盗取。由此表明区块链技术应当由人为干涉才能获取成功。美国金融稳定监察委员会在 2015 年的年度报告中指出，网络攻击已经引发了社会的高度关切。一旦区块链技术在运行过程中受到恶意攻击，就可能会造成数据泄露和被篡改、网络病毒感染与基础设施瘫痪等重大安全事故。

另一方面，区块链技术的动态应用过程也可能因技术使用不当或技术自身的负面效果而使区块链金融偏离预期目标并导致风险。区块链技术是一把双刃剑，在为金融行业带来创新和进步的同时，也因其技术特征而造成不可避免的危害与混乱。区块链技术自身的专业性和复杂性，使依托区块链技术开展金融业务的风险更加复杂、隐蔽。在区块链技术的应用过程中，技术、编程相关的缺陷与漏洞均会衍生新的风险，对金融市场产生负面影响，导致无法预期和不可估量的损失。此外，技术的升级也有可能带来风险的升级，在金融效率提高的同时也可能带来市场风险的连环效应。一旦作为支撑金融底层技术的区块链技术被破解或攻击，那么相关的金融业务体系也将在短时间内受到影响，甚至陷入瘫痪。因此，技术风险在特定情况下可能会引起从量变到质变的转化，甚至会引发其他的系统性风险，从而影响区块链金融的稳定发展。

第五章　互联网金融风险分析与控制

由于互联网金融存在诸多风险，如何对互联网金融的风险进行分析与控制，进而推进互联网金融健康有序的发展，正是本章的研究内容。

第一节　互联网金融风险的识别

一、互联网金融风险的概念

学者们普遍认为互联网金融兼具互联网风险和金融风险，例如，流动性风险、市场风险、信用风险等，金融风险因素渗入了互联网的特性导致互联网金融风险具体的诱发原因、发生形式、演变形式等方面都发生了改变，因此互联网金融表现出了与传统金融不相同的一面。此外，互联网金融还衍生出了自身独有的金融风险。

互联网金融的运行平台和运行结构与传统金融有所不同，二者面临的风险也有所区别。风险识别主要是指发现其经营的业务活动中是否具有风险因素，并根据风险的不同定义详细具体地区分出各种风险。只有识别出风险，才能够对风险进行分析评价和管理控制，并准确地把握业务未来的发展方向。

互联网金融风险是指因为遭受某种政策制度因素或者系统性因素的约束，使得互联网金融企业在经营过程中出现不同程度的现金流损失、财产损失或者声誉损失等风险。

二、互联网金融风险的类别

（一）信用风险

信用风险又称违约风险，是指交易者未能履行契约中的义务而造成经济损失的风险，即受信人不能履行还本付息的责任而使授信人的预期收益与实际收益发生偏离的可能性，是金融风险的主要类型之一。

信用风险通常是指债务人未按约定和法律法规的规定履行还款义务而给企业经营目标带来不利影响，但对于网络借贷机构或股权众筹机构来说，其信用风险还包括平台借款人或融资人、回购人不按约定或法律规定向平台投资人履行还款或分润、回购义务，而给投资人带来的不利影响。

（二）流动性风险

流动性风险是指因市场成交量不足或缺乏交易的意愿，而未能在理想的时间点完成买卖的风险。互联网金融的流动性风险主要是指互联网金融企业的资金供求在金额、时间等方面的失配，给其实现经营目标带来不利影响。互联网金融的流动性风险与银行机构相比相对较小。在监管工具、监管指标方面，互联网金融企业也与银行具有本质区别。银保监会指出流动性风险是商业银行无法以合理成本及时获得充足资金来偿付到期债务、履行其他支付义务和满足正常业务开展的风险。

流动性风险在金融系统中普遍存在，且主要分为两种：一种是日常经营中现金流不匹配的流动性风险，另一种是市场中的流动性风险，有时两者可能同时发生。

金融的本质是资金的融通，互联网金融企业在日常经营中如果出现流动性不足的状况，不能按期支付投资者利息或者不能足额提供贷款，就可能导致挤兑等恶性风险事件的发生。

在日常经营过程中，互联网金融企业往往为了更高的利润率，会迅速扩张企业规模，占领市场。通常的做法是，企业首先以自有资金进行配资，放贷并购买高风险的债券，再将债权打包成金融产品销售给投资者。这样一来，企业就可以利用收回的资金进行再一轮的投资，为业务的快速扩张提供保障。

（三）信息安全风险

笔者通过对我国电子支付过程的深入研究，发现造成互联网金融信息安全风险事件发生的原因是多方面的，比较常见和重要的几类如下。

1. 黑客攻击风险

目前，黑客发展速度惊人，已经成长为具有一定规模的产业链。黑客可以通过远程非法进入陌生人的电脑系统，搜集到最保密的信息。一些黑客工具操作方法简单易学，就算不是电脑网络方面的专业人士，只要按照说明简单了解黑客工具的使用方法，也完全可以达到良好的攻击效果。黑客可向一些特定网站植入极其隐蔽的黑链，这些黑链很难被用户发现且经常起到诱骗用户点击的作用，例如，商业广告的链接。同时，越来越多的不法分子也开始通过短信、邮件等方式套取客户的银行卡信息，轻而易举地盗取卡中资金。尤其常见的是手机用户，诈骗者通过植入用户手机的病毒拦截用户短信来获取用户的支付验证码。他们用偷来的验证码得到用户的银行卡号等个人信息，从而盗取账户资金。

2. 木马软件风险

网络上存在许许多多的不同种类的木马病毒，一旦计算机使用者疏忽或者没有及时安装或更新最新的杀毒软件，就很容易遭到网络木马的攻击。一旦遭到木马攻击，用户的电脑指令、鼠标点击记录、录入的重要信息等就会在毫不知情的情况下被监控，并发送给指定地址，黑客也就获得了用户的重要信息，从而进行一些违法活动。另外，随着支付方式的多样化，开始出现二维码变种病毒。较具代表性的"盗信僵尸"和"伪淘宝"等高危险性的支付类病毒主要是由制毒者上传到网络硬盘，生成藏有病毒的二维码，并将相关的二维码图片在购物网站及各大论坛传播，通过购物打折等方式诱骗用户下载。

3. 网络钓鱼风险

一种比较常见的网络钓鱼方式是充分利用人们的视觉误差和惯性思维。黑客首先设计一个与目标网站十分相似的虚假网站，无论是网站域名还是网址都与目标网站十分相似，黑客将消费者引诱到这个被精心修饰的虚假网站上来，如果不是经过仔细的观察和反复的辨别，一般的客户很难发现这个虚假网站与目标网站的细微差别。消费者会误将自己的私人信息登记在这个虚假网站上，尤其是银行卡号、身份证号、密码等关键信息被输入后，就极易产生消费者银行卡被盗，造成较大经济损失的可能性。

另一种比较常见的方式是伪基站短信钓鱼，不法分子将和电信运营商的无线基站同频的伪基站放到汽车中，车内的伪基站可以在人群密集的街道、社区或商圈自动搜索附近的手机用户，发送垃圾广告或诈骗短信，诱导消费者访问虚假的银行网站，从而达到骗取其银行账户内资金的目的。

(四) 合规风险

合规风险是指互联网金融企业未遵守法律、法规、规章、行业协会强制性自律规范和其他规范性文件，可能遭受法律制裁或监管处罚，造成财务损失或声誉损失，给企业实现经营目标带来不利影响。从互联网金融的行业维度来看，互联网金融的基本运营模式可以分为第三方支付、互联网理财、P2P 平台、众筹以及互联网消费金融等，因其运作方式和结构不同，各个业态的规范约束也不尽相同，面临的风险种类和权重也有所区别。

互联网金融的合规风险主要来自三个方面：一是因相关法律法规不完善、不健全所产生的风险；二是因金融交易违反法律的规定所产生的风险；三是因跨境监管互联网金融机构所带来的法律风险。当下，我国有关金融领域的法律条文从数量上来讲不在少数，但绝大多数法规都是针对传统金融行业的。随着互联网的兴起与发展，互联网金融在我国金融市场的占比越来越高，但与之相匹配的法律法规尚不健全。这使得监管部门无法从法律的强制性高度对互联网金融进行有效的监管，因此，监管的规范性和强制性较弱。另外，现有的法律法规虽对互联网金融活动做出了一定的约束，但是随着互联网金融产品和金融业务的创新发展，新的问题将不断出现，而法律法规所特有的"滞后性"使得现有的法律法规难以跟上互联网金融的发展速度，容易造成监管上的漏洞，给不法分子留有钻空子的余地。

虽然如今的相关法律法规对互联网金融行业进行了一定程度上的约束，但由于犯罪成本低、获利高、执法力度不够等，在实际交易过程中，违反交易规则的行为屡屡发生。例如，使用非正常手段套取信用卡中的资金，P2P 网络贷款中一些不合规的借款人非法吸收公众存款、非法募集资金等；另外，还有一些电商平台数据库肆意买卖用户隐私数据资料，非法获利。这些行为都违背了法律的规定，导致互联网金融交易中出现风险。由于互联网金融具有互联网的特性，消除了金融交易的时间与空间的限制，同时弱化了国家之间的边界。金融交易不再只是一国之间的活动，而是全球性的活动，参与金融交易的客户来自世界各地。同时由于各国之间在互联网金融监管方面的法律规定存在差异，当发生金融纠纷时，不同国家的法律裁决结果很有可能不一致，这时跨境司法监管就会带来法律问题。

第五章　互联网金融风险分析与控制

（五）资金风险

互联网金融的运营模式主要是利用互联网进行资金的全面运作，不过在实际操作过程中，因为受各种社会性原因的影响，会存在着投资风险等问题。

首先，从整个互联网环境层面上分析，互联网金融机构可以利用大数据分析技术进行相关的数据处理算法分析，在一定程度上提升了数据分析资源的利用效率。不过在整个互联网的操作环境中，金融服务平台却极易受网络攻击或者网络病毒的影响，从而导致正常金融服务的运作过程无法开展。

其次，因为网络金融市场运营中网络化的诚信系统不完善，在正常的金融交易失信的情形下无法保障资金的安全性。与此同时，互联网金融服务还可能存在着政策风险。互联网金融服务产业属于大数据分析背景下新型的金融服务交易类型的产物，且整体网络金融服务的市场监管体制不完善，这将导致整个网络金融服务的运营环境和安全方面无法得到保障，难以实现全面的风险预警。

（六）操作风险

操作风险是指由不完善或有问题的内部程序、员工、信息科技系统以及外部事件所造成损失的风险，不包括法律风险、策略性风险和声誉风险。互联网金融的操作风险主要分为系统性安全风险和技术风险。系统性安全风险为由于计算机本身的加密技术存在漏洞而产生的风险，例如，黑客攻击、病毒侵袭或TCP/IP协议的安全缺陷。技术风险则为技术选择风险和技术支持风险。技术选择风险即在克服计算机系统漏洞时由技术选择错误造成的风险；技术支持风险为互联网金融机构在进行业务操作时，由于一些专业性问题没有达到要求、技术支持不到位而产生的风险。

互联网金融中的人为操作风险是指外部人的操作风险和互联网金融公司中员工的操作风险。外部投资者在对互联网金融公司的产品操作投资的过程中，可能会受到互联网金融公司的产品创新过快的影响，从而对其产品的风险认识不足或者产生误解，过分关注收益而对于风险预估不足，从而导致损失。内部人的操作风险的典型例子是2016年6月玖×资产出现重大风险。玖×的部分员工因工作失误离职，其中个别别有用心的员工利用手中的客户资源，借助玖×互联网金融资产公司的名义向客户发送短信，要求客户将借款和还款利息打到私人账户，最后卷款私逃。该事件给互联网金融公司和客户造成了双重损失。

(七) 创新风险

1. 监管风险

互联网金融在发展与创新时，为应对快速变化的市场环境，国家通常会出台相关的限制性政策，因而容易带来不同形式的政策风险。当前我国的互联网金融正处在快速发展中，然而整体发展时间较短，未能完善与之相对应的法律法规。目前基于监管系统的不完善，部分互联网金融企业缺少规范性证件信息，对洗钱等违法行为难以科学防范，且信息盗用的概率较高，互联网金融的服务系统与售后服务内容也有待完善。

2. 技术风险

互联网金融的创新与发展多源于网络信息技术的进步，若该类信息技术存在风险，也会不同程度地向互联网金融行业渗透。例如，当未做好网络信息技术安全保障时，不法分子可能针对该网络安全漏洞进行攻击，给互联网金融相关企业带来较严重的经济损失。同时，基于互联网金融本身的开放性特征，存在不同程度的信息滥用或盗用，若无法准确核实交易双方的有关信息或真实身份，可能会造成不同程度的经济损失。在使用互联网金融系统时，若从业人员的操作不规范，也会给该金融系统带来一定的风险，进而降低客户资金的安全性，给客户带来经济损失及其他潜在风险。

3. 交易风险

随着互联网金融的创新与发展，交易系统中会带有一定的系统风险，如系统故障、时间延迟等。出现该类故障时，不但易导致交易失败，还可能给不法分子侵入的机会。互联网金融中的交易风险多源于第三方平台的加入。由于交易双方获取信息的时效与程度不同，若交易金额与对应时间未能有效匹配，导致交易双方产生坏账，易为企业带去流动性风险，使其遭受不同程度的经济损失。

(八) 长尾市场风险

长尾理论也称长尾效应，指的是不易被察觉的细小变量，由于其存在的种类和数量达到了一定的规模，进而影响整体发展的现象。互联网金融平台由于其发展的方式更侧重于线上，针对的主流人群广泛而分散，因此长尾效应更加明显，展现出的影响力也更加巨大。广泛分散的用户群体给互联网金融平台带来了丰富多样的客户，但零散的用户群体也更加容易导致非理性的投资行为，进而产生违约风险。

（九）虚拟化风险

成本低、支付方便快捷、账户管理比较自由都是互联网金融的突出优势。不过，互联网金融平台上的交易双方都很难去考察其所提供的信息的真实性，虚拟的金融市场还会引发"虚拟化"风险，让不法分子有机可乘。但目前我国还未构建起完善的信用体系，交易双方所提供的信息往往都存在一定的虚假性，导致交易行为的秩序性受到了严重破坏。究其原因主要如下。

首先，绝大部分的消费者都不是很了解互联网金融，也不能科学合理地去分析与评判行业产品的可靠性，许多时候所做出的决定都是错误的，这样就会引发"劣币驱逐良币"与"柠檬市场"的问题。其次，部分互联网企业在运营过程当中为牟取利益而利用消费者的产品认识误区，误导消费者，做出一些不合理乃至不合法的行为，使得消费者的合法利益受到了严重损害。

（十）颠覆性风险

金融业的基本工作是金融互联网整个业务环节的开始，其以互联网平台为依托，继而在整个市场当中渗入业务。以服务为基点而发展起来的互联网金融业务现如今已经在金融领域得到了广泛发展，传统市场正在被颠覆。首先，颠覆性技术已嵌入产品研发过程当中，所研发出来的产品和过去的产品有着天壤之别，新型或是潜在消费者大多都趋于边缘化状态，并将新的颠覆性生长活力注入了市场当中。新的环境与消费者正在促使互联网金融做出相应的调整。与此同时，互联网金融的发展也带来了许多风险，例如，所研发出来的产品与消费者需求不相符，或是性能低劣；新增消费群体来自各个阶层及领域，这让消费市场陷入了难以抉择的境地；在现有的消费形式及信号下，新生消费者会按需消费，如此一来所带来的颠覆性风险就会更多。

（十一）法律及信誉风险

互联网金融是一种全新的金融模式，在我国还没有成熟的专业法律条款和明确的主管监督部门对其负责，实现对风险的防范。过去的法律规定很明显已经无法适应快速发展的经济情况，更何况互联网金融模式更加复杂多变。

1. 法律滞后风险

我国互联网金融的发展具有起步时间短、扩散速度快等特点，与此对应的我国的法律规定具有更新速度慢、发展不健全等缺点，这就导致我国的法律条款始终处于滞后的状态，给不法分子留有可乘之机，使一些违法行为不能得到有效的制止。在网络金融发展到一定规模后，市场竞争变得越发激烈，为了吸引更多的消费者，抢占市场份额，有些平台开始向客户承诺一系列的资金保障措施。这种做法的合法性值得我们思考，一旦平台操作不当或平台本身故意欺诈，就会造成用户资金的大量损失，引发一系列的网上交易经济纠纷，包括网上交易合同效能、网上交易纠纷诉讼、网络金融责任方鉴定，还有电子证据的合法性等一系列法律责任问题。因此，网络金融要想在我国长久持续地发展，良好充分的宏观经济政策以及具有高度适应性的法律规定显得格外重要。

2. 经营主体风险

目前，我国还没有出台完全针对互联网金融的专项法律法规，现有法律的相对滞后性使一些网络金融服务商游走在现有法律的"灰色地段"，打法律擦边球牟取暴利。经营主体的主要表现形式为：一方面，从事网络金融服务的平台提供与传统金融类似的服务，存在过多的重复性和复制性；另一方面，有些网络金融经营者并没有拿到相应的经营许可证，不受证监会等监管部门的认可，不具有从事互联网金融服务的资格和条件以及承担相应风险的能力。因此，互联网金融经营主体的合法性在法律层面上一直存在较大争议。

3. 虚拟货币风险

虚拟货币的出现打破了原来相对稳定的金融秩序，对我国的货币政策造成了一定程度的冲击。虽然传统的虚拟货币和法定货币从法规上讲只允许单向兑付，即用法定货币购买虚拟货币，但线下存在的非法二级市场变相突破了这种法规上的限制，构成了双向流通的实质。另外，虚拟货币的发行方并非金融机构，不受金融监管机构的约束，也会构成很大的潜在威胁。虚拟货币实行不记名制，具有互联网的非真实性，安全问题受到质疑，对我国现有法律制度提出了很大的挑战。网络犯罪分子获得了新的犯罪渠道，他们可以利用虚拟货币进行网络洗钱、反恐融资、网络赌博等。

4. 非法集资风险

2013年11月25日，九部委处置非法集资部际联席会议将网络借贷与民间借贷、农业专业合作社、私募股权领域非法集资等一同被列为须高度关注的风险领域。该会议根据非法集资模式的不同，将非法集资分成三大类：第一类为理财资金池模式，这是P2P网络借贷平台经常推出的一种理财形式。其工作原理是网络借贷平台根据资金需求者的具体需求将该笔借款设计成不同的理财产品，而借款人无需对放贷人有更多的具体了解，只要在有投资需求的时候购买认为适合自己的理财产品即可。另一种资金池模式是在没有合适投资项目之前，寻找有投资意愿的投资者，将投资者的资金统一放到平台特设的专用账户中，该账户中的资金便形成了资金池。当账户中的资金足够多时，再去寻找借款对象。无论是哪种资金池模式，该网络平台都存在非法吸收公众存款的风险。第二类为不合格借款人利用网络平台进行非法集资活动。一方面，由于一些P2P网络平台疏于管理，未能尽到对资金需求者身份进行核实的责任和义务，让一些不法分子有机可乘，一人同时编造多个借款人身份，发布多条虚假信息，以此骗取大量来自不同投资人的资金。另一方面，借款人在网络借贷平台和投资者不知情的情况下，将这些资金挪作他用，投资到股票证券市场，有的甚至直接将该笔资金作为高利贷再次贷出，赚取利率差。这两种情况的借款人都已经构成非法吸收公众存款罪。第三类是典型的庞氏骗局。一些P2P网络借贷平台经营者借平台之便，利用高利率吸引投资者，在资金募集前期，采用拆东墙补西墙的方式借新贷还旧贷，形成庞大的庞氏骗局。网贷平台将募集的资金全部用于自己的生产经营，有的甚至直接携款潜逃。这类庞氏骗局同时构成非法吸收公众存款和集资诈骗罪。

5.信誉风险

互联网金融信誉风险产生的主要原因是网络金融机构自身经营不善，疏于对平台业务的监管，无意或蓄意向客户传递虚假信息导致客户出现经济损失。互联网金融平台才刚刚建立，并没有受到大多数人的认可，在这种情况下，任何的负面评价都会使该平台瞬间失去信誉，从而阻碍其他正常业务的开展。例如，互联网金融营业者由于疏于对平台的维护，安全防范措施不到位，很容易遭到黑客的蓄意攻击，导致客户信息外泄。系统故障会限制客户使用自己账户中的资金进行各种交易操作，影响用户体验。无论是哪种行为都会造成机构信誉受损。一旦该平台提供的服务不能很好地满足客户预期时，客户对该平台的抱怨和不满很快就会在网络上传播，影响机构信誉，导致平台客户人数锐减，损害平台与客户长久以来的良好合作关系。从传统金融的信誉风险影响范围推断，互联网金融的信誉风险一旦形成，其消极影响是持久的。

三、互联网金融风险的生成机理

（一）内在生成机理

和传统金融一样，互联网金融也具有脆弱性。互联网金融本身的内在脆弱性是导致互联网金融风险的内在原因。互联网金融的脆弱性主要体现在技术安全不足、风险控制意识和能力缺乏、信息披露不充分、混业经营等方面，而且，互联网金融的规模越大，其脆弱性可能也就越凸显。

首先，整个互联网金融行业没有建立起明确的技术门槛，信息技术安全性比较薄弱。互联网金融是互联网技术与金融功能相结合产生的金融创新。互联网金融的所有业务交易活动都依托于信息技术的软硬件装备，对软硬件配置和技术水平要求相当高。但是，各家互联网金融机构所使用的计算机、路由器等硬件设备和操作系统、数据库、认证系统等软件质量参差不齐，甚至有的平台还存在明显的系统技术漏洞或者系统设计缺陷，极容易受到黑客攻击，产生用户信息泄漏、资金和账户被盗窃，或者技术故障等风险问题，导致客户对平台的信任度降低。

其次，互联网金融机构在风险控制经验与能力上存在短板。行业内不少互联网金融机构都是由互联网公司转型的，或者是刚刚成立的创业公司，缺乏金融领域的专业管理经验和风险控制意识；机构内部高层管理人员也以技术背景出身为主，缺乏从事金融行业的资质和经验，不懂金融专业知识和金融机构内部管理，难以胜任内部管理、业务流程设计、风险识别和风险控制、资金链管控、系统安全等方面的专业性工作。风险控制的经验缺乏与能力不足容易引发该行业的巨大风险。此外，一些互联网金融机构不够自律，以互联网金融之名行民间借贷、非法集资、网络洗钱之实，存在资金池模式、违规自融、自我担保或互相担保等突出风险问题。

再次，互联网金融行业还没有形成一个关于信息披露、信息保护的行业标准。信息披露和信息保护是互联网金融体系的一个不可或缺的重要业务环节。互联网金融的服务方式具有虚拟性特点，如果没有充分的信息披露和严格的信息保护，很容易引发信用风险、信息安全风险等。但是，绝大部分互联网金融机构没有建立强制性的信息披露制度，对各项业务的信息披露相当不充分，也缺少对客户信息保护的制度考虑。例如，很多P2P网络借贷平台对借款人的信息只是简单披露借款金额、借款用途和还款保障等，对借款人信用状况等关键信息缺乏披露。

最后，混业经营加剧了互联网金融风险的可能性。互联网金融混业经营趋势已经非常明显，以第三方支付为代表的支付企业，拓展成为综合金融服务平台，涉及货币基金、协议存款、信托、保险等多项金融业务。一些互联网金融机构正在发展为涉足多种金融、准金融业态的互联网金融控股集团。毫无疑问，混业经营将增强互联网金融的脆弱性，加剧金融风险的不确定性，积累大量隐性风险。然而，目前监管部门对互联网金融混业经营的认识不足、准备不充分。

（二）外在生成机理

互联网金融发展受到外部经济环境和政策环境的影响，所以，经济环境和政策环境的变化是引发互联网金融风险的外部因素。

首先，实体经济的经营不善或者经济效益下降必然带来互联网金融风险。互联网金融与实体经济关系密切，其服务对象很大部分是小微企业及三农等实体经济。实体经济的波动将会很快反映在互联网金融上。在互联网金融环境下，难以计数的投资人可以通过互联网将富余资金贷款给从事实体经济的资金需求者。如果宏观经济环境变得不景气，实体经济就会出现经营不善或者经济效益下降等问题，导致所借资金难以如约归还，从而引发互联网金融风险。P2P网络借贷、众筹、互联网银行等业态与实体经济关系联系紧密，受实体经济波动的影响也更大。

其次，传统金融领域的风险问题也会引发互联网金融风险。随着互联网金融创新步伐的加快，金融服务业的生产边界得到极大拓展，互联网金融企业大量进入传统金融领域，与传统金融业务相互对接、融合发展。

最后，监管政策的变化也会引发互联网金融风险。目前我国没有专门针对互联网金融的国家立法，法律法规与互联网金融发展实际相比严重滞后。传统监管部门"一行三会"对互联网金融的监管难以落到实处，常常监管失位，许多互联网金融创新都游走在法律监管的边缘，甚至出现P2P网贷公司卷钱跑路和第三方支付网络洗钱等乱象。规范互联网金融管理成为互联网金融健康持续发展的客观需要，监管趋严成为实现互联网金融健康持续发展一种必然趋势，但监管趋严必然会给互联网金融叠加政策性风险。

四、互联网金融风险的评估方法

互联网金融风险评估是指量化互联网金融活动所带来损失的可能程度。评估方法主要有三种：定性分析、定量分析、模糊层次分析。

（一）定性分析

定性分析主要以文字描述为主，不掺杂数字量化分析，多以专家访谈、集体讨论、问卷调查等形式展开。专家访谈法主要是对互联网金融领域有较深刻理解或长期从事互联网金融工作的专家进行访谈交流，使其评估出每一类风险发生的可能性，最终再对互联网金融整体风险水平做出判断。专家访谈法操作便捷，可减少大量琐碎流程，但同时也存在主观性强、对专家的专业知识以及实践经验要求高等缺点。集体讨论法是指行业内专家学者聚集在一起，集体讨论互联网金融的风险问题，大家各抒己见，共同探讨出目前的风险等级。这种方法有利于大家对互联网金融风险形成统一认知，促进行业内达成共识，但也存在意见不一致、讨论过程激烈复杂等问题，同时也会有一些专家学者不愿表达观点而影响最终结果。问卷调查法即通过发放问卷来使互联网金融从业人员对金融风险进行评估，根据整理他们的问卷调查来得出结果。这种方法的优点在于问卷发放对象范围很广，可以得到不同金融从业人员的回复，涵盖人群广，对风险评估结果有普适认同，但由于各层次人员的专业知识水平不一样，存在调查结果的准确性和可行性不高等问题。

（二）定量分析

定量分析法普遍适用于互联网金融风险的评估中，它首先要确定评价标准，然后再根据评价标准来选取指标进行评估，此种分析方法比定性分析要更准确严谨。定量分析一般采用风险价值法进行评估，它在互联网金融领域应用广泛，甚至有些政府部门也会采用此种方法来计算金融产品的风险情况，其是指在给定置信区间内，金融资产在未来某个时间内可能会出现的最大损失。风险价值的计算方法有参数法和模拟法，参数法假定未来收益满足正态分布，估计样本参数方程，最后计算出给定条件下的 VaR（Value at Risk，风险价值）值；而模拟法是根据金融资产收益率的历史数据频率分布来确定 VaR 值。定量分析通过收集数据来达到量化分析，使分析过程和结果具有说服力，但不足之处在于它只能计算某一具体类型的风险，适合单一风险评估，而不能对互联网金融整体风险进行计算。

（三）模糊层次分析

层次分析法是将目标层进行分解，得到准则层和方案层，之后对各指标层进行量化，计算出权重，并对所有方案层指标排序，找出影响因素最大的指标，这种方法非常适合于解决复杂且目标很多的问题。模糊评价法是一种模糊数学应用，它是将绝对的判断转化为各元素对同一集合的不同隶属度。这两种分析法加在一起就是模糊层次分析，在互联网金融整体风险分析上，学者往往采用此种方法，先用层次分析得出权重，再用模糊评价得到隶属度，最终求得整体风险。

从单独的定性或定量分析来看，用它们得到互联网金融风险情况也是可以的，但由于互联网金融的复杂性，往往单一方法不够全面。专家访谈、问卷调查等定性分析具有主观性，单独的定量分析只能计算出某一特定风险，不能涵盖所有风险，同时一些风险表现不具有数据来源，如技术风险、法律风险。互联网金融风险涉及的指标和因素众多，需要对其进行定性加定量综合分析才能得到合理结果，那么模糊层次分析则是一种不错的选择，它既有定性分析，又有定量计算，二者结合使风险评估结果更准确，相比其他方法更适合互联网金融风险整体评估。

五、互联网金融风险的预警模型

"预警"一词最早应用于军事战争中，是指发现敌情时能快速传达紧急信号，从而化解危机的行为。现在的预警常常应用于互联网金融领域，针对互联网金融的风险问题发出警报，使公司以及投资者重视。风险预警在互联网金融中尤为重要，相关公司需要指派专门的监管人员注意风险的动态，针对交易过程中的资金往来、流程合规等进行风险监测，一旦发现问题就要及时上报处理，降低风险。

当前国际上最常用到的预警模型有 FR 概率模型、STV 横截面回归模型、KLR 信号分析模型、BP 神经网络等。这些预警模型大多是建立一个风险评判模型，然后设定风险阈值区间，如果风险值超过指定区间值就会给予相关部门警示，提醒他们采取措施降低风险。

（一）FR 概率模型

弗兰克尔等人首次提出 FR 概率模型。FR 模型原理是先将危机用变量和指标表现出来，然后根据得出的危机指数来判断危机处于哪种水平。FR 模型可涵盖较多样本，也能对危机发生概率进行简单直接的预测，但由于概率本身受很多因素的影响，所以此模型的精准度较低。同时，FR 模型得出的结论很难判断各预警因素之间的有效顺序，因此，针对互联网金融风险的预警实用性较低。

（二）STV 横截面回归模型

1996 年，一些国外学者提出了 STV 横截面回归模型，他们收集了 20 个国家的数据来研究"龙舌兰酒事件"，看这次危机会对这些国家产生什么影响。后来有学者将 STV 回归分析运用到五次货币危机研究中，发现金融危机在所研究的 105 个国家之间存在贸易传染效应。根据此项研究，STV 模型开始广泛应用于危机传染领域，且一次可涵盖大量样本数据，但其也存在需找到相似样本国家的局限，然而每个国家的金融发展情况以及风险问题都不一致，样本之间会存在较大差异，解决这一问题有较大难度，因此无法适合多数风险预警情况。

（三）KLR 信号分析模型

卡明斯基等学者最早提出了 KLR 分析模型，并将其运用到经济危机的预警研究上。他们从经济、政治等历史数据中找出每次发生经济危机前出现异常的数据元素，并根据这些数据来设定阈值，如果有指标超过阈值范围就会发出警告。在未来一年中，如若发生经济危机，则说明信号判断准确；如果没有发生，则视为噪声。在实验中，如果阈值被多次突破，那么说明该地区发生经济危机的概率高。阈值范围是通过噪声和信号比率最小的临界值得来的，在预警过程中有着非常重要的作用。目前，这种方法在互联网金融风险预警中较常用到，它能够全面准确地找到阈值临界点，通过选取指标计算和阈值的确定来帮助监测人员发现异常。唯一的不足在于阈值确定有一定主观性，同时阈值临界点会随着环境的变化而改变，需要不断修正。对比上面两种预警方法，KLR 信号分析模型更适合于互联网金融风险预警研究。

（四）BP 神经网络

BP 神经网络相比以上三种方法则更具有准确性和深入性，它一般是指有三层或三层以上网络结构的多层神经系统，每一层都由若干个神经元构成，各个神经元左右连接各层级。BP 神经网络由输入层、隐含层、输出层构成，它是一种监督式的学习，对一种学习模式提供网络后，神经元的激活值由输入层到隐含层再传向输出层，然后输出层根据输出值与期望输出值最小误差的原则，反向经由隐含层传回输入层，调节各层神经元间的连接值。BP 神经网络具有较强的非线性映射能力、自我学习能力以及容错能力，但也会存在局部极小化、算法收敛速度慢等问题，不过在预警分析中已经算很不错的方法，非常适合互联网金融风险预警研究。

目前我国还没有一套完善的互联网金融风险预警体系，每个互联网金融公司需建立起符合自己的预警系统。近两年，P2P 网贷行业问题颇多，行业风险已经到了失控阶段，国家采取紧急措施清退 P2P 网贷平台，其风险过高的原因就是极少平台有专门的风险预警系统，没有对自己平台的风险度进行预警评估，不知道平台的风险处于什么等级，最终导致整个行业崩盘。

第五章 互联网金融风险分析与控制

六、互联网金融风险的识别体系

互联网金融风险识别的目的主要是构建健全的互联网金融风险识别体系，为我国互联网金融风险识别提供一套成熟、有效的评估方案和评估办法，使其上升成为一种范式，指导我国互联网金融风险防控实践，同时创新我国互联网金融风险识别理论，不断地丰富风险识别以及风险预防手段，不断地提高政府以及大众的风险防控意识和能力。

互联网金融风险识别主要坚持以下四点原则：一是科学性原则，即我国互联网金融风险指标的筛选必须是合理、科学的。有了科学的筛选方法，才能够做到客观、有效和准确。二是全面性原则，即我国互联网金融风险体系是一个复杂的体系，风险的评估必须保证全面性，这里所指的"全面"是基于科学之上的全面。互联网金融风险识别要能尽量涉及或囊括所有可能产生的风险类型和风险指标，同时又不能重复选择，或无意义选择，或过少过多选择等。三是可操作性原则，即认可指标的筛选、评估方法的确定、评估标准的设立等都必须建立在可操作基础之上，要做到理论指导实践，而非纸上谈兵。四是动态连续性原则，即要坚持用发展的眼光看待互联网金融的发展，又要认清风险的变化特征，将其纳入动态连续的风险识别变量之中。

互联网金融风险识别是一个较为复杂的过程，具有指标复杂、专业性要求高、识别结果指导性强等多种特点，需要构建独立的风险识别管理主体。因此，需要成立专门的风险识别部门，由政府带头并参与，从企业管理部门、业务部门、技术部门、人力资源管理部门等抽调专职人员，同时聘请专职风险识别专家，邀请经济管理研究机构人员、财经院校教师、社会专家等不同领域的人才参与，共同组成风险识别管理部，主要负责我国互联网金融风险识别工作。

我国互联网金融风险识别体系的建设综合了多方因素的考虑，包括互联网环境下的金融风险识别所具有的特殊性和基本要求、互联网金融行业的特点、互联网金融风险的类型和特点等，同时借鉴国内外有关互联网金融风险识别体系的相关理论。现阶段，我国对于互联网金融风险识别体系的基本框架已经建立。

风险识别体系以业务循环系统、管理制度系统、产品系统和时间系统为输入要素，借助于流程分析法、事件分析法、头脑风暴法以及法律分析法等识别方法，识别企业面临的信用风险、操作风险、合规风险、流动性风险、市场风险、业务风险、洗钱风险、战略风险和声誉风险等具体风险点，并将风险点输出到数

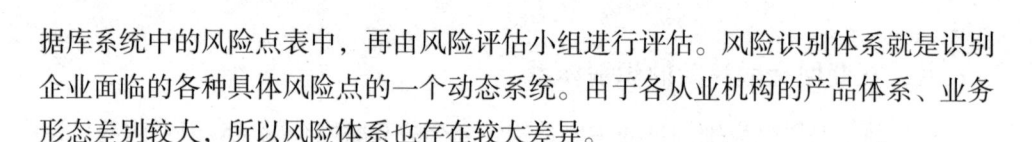

据库系统中的风险点表中,再由风险评估小组进行评估。风险识别体系就是识别企业面临的各种具体风险点的一个动态系统。由于各从业机构的产品体系、业务形态差别较大,所以风险体系也存在较大差异。

第二节 互联网金融风险的特征

一、危害广泛性

相比于传统金融,互联网金融受众面更广、公众性更强。互联网金融属于普惠金融的范畴,其普惠性与草根性吸引了众多参与者,其消费者大多为金融长尾市场的中小企业和普通民众。其中,长尾人群的资金出借方多为金融知识、风险意识相对缺乏,不具备良好的风险识别能力和风险承受能力的普通民众,属于金融消费者中的弱势群体;资金需求方主要是在传统金融机构中无法获得资金需求的小微企业、个体工商户和普通民众,用户本身风险较高。由于涉及人数众多,一旦发生互联网金融风险特别是系统性风险,其危害影响面相当广泛,将对整个社会产生巨大的负面影响,甚至引发严重的群体性事件。

二、监管困难性

互联网金融具有虚拟性和开放性,交易、支付、服务等业务都是在互联网或者移动互联网上完成,产品与服务不再受时间和空间的限制,交易时间短、速度快且频率高;而且,混业经营模式是互联网金融的一种常态。互联网金融的这些特点使得对金融风险的防范和监管难以真正落到实处。互联网金融交易过程的虚拟化、交易对象的虚拟化导致了监管上的信息不对称,让以属地管理为主的金融监管部门难以全面准确地了解监管对象的实际情况,难以掌握可能发生的互联网金融风险。互联网金融混业经营模式则对以机构监管、分业监管为主的金融监管方式难以采取更多实质性防控措施,可能会导致"监管真空"现象,监管模式亟待创新。

三、传染性

互联网的"开放"和"即刻传播"是其主要特征。从互联网的这两个特征出发,互联网金融风险的特征是"传染性"和"快速转化性"。

第五章　互联网金融风险分析与控制

传统金融网络模型认为完全网络模型有助于分散流动性冲击进而降低金融体系的风险，提高系统的稳定性。有些学者则认为如果网络结构集中度高，那么该结构内节点之间的关联复杂程度较低，传染发生的频率会更低，破坏性也会更小；而当系统关联度高的时候，传染反而更容易蔓延。有学者认为，对于复杂的金融机构网络来说，在金融市场处在正常的情况下金融风险会得到很好的分散，但在金融危机来临时，由于传染性的存在，金融风险反而传递得更广泛，更容易引起大面积的风险爆发。这种传染机制的载体是信息。互联网技术的发展加速了信息在消费者之间的共享程度。当金融体系处在正常时期时，信息的广泛共享有助于消费者做出理性的决策来降低风险；但当金融体系处在动荡时期时，信息的快速传导会使得消费者在同一时间做出同一决策，形成"个体理性相加不等于整体理性"的情形发生，从而出现"宏微观悖论"，加速传染的蔓延。

从互联网"开放"的特征出发，互联网增强了投资者和金融机构风险的传染性，增加了风险的影响"面"。互联网金融的发展反映了普惠金融理念，因而互联网金融产品的参与者往往非常多。在网络媒体如此发达的今天，关于互联网金融企业的负面消息（如技术故障）会在投资者之间很快地传递和共享。不同的投资者会做出相同的反应（如撤资），因而互联网增加了不同投资者之间行为的传染性。同时，互联网金融企业如某家P2P贷款公司的不良声誉传播开后，对P2P贷款行业了解不够深入的投资者很可能对整个P2P行业开始不信任，因而撤资或远离这个行业。因此，某个机构的声誉风险就会传导到这个行业的其他机构。

四、快速转化性

从互联网"即刻传播"的角度出发，互联网加速了不同风险之间的互相转化。虽然互联网金融并没有增添新的风险种类，但是非金融风险对于互联网金融的发展来讲，其重要性显著提升。互联网金融提升了信息科技在金融业务中的重要支柱性作用，使得非金融风险和金融风险之间的相互转化速度变得更快。在具体实践中，风险的爆发和传染往往是多来源、多路径的，例如，风险的爆发既可能是企业战略失误（例如，信贷机构出现了严重的不良贷款损失），也可能是企业操作失误（系统超负荷导致营业中断），也可能是黑客攻击（例如，账户信息大规模泄露），也可能是竞争对手蓄意制造谣言（例如，恶意诋毁竞争对手存在严重安全漏洞），也可能是个别企业的违规行为被媒体曝光引发公众对整个行业的不信任（例如，个别P2P平台跑路），等等。又例如，风险的传染路径可能是沿着"操作风险到声誉风险再到流动性风险"的路径，也可能是"信用风险到声誉风险到流动性风险"等。另外，以互联网银行为例，信息系统的某项错误可能会引发客户在网上发表"负面消息"，进而会引发网友的挤兑支取，金融机构因而会出现流动性风险（即无法保证全额兑付），而流动性风险又可能会引发信用风险（即无法偿付其他债务），进而声誉风险也会变大（更多的投资者开始怀疑这家机构），此时金融机构将会面临更为严重的流动性风险。再例如，某项政策的出台可能会导致互联网金融产品的使用者挤兑支取（或存款），这有可能加大信息系统的负荷而引发信息系统风险，进而带来声誉风险。互联网的特点就是信息传播更快捷，因而互联网将加速不同风险转化的速度。

第三节 互联网金融风险的防范

一、国外互联网金融风险防范的经验

（一）第三方支付风险防范

1. 美国

美国将第三方支付归属于货币转移业务范畴。为了让第三方支付平台拥有更好的金融发展环境，美国甚少对从事互联网金融的企业做不必要的限制，而是对整个交易过程实行功能性监管，防止各种风险发生的可能性。一是立法层面，美国主要通过现有法律和增补法律条款实现对网络金融的监管和约束。第三方支付作为传统支付服务的拓展，并不需要持有银行经营从业相关的许可。二是监管机制层面，鉴于美国立法的独立性，不同州和联邦的法律规定并不完全相同。美国规定，在不违背本州上位法的前提下，可酌情处理对第三方支付的监管。三是沉淀资金管理层面，美国将沉淀资金定义为负债。根据 FDIC 的规定，所有的第三方支付机构都需要开立一个无息账户，用于存放沉淀资金并收取一定金额的保险费。通过这种存款延伸保险机制，可以实现对沉淀资金的风险防范。

2. 欧盟

欧盟将第三方支付机构归属为金融类企业范畴，主要运用机构监管的方式实现风险防范。一是立法层面。欧盟规定，除非机构已经取得银行类相关的金融营业资格（例如，完全银行业执照、有限银行业执照或电子货币机构执照），否则，非银行类机构不允许提供电子支付服务。二是沉淀资金管理层面。欧盟的第三方

支付平台的专门账户设在中央银行，央行严格限制资金的去向，避免第三方支付机构用于自身平台建设或挪作他用。

（二）网贷及众筹平台风险防范

1. 网贷方面

美国将网贷纳入证券业监管范畴，主要从市场准入和信息披露两个方面加强风险防范。任何的网贷平台都要提前在联邦证券交易委员会（SEC）登记注册成为证券经纪商。美国以高额的注册费用来提高互联网网贷平台的准入门槛，限制网贷平台数量。SEC随时跟踪网贷平台的信息披露情况，一旦发现该平台可能存在资金风险，投资者有权提供相关证据证明该平台确实存在提供虚假信息或故意遗漏重要信息的情况，要求该网贷平台赔偿相应的损失，而欧盟的做法有所不同。欧盟没有针对互联网网贷平台的专门法律条款，主要靠消费者信贷、不公平商业操作和条件等指引性文件对信贷合约双方进行约束，主要有以下五方面内容。

第一，只有在网络平台注册后才可以发布信贷信息；

第二，网络上发布的借贷广告要进行必要的信息披露；

第三，网上借款的信息披露要比其他形式更加严格；

第四，为了保证消费者的正当权益，借贷平台有义务充分说明合同的详细内容，并给消费者预留充足的时间进行同类产品比较；

第五，借款人在14天内享有无理由撤销权。

2. 众筹方面

为了保证投资者的利益，减少网络金融风险，美国创业企业融资法案做出了如下规定。

第一，筹资者需要在SEC备案，并有义务向出资者和相关中介机构做必要的信息披露；

第二，禁止通过做广告的方式提高发行量；

第三，对筹资者如何补偿促销者做出限制；

第四，资金需求者须向SEC和借款人说明企业运维基本情况并提供年度财务报表。

除此之外，法案还在业务准入、行业自律、资金转移、风险揭示、预防诈骗、消费者保护等方面对融资平台进行约束。

（三）网络理财风险防范

PayPal 是美国最大的互联网理财机构，该机构针对风险防范采取了一系列的措施。PayPal 作为网络理财平台，主要经营货币基金的销售，且基金的运作严格按照 SEC 的相关规定由第三方机构独立运作，并受到严格的监督检查。按照相关规定，从该平台募集到的资金不允许反映在该公司的资产负债表中。对于互联网金融理财这种新型的模式，美国并没有设立专门的法律对此进行约束，而是采取观望的态度，保持现状，为新兴模式的发展创造良好的金融大环境。

二、我国互联网金融风险防范的建议

（一）提升金融科技水平

1. 金融科技

关于金融科技的概念，学者们在已有的研究中尚未达成一致共识，但可以肯定的是金融科技实现了技术在金融领域内的渗透，促进了金融业发展，提高了金融服务的效率。金融科技主要经历了以下三个发展阶段。

第一阶段是 20 世纪 90 年代初的金融电子化阶段。在这个阶段，金融机构将 IT 技术应用于日常经营活动中，提升了金融业务的处理效率和管理水平。工作人员通过计算机记录和处理日常交易中的大量数据，如果这些仅依靠人力手工完成，那么消耗的人力成本和财务成本都非常高，而且由于数据量大、复杂程度高，人工完成的时候会不可避免地产生误差。同时，ATM 机的运用和 POS 机的大力推广和普及促进了银行营业利润的提升。这一阶段的金融科技仅仅是完成整个金融服务的一个环节，虽然有一定的推动作用，但影响十分有限。

第二个阶段是 21 世纪初的互联网金融时代。在这个阶段，金融机构开始借助互联网开展传统金融业务，线上经营模式的出现拉开了传统金融渠道变革的序幕。一方面，商业银行开始积极搭建网络平台，对于一些基础性的业务，客户直接在手机上就可以办理，提高了便利性。另一方面，在互联网的助力之下，互联网金融公司层出不穷。这些公司通过互联网技术快速搭建金融服务平台，催生出了很多新型业务模式，如互联网理财、网络借贷、众筹、互联网保险等，为客户提供了更加便利、高效的金融产品，降低了金融服务的门槛，推动了普惠金融的发展。

第五章　互联网金融风险分析与控制

第三个阶段是2016年至今的金融科技时代。在这个阶段，"ABCD"技术风起云涌，拉开了金融科技的序幕。相对于上一个阶段而言，科技在金融业的渗透率大大提高，发挥了更加广泛的作用，逐渐融合到业务的前、中、后台中，实现了全面性的变革。金融机构运用人工智能、大数据、云计算、区块链等技术改变了传统业务的经营模式和业务场景，科技渗透到传统业务的方方面面。例如，利用人工智能技术创造智能客服，在提高业务效率和质量的同时也降低了业务成本；利用大数据技术对客户信息进行挖掘与处理，减少信息不对称问题，从而降低银行经营风险等。这些科技的运用大大提高了客户满意度，优化了服务流程，提高了对于长尾客户的覆盖广度，实现了金融服务普惠大众的目标。但目前金融科技仍处于发展早期，很多核心技术在金融业务中的应用仍处在磨合阶段，如数字票据、供应链金融等，其适用范围尚未完善，需要更多的时间去验证，并且在法律的监管之下才能更好地可持续发展。

目前，我国金融体系还未完全进入市场化，相对垄断的传统金融机构在服务和产品方面的覆盖广度、深度不足，在小微企业和中低收入群体领域的金融服务中存在短板，这是金融科技挤入市场的主要原因。此外，消费者对金融产品与服务的个性化需求越来越复杂，金融监管逐步与国际接轨，市场准入的政策与范围逐渐放开，很大程度上助推了金融科技的成长与发展。金融科技的本质属性仍是金融，履行的依然是支付结算、资金融通、资源配置和投资获利等金融的基本功能，但这种基于人工智能、大数据、物联网、区块链等新兴技术的金融创新产生了新的金融模式。这种新模式与传统金融模式存在一定差别，其使用的技术更前沿，应用更广泛，模糊了地域限制，打破了层级束缚，具有更强的适应性。但随着金融科技不断创新，不断取得爆发式增长，也可能产生新的系统性金融风险。近年来，大数据、区块链、人工智能等技术取得了突破性应用，金融科技推动传统金融行业质效升级的作用正逐步显现。有学者认为，数字金融是金融业发展的未来方向和主要趋势，传统金融机构需要主动适应这种趋势并大胆尝试开展金融科技合作，从而长期保持自身的竞争优势。新兴的非银金融企业只能借助传统金融机构访问支付体系、收集客户数据，所以传统商业银行只要制定合理的技术应对策略就能借力而为，使得现代金融技术为传统金融业带来的创新效果远大于破坏效果。

2. 互联网金融科技的优点

对于信贷业务来说，互联网金融最大优势在于其将消费者与小微经营者的个人相关信息（例如，交易信息、现金流信息）进行了数字化，从而使金融机构对于借款者的风险评估成本得到有效降低，这也就降低了资金配置的成本，使消费者与小微经营者的贷款需求可以得到合理充分的满足，这是在传统金融模式下难以做到的。

（1）信贷业务：消费信贷、小微信贷

就消费信贷来说，互联网金融科技公司的优势在于其往往与大型线上购物平台合作，从而获取用户在购物平台上的消费记录、征信记录等数据，从而基于用户的各种场景向其提供相应的消费信贷产品。在这种模式下，互联网和大数据通过推动用户信用风险评估、征信体系构建等方式成为推动互联网消费金融发展的主要动力。

2019年，中国的小微经营者信贷余额规模占企业贷款总余额的32%，但是小微企业对中国GDP的贡献率达到了60%，由此可见中国的小微经营者在信贷方面尚未得到金融机构的充分服务。此时，互联网金融科技依据其数据、技术优势开展的小微信贷业务的价值就得到了体现。

传统金融模式下，由于小微企业的信息不对称程度较高，这种信息不对称会引发信贷中的逆向选择和道德风险等问题，不利于信贷业务的顺利展开。商业银行考虑到降低信息不对称的业务成本、风险溢价等因素，在开展小微信贷业务方面往往存在较大困难。小微企业的特点是经营管理上规范性不足，缺乏严谨的财务和审计制度，用于信贷风险评估的信息书面化程度不高，无法像大企业一样提供完善的财务报表和运营方面的信息，使得商业银行在风险评估上成本较高，而商业银行进行信贷业务需要遵循风险定价原理和商业可持续原理，要能够使利率覆盖业务成本和风险溢价并获得合理利润。这些都导致向小微企业提供的信贷产品利率过高，从而无法达到普惠的效果。因此小微企业信贷是全球银行业都面临的一个难点问题，在这样的情况下，传统商业银行发展出了一批小而优的地方性银行，如台州银行、泰隆银行，这些小型银行主要通过人工的方式解决银行与小微企业的信息不对称问题，形成了关系型信贷，在一定程度上解决了某些区域的小微信贷问题，然而这种方式很难被管理层级较多的大中型商业银行所采用。传统的政策方式也只能通过降低资本成本来推动大型商业银行向小微领域渗透，进一步以竞争的方式推动小型银行更加努力，这样的方式虽然也在一定程度上使得部分小微企业获得了信贷的支持，但终究无法很好地解决小微企业信贷中存在的信息不对称程度较高的痛点。

(2)保险业务：多场景、细分领域创新

庞大的用户规模、多场景的数据资产是互联网金融科技公司开展创新型保险业务的主要优势。互联网金融科技公司往往掌握用户在某一场景下的主要数据，基于这些数据优势，互联网金融科技企业在某些保险的细分领域便具备了相应的业务优势。因此可以看出，互联网金融科技公司在某些保险细分领域利用大数据、技术能力等推出的各种保险产品有其区别于传统大中型保险公司的竞争优势，同时也有利于丰富保险市场的产品种类，满足消费者需求。

另外，与小微信贷相同，传统保险公司主要通过人工对保险产品进行推销，这使得保险的业务成本较高，因此保险公司往往将多种类型的保险组合销售，这在一定程度上限制了保险投保人对于小微保险的需求。互联网金融科技公司通过发挥大数据、信息技术等优势再加上其平台聚集效应，同样可以有效降低保险业务的获客成本，从而推动低门槛、单品种保险产品的销售，满足消费者的投保需求。

同时，互联网金融科技公司在技术能力方面的积累可以推动保险产品在销售、理赔等方面实现自动化办理，帮助传统保险公司应对诈骗风险等，有利于提高保险行业的整体运营效率。

(3)基金业务：拓宽营销渠道

基金经理、投资风格、行业配置都会使得不同基金产品产生较大差异，因此对于支付宝平台上的基金销售不会产生像信贷业务、保险业务类似的由于渠道的集中、产品的同质化而带来的用户高度集中的问题，从而也能使得风险得以分散。与此同时，互联网对于基金销售业务的加持有利于降低基金的投资门槛，为普通投资者提供更加多元化的投资渠道。因此，互联网对于基金业务来说，主要有利于其销售拓展，帮助其触达传统线下渠道可能难以触达的用户，有利于进一步扩大我国基金市场的整体市场规模，推动中国基金市场的发展，促进中国金融市场融资结构向直接融资调整。这也将进一步倒逼商业银行提高利率，推动利率进一步市场化。

(二)完善征信体系建设

1.进一步创新互联网金融征信产品

随着信息技术的发展和互联网普及程度的加深，人们使用互联网金融产品的场景逐渐增多，更多的个体开始接触到互联网金融下的征信产品。以芝麻信用的征信产品为例，其依据评估使用者信用水平的芝麻信用分，开发了花呗、借呗等服务于消费的借贷征信产品，还拓展了用户在生活场景中所需要的服务，例如，先用后付、免押金租车等。尽管我国的征信产品和应用场景已经有了长足的进步，但和国外相比在征信服务种类、应用场景上还有些不足，改善措施具体包括以下几点。

首先可以开发全民征信产品服务平台，鼓励人民群众积极献策，根据市场需求研究创新各种征信服务产品。个人征信行业中存在许多技术薄弱、群众基数有限的小型互联网征信机构，由于金融产品的同质化特征，它们很大程度上会减少研发成本，直接抄袭他人的征信产品，严重影响了市场创新的积极程度。此外，持续创新的征信平台会面临新产品没有取得预期的效果，收益弥补不了研发支出的难题。所以可以开发全民共享的征信产品服务平台，降低搜集用户需求的成本，各征信机构合理分摊研发支出，促进公平竞争。

其次需要提高互联网先进手段的应用程度，利用互联网手段提高征信服务产品的质量。在大数据背景下，个人征信体系的发展有着极为明显的方向，即需要在发展完善的过程中持续不断地融入互联网新技术，丰富征信服务产品创新的方式。此外，在处理来自市场对新征信服务产品的大量反馈时，互联网新技术能快速整理分析服务产品目前存在的弊端和征信主体对产品的期望，从而迅速完成对征信产品的改进。

最后需要逐步提高与实际场景的紧密程度，提升征信主体对产品的依赖程度。央行征信服务产品的应用场景集中在资金借贷方面。市场化的个人征信机构可以将目光聚焦在其他机构还没有介入的细分领域，这就依赖于个人征信机构与市场实际场景的紧密程度。互联网个人征信机构可以通过对居民生活各方面的调研观察，找出人民所需要改善的个人征信应用场景，开发新产品，不断地获取反馈并进行优化，从而提升人民对该征信产品的依赖程度。

2.提高征信机构风险控制水平

市场经济的良性发展离不开健全的法律法规，征信业也是如此。互联网金融的快速发展，促进了更多信贷需求的产生，使每个人都能便捷地享受到金融服务。但其风险也随之加剧，这就对个人征信体系建设的风险控制水平有了更高的要求，即互联网下个人征信体系需要完善的风控机制为其提供保障。主要包括以下措施。

首先在个人信用数据采集上，对互联网个人征信机构要设立严格具体的数据收集机制，统一规范征信主体的信用数据的收集。这就要求法律法规严格限制个人征信机构，在进行信息采集时需要提供服务条款来告知用户需要哪些数据，简要说明使用用途，并且只有在获得用户的许可后才能采集相关的数据信息。

其次在征信主体信用信息数据保护上，增加对互联网征信机构网络技术的要求，使征信机构有足够的技术力量保障信息数据库的安全。此外，还要完善相应的违法惩处措施。互联网背景下，信息数据违法行为层出不穷，原有的征信监管法律覆盖范围小，很多互联网上的征信违法行为没有被涉入其中，即便是在监管范围内，处罚措施的力度也相对较轻。所以要想进一步降低违法行为的发生概率，就需要拓展监管法律对信息数据违法行为的覆盖面和加大对信息数据违法行为责任人的处罚力度。

最后在个人征信主体合法权益上，建立行业内部审查和社会外部举报相结合的权益保护制度，拓展个人征信主体维护自身权益的渠道。现如今，个人征信信息数据的泄露是无声无息的，单个征信主体、征信机构或监督部门无法获知全部征信数据泄露的消息，事实上，我们只能看到很小一部分征信数据泄露，其原因在于个人征信数据很有可能是在不经意中被他人窃取的，也有可能即使征信主体知道自己的个人数据泄露了也不了解怎样去维护自己的合法利益。这样，可以建立行业内部审查和社会外部举报相结合的权益保护制度，即除了监管机构、征信行业协会不定时对个人征信机构开展抽查外，还需要开展个人征信业务的平台建立举报处理机制，帮助征信主体拓展维护权益的渠道。

3. 统一互联网征信数据标准

互联网金融征信系统最大的优点是可以收集到大量的信用信息，并对其进行综合、精确的评估。然而，由于互联网征信机构各自独立运营，并未将各自的信息共享出来，这无疑制约了互联网征信的进一步发展。所以，在互联网金融中，最大限度地共享信息是完善互联网金融下的个人征信体系最重要的环节之一。为了达到数据共享的目的，必须要规范信用数据的标准，并建立一个统一的评价系统，使各个平台的征信机构的信用数据能够集中起来，并进行信息的共享。具体包括以下措施。

首先，需要制定信用数据共享的法律法规。在现有的征信体系中，个人征信主体信用数据最有价值的部分，垄断在传统金融机构和政府手中，这部分数据往往分布在政府的不同部门，市场化的征信机构无法从中获取征信主体的信用数据，使得这些数据不能充分展示出自身的价值。所以需要发布相关的法规条例，来实现数据的共享。另外，银行体系和市场上的个人征信平台之间还没有建立数据共享机制。央行一方面是传统征信的领导者，积累着庞大的个人信贷记录信息，另一方面作为管理征信行业的监管者，有义务完善改进个人征信体系，在保障信息不被泄露的情况下，积极推动建立与市场化个人征信机构的征信数据共享机制。与此同时，也可以要求市场化的个人征信机构向自己提供征信主体的数据，从而全面建成数据共享机制。

其次，需要成立统一的个人征信数据中心。央行的征信系统是我国个人征信体系的主干，市场化的征信机构是互联网金融下的重要补充，两者缺一不可。因此，要想成立一个统一的个人征信数据中心，需要由政府带头，央行和市场化的征信机构积极参与，共建共享。这样的个人征信数据中心必将能获得各个金融机构和互联网金融平台的信任。

最后，需要统一征信数据共享的标准。互联网背景下，每个征信机构都有自己擅长的领域，所以在采集信用数据的范围和标准上各具特色，但这些特色数据都具有一定的片面性，会导致评价尺度的偏移。只有央行在采集信用数据时有规范的标准，所以实现数据共享的过程中，肯定会有对数据标准进行统一的内在要求。因此，可以通过研究市场化优秀征信平台数据标准和央行数据标准进行取长补短，以此来规范整个征信行业的数据标准。

4. 完善互联网失信惩戒制度

由于各大互联网个人征信机构还没有实现数据信息的共享，这就有可能引起征信主体逆向选择和道德风险的发生。如在某个征信平台信用评估较差或已经违约的人会去其他金融平台上继续借贷。另外，也会造成多头借贷行为的发生。因此，可以从对失信人加大惩戒的方面进行改善，具体包括以下措施。

首先，可以构建互联网个人征信失信人宣告机制，限制失信人的互联网平台功能。实际生活中，为了减少人们的违约行为，个人征信体系建立了"失信被执行人"名单，取得了不错的效果。当然，互联网金融征信平台在技术的加持下，可以构建网上的失信人宣告机制，上面记录着失信人的基本信息，当各互联网金融平台办理借贷业务时，均可以进行数据查询访问，这样便可以阻止失信人进行资金借贷。此外，各互联网金融平台还可以联合起来，限制失信人获取服务的权限，不对失信人提供高消费和非必要的服务，以此来提高失信人的违约成本。

其次，可以推行统一标准的惩戒措施，增加对失信人的惩罚方式，对症下药。相关部门联合起来，研究制定鼓励守信行为和惩戒失信行为的指导方法。对信用水平高的个人提供多方面的奖励，例如，为其提供专门的就业通道、创业补贴和便利措施等，对失信被执行人进行职业约束，减少其优惠补贴，加大失信行为的违约成本。此外，将失信主体进行分级，衡量失信主体的主观意愿和实际能力,确立适当的惩戒标准。例如,对一些自己不愿意失信但实际能力不足的失信主体应给予较轻的惩戒限制,而对那些自己明明有能力但是不愿意履行的失信主体应给予较重的惩处限制。针对情况各异的失信主体进行分类惩处。例如,对那些看重精致生活的失信被执行人,限制其进行高消费;对那些看重名誉声望的失信被执行人,通过采取媒体公开宣传的方式,将其列为违约典型,从而倒逼全社会成员提高诚信意识。

最后,可以加大对人民群众宣传教育的力度,提升公民对信用价值的重视程度。诚信不仅是个人在社会上立足的根本,而且也是建立良好社会秩序的基础。为了达到每个人都能做到诚实守信的目标,有关公益组织、金融机构、互联网金融平台、学生志愿者要主动投入个人征信宣传的活动中去。面对文化水平各异、年龄阶段不同的居民,采用灵活的方式,在各种场所开展形式多样的个人征信宣传活动,积极发挥舆论宣传的作用,提高公民对信用价值的重视程度。

5. 建立与时俱进的监管体系

伴随着互联网金融模式的不断转变,个人征信体系的原有监管体系已经无法完全覆盖互联网金融的全方位,因此,建立与时俱进的个人征信监管体系变得尤为重要。完善的监管体系既要强化对事前准入监管,也要完善事中监督和事后核查。具体改善措施如下。

首先是事前,除了设立监管机构准入的法律法规外,还应建立一套与时俱进的数据采集条例,规定个人征信数据的不同层级,制定相应的保护标准,针对不同类型的数据设立不同的保护层次,达到既不影响适用场景的使用,又不会过多地泄露个人隐私数据的目的。对于采集的非必要数据,要建立数据销毁条例,保证权限外的隐私数据不被恶意储存使用。

其次是事中,我国可以效仿欧盟,成立一个或多个公共部门负责监督各征信机构的数据收集、整理、利用和保存等全过程,对于不同应用场景数据的使用进行监督,保证相应的场景除必要的数据外,不会涉及收录用户的其他个人隐私数据。

最后是事后,监管机构应定时抽取征信机构所采集储存的数据信息进行达标检验,不仅要核查数据保存的安全性,还要回顾征信机构授予数据权限的合适性,不能让使用数据的企业或他人获取数据的权限过大。定期注销一些打着征信机构的幌子采集信息却不开展征信业务的不法机构。此外,还要加大对违反条例办法的征信机构的处罚,要具体落实到负相应责任的个人。

（三）完善互联网平台金融信息获取权

1. 降低消费者信息获取权的系统风险

（1）监测互联网金融平台系统的整体风险

基于互联网金融的负面特性，即虚拟性、风险性等，互联网金融公司可结合各种金融业务进行渗透，例如，第三方支付涉及金融业务的服务，包含典型的支付花呗、借呗等；P2P平台推出的借贷宝等；理财平台中的基金业务、保险业务等；其他平台的信用借贷等业务。平台倒闭和经营者携款潜逃等现象一度成为热点，平台金融消费者权益因此受到非常大的冲击。在管控整体风险时，扭转某些业态偏离正确创新方向的局面，遏制互联网金融风险案件高发的势头。因此，应整体监测互联网金融平台的各类高风险，减少引发群体性恐慌的因素，稳定系统性风险的生成规律。

（2）统合三方主体共存风险关联性

金融监管的本质是依法治理。银行监督机构处理的事务，90%是法律问题。在互联网信息日益繁杂的市场环境中，消费者处在金融交易的不利地位，完全提供真实的身份信息、各种账户信息以及资金财产情况。一旦消费者信息获取权被忽略或者被平台吞噬，金融系统高风险生成概率会逐渐增大。对消费者信息获取权的保护可缓解消费者的信息劣势处境。消费者、经营者、平台三方都是利益共同体，统合风险对三者的保护更有益处，尤其是处于信息模糊一端的消费者。

2. 增强消费者信息获取权的法律联系

目前，我国现行的有关涉及消费者信息获取权的法律，分散在很多法律条文之中。除有专门的消费者保护法外，主要有下列分类：一是个人信息保护一般法有对金融消费者的信息获取权保障；二是金融消费者信息保护方面有金融消费者信息获取权的规定；三是其他有关法域的信息获取权益制度；四是市场管理方面有相关经营者信息披露的规制。上述法律强制性规定的具体内容主要是针对生产经营者的说明义务，法律要求金融平台的经营者必须对其所推出的产品或服务做出必要的、正确的、真实的说明，不可隐藏规定需要公示的信息以及附加不必要的信息堆砌。为促进互联网金融行业的发展，要进一步完善市场准入与退出机制，健全互联网金融安全机制。通过法律的强制性、准确性的规定保护消费者的信息获取权。

第五章　互联网金融风险分析与控制

3. 增加金融平台领域的相关信息披露内容

（1）构建平台内部技术信息披露制度

信息披露机制的不健全和金融技术导致的信息深度隐藏是导致信息获取权的安全难以保障的主要原因。

"以技术应对技术"可以避免信息隐蔽和技术隐藏不完善，再结合数字科技创新手段应对金融信息披露不全面和披露不清晰等问题。监管部门应掌握云计算技术与智能 AI 运行技术等。金融消费者要利用技术手段更好地进行信息获取权的保护。在消费者信息获取权行权不充足时，强制平台充分利用好各自官方网站和公众号进行信息披露，及时传递政策信息和产品构成等详细信息。而且内部披露机制要求金融平台机构使用金融消费者可以理解的语言，公开披露金融产品的操作细节，特别是对消费者权利义务产生重大影响的核心内容。其目的在于让消费者信息获取权也可以摆脱平台金融科技对信息的隐蔽功能和获取信息时空的限制，充分发挥科技驱动信息披露制度创新的作用。平台内部有关的商业秘密或者技术运营秘密则可以申请备案并在内部掌握，不需要向监管部门及消费者如实公开，但必要时可以公开技术理念等信息。而监管权责部门可以借助区块链技术进行信息监测，加密有关消费者的数据与信息，借助第三方为保护平衡点处理消费者的主要信息。部门要将平台内部的技术运行理念，形成信息披露的一部分，不可以信息技术约束为隐藏借口。平台内部技术披露信息的完善，直接构成信息披露制度的内容。不仅是为政策的实施和平台的运营提供信息交易的渠道，更要为金融消费者提供信息获取权应有保护渠道。

（2）规范平台的信息披露措施

我国国内众多平台和平台移动端 APP，都制定了消费者个人隐私保护政策，但这些隐私政策只对企业单方面规定，且没有赋予消费者根据自身的风险承受度进行自由选择的权利。消费者只有两种选择，要么自愿接受使用平台，要么拒绝后就不能使用平台。哪怕是自愿接受使用，平台运营还有很多免责条款来减轻平台的责任，对于消费者切实行权来说无疑是不平等的。

互联网金融平台应建立特殊区域的金融产品或者金融业务的信息披露过程，必要时可以进行强制披露。同时，平台可被要求在出现侵权等突发事件后，及时向用户披露情况，主动保障消费者对其情况的信息获取权益。同时保障消费者丧失信息获取权而进行投诉时，能够得到金融机构的正确对待。根据实时消减权益的纠纷处理机制，建立起反纠纷处理机制，要求金融上层机构将投诉受理处理后的情况及时反馈给消费者。该措施后续也将处理情况上报给监管处理部门,以便发现遗漏或者处理不当的问题。因此,金融机构交易行为应采取双层监管措施,而不能单靠机构运营的合规性方面解决问题。当然也可以建立保证金管理制度,根据业务范围与性质,要求其缴存特别保证金以防患于未然。

针对互联网金融不同业务模式的特点,制定本行业的信息披露制度,以平衡过度包容互联网金融平台的发展。行业披露制度的基本框架应当包括如下内容。第一,各类金融平台需要根据本行业行情制定合规合理的信息披露制度,并向监管部门上报与备案。借鉴上市公司中的信息披露监管方式,互联网金融行业应当将披露信息定时定期向监管部门提交报告。遇到重大风险事项时,如资金贮备达到红线警告等,应当及时向监管部门提交报告并向公众公告上述不利情况。第二,向消费者积极披露互联网金融平台具体情况,包括平台资质、产品业务构成信息等。互联网金融业务披露的模式应该具备强制进入金融消费领域的参与条件,向消费者如实说明管控风险及管控情况等。

(四)构建互联网金融风险管理的立体框架

事实上,对互联网金融风险管理体系的理解也分为广义和狭义两方面。广义的互联网金融风险管理体系是一个较为宏观的概念,它将其理解为从国家、行业直至企业等多个层面展开的立体化的体系架构建设。从国家层面来说是指国家为了维护电子商务以及其他各类互联网交易过程中涉及的各个主体的权利、义务及交易安全,以电子交易的健康发展为目标,利用相应的法规条例来规定交易方隐私及发生争议纠纷的解决方案等,同时需要在一定程度上提供必要的信息技术基础设施和服务,以确保电子商务和互联网交易的规范和快速发展。从行业层面来说是指行业监管部门针对相关的电子交易行为制定统一的、较为具体的技术服务标准,同时行业监管部门还应该对从事互联网金融业务的各类企业提出相应的规范要求,最后相关监管部门还应该制定有关互联网交易安全等级评估的体系与规则,从而通过定期评估互联网交易行为的风险程度来掌握各方面的风险状况,达到提高风险警觉性的目的。从企业个体自身的层面来说是指每个进入互联网交易体系的企业需要从自身的实际情况出发,构建基于企业自身的风险管理体系,其中包括环境控制、风险评估、活动控制、信息沟通交流和监督。这一层面的风险系统构建和实施需顾及企业个体间的差异,因此各个企业的风险防范体系的具体实施内容会有一定的不同,但上述五项要素是共有的、必不可少的。

第五章　互联网金融风险分析与控制

与此相对，互联网风险管理体系的狭义概念带有较强的微观属性。其将此风险管理体系理解为单个互联网内的参与企业根据自身风险偏好及发展方向，在内部范围实施一系列的措施以提高风险防范能力。

1. 网络安全层面

作为互联网金融，其有不同于传统金融的特点，有必要加强与金融业务相关的技术研发及其管理工作。众所周知，当前很多互联网金融服务都提供了安全插件，不过大部分都只是针对 IE 浏览器，如果选用以其他技术为核心的浏览器访问，可能会因为插件而导致无法操作。从而，加强对 IE 之外浏览器的支持可以快速有效地提高互联网金融的安全性，让用户在客户端上有更多的选择余地，同时可以更大程度上减少木马和病毒等的侵袭。互联网金融处于一个开放网络之中，使得对客户而言，最大的风险在于他们在互联网金融门户网上所注册的账号和密码在使用中容易发生失窃。为了防止传输中的数据泄密，可以利用机密算法对传输中的信息进行包装，也就是所谓的加密，要获取加密后的信息必须用授权人之前设置的密匙进行解密。

2. 操作层面

互联网金融的发展建立在电子商务基础上，电子商务的正常运营却是基于配套的基础设施，因此需要准备相应的电子商务基础设施来支撑互联网金融的进行。电子商务基础设施具体指的是企业自身的电子商务模块所需的一系列从技术层面上给予支持的 IT 基础架构。

3. 信用风险层面

互联网金融在防范信用危机这方面，可以借鉴网上银行所采取的身份认证体系，因其经过几十年的发展已经渐趋成熟。比方说，对于 P2P 网贷平台，可以通过服务器数字证书认证技术，最大限度地保证访问网站的真实性。为了保障用户交易终端环境的安全性，可以采取安全检测及安全控件等方式。用户在网上进行互联网金融活动交易时，可以引入电子认证及签名技术，这样可以对买方和卖方的身份合法性和交易信息的机密性起到很好的保护作用。除此之外，可以灵活运用人民银行征信系统，并加快反欺诈系统的建设，这些措施都可以有力提高我国互联网金融的征信体系建设水平。采取这些方法，能够对互联网金融信用环境发挥很好的改善作用。

4. 业务风险层面

完善的风险指标体系的构建在各发达国家已经得到了较为广泛的实施，同时各国还建立了相关的量化监检测评估模块。我国的网络风险监管机构需根据实际

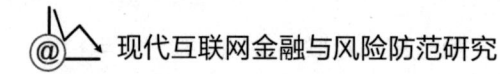

情况，结合可利用资源来建立起一套适用于本国互联网环境的指标体系，并对互联网金融交易风险（尤其是信息技术层面的风险）进行评估。

5.法律风险层面

与传统的金融业相比，法律风险和声誉风险是互联网金融业务中较为突出的风险，这一点也逐渐被国内金融机构认可，因此互联网金融风险管理的重要内容就是要不断加强对法律和声誉风险的管理。互联网企业容易面临法律风险，这主要是因为互联网金融经常会有跨国交易的发生，导致所面临的法律管理权存在着差异；另外，互联网金融交易的特点，导致只要有一时的差错就会带来巨大的危机，给互联网企业造成无法挽回的损失。总的来说关注和管理这两种风险，将会改善互联网金融风险管理。

说到互联网金融的发展，就离不开国家对互联网金融发展的保护和支持。从国外发达国家（地区）发展互联网金融业务的经验看，为促使互联网金融健康稳健发展，政府机构需要从立法、制度规则、统一行动等多个切入口采取相应的有效措施来降低网络交易风险。

第六章 互联网金融的监管体系

随着互联网技术的蓬勃发展,各产业对互联网技术的整合日趋成熟。其中,金融行业对互联网技术的整合使其突破了时间与空间的限制,大大提升了金融行业本身的灵活性和适应性,低成本、小规模的灵活金融模式大量出现,但是随之而来的是监管难度加大、欺诈事件频传,亟须建立互联网金融监管体系。本章分为互联网金融的监管现状、监管原则、监管方法、监管的国际经验、监管体系的构建五部分。主要包括互联网金融监管的发展历程、互联网金融监管的现状、互联网金融监管存在的问题、国外互联网金融监管对比分析、国外互联网金融监管的经验分析等内容。

第一节 互联网金融的监管现状

一、互联网金融监管的发展历程

我国互联网金融在 20 年的发展过程中,优势和风险都得到了充分展现,我国金融监管机构也采取了相应的措施。根据互联网金融创新监管的差异性,互联网金融监管可以分为三个阶段。

（一）监管萌芽阶段（20 世纪末—2013 年）

我国互联网金融产生于 20 世纪末,在发展初期主要是传统金融机构利用网络扩大业务范围。随着互联网与金融的融合逐渐深入,一些互联网企业也开始利用互联网信息技术进入金融业。1999 年我国首家网上支付交易平台"首义信支付"开始运行,随后相继出现了"拍拍贷""格上理财"等互联网金融机构。这一时期出现的互联网金融有效弥补了传统金融的不足,在缓解信息不对称、提高金融效率等方面展现出巨大的优势。但总体来看，此时互联网金融还处于萌芽状态，各种问题没有显露，发展相对缓慢。与此相对应，我国金融监管制度主要是以传统金融业为监管对象的"一行三会"制度。在互联网浪潮的席卷下，为了弥补我国与发达国家在互联网金融领域的差距，政策主要采取包容性、鼓励性的态度，放宽市场准入原则，支持互联网金融创新。这为互联网金融营造了宽松的监管环境，推动了互联网金融新业态在我国的发展。

（二）监管发展阶段（2013—2016年）

2013年被称为"互联网金融元年"，在此之后我国互联网金融进入野蛮发展时期，出现了余额宝、支付宝、众筹等互联网金融产品。这一时期针对互联网金融的监管体系还不完善，市场参与者可以利用监管空白进行套利，各种问题也随之发生。以P2P平台为例，2014年问题平台达到了275家，而2013年仅有76家，截止到2016年，4763家P2P平台中，正常运行的仅有1850家。互联网金融机构破产、跑路、欺诈事件的发生不仅不利于互联网金融的发展，甚至会影响整个金融系统的稳定。

为了遏制互联网金融创新乱象，我国自2013年起陆续出台了一系列监管文件，主要有《互联网保险业务监管暂行办法》《非银行支付机构网络支付业务管理办法》等。总体来看，这一阶段我国主要采取原则性监管方式，此时以结果为导向，较少依赖于具体的规则。2015年发布的《关于促进互联网金融健康发展的指导意见》中的"鼓励从业机构相互合作，优势互补""鼓励创新""支持互联网金融稳步发展、规范互联网金融市场秩序"等条款都符合原则性监管模式。但是，原则性监管的条件下，互联网金融机构可以通过创新规避监管，互联网金融过度创新的现象没有得到有效遏制。

（三）监管完善阶段（2016年至今）

这一阶段我国的监管模式从"被动式"监管向"主动式"监管转变，随着监管理念的提升以及监管体系的完善，互联网金融创新也进入合规发展阶段，互联网金融市场呈现出规模不断扩大，但发展速度趋于平缓的趋势。以我国第三方支付市场为例，2020年我国第三方支付市场规模增速约22%，2019年和2018年分别为33%和58.72%。

具体来看，2016年《互联网金融风险专项整治工作实施方案》颁布后，我国加大了对互联网金融的整治工作。随后针对互联网金融的发展现状，又进一步出台了涉及互联网金融信息服务、数据安全、个人信息保护、反欺诈等多方面的法律法规，以促进我国互联网金融创新向法制化、合规化阶段发展。

首先，我国互联网金融监管理念不断完善。党的十九大报告提出"健全金融监管体系，守住不发生系统性金融风险的底线"和"创新监管方式"两大目标，体现了既鼓励金融创新，又维持金融稳定的理念。

其次，我国开始进行金融监管改革，成立金融科技委员会，由分业监管体制转变为双峰式监管模式。

再次，为了更好地应对互联网金融带来的机遇和挑战，我国逐步开展监管科技建设，建设中国特色"监管沙盒"。截止到2020年3月4日，全国"监管沙盒"试点达到86项。

最后，我国加强了对互联网金融的监管和惩治力度，银保监会2021年工作会议中提出要加强对互联网平台金融活动的监管，对同类主体、同类业务一视同仁。2021年最新刑法修正案中规定，"严惩金融乱象，加大对证券犯罪、违法集资、非法讨债等行为的惩罚力度"。2021年中央经济工作会议中进一步强调"要发挥资本作为生产要素的积极作用，同时有效控制其消极作用"，为资本设置"红绿灯"，同时"支持和引导资本规范健康发展"。

二、互联网金融监管的现状

（一）互联网金融分业监管现状

目前，我国对互联网金融的监管采取分业（机构）监管的模式，多家其他机构，如公安部、财政部等部门也积极参与到了互联网金融的监管过程中。2019年以后，我国互联网金融监管雏形出现，即平行监管，两条腿同时走路，一条腿是央行和银保监会，另一条腿则是地方政府。这种平行监管的格局充分提高了对金融风险的防范能力。此外，根据不同的互联网金融业务类型，我国还制定了不同的监管方法和监管标准。

1. 对互联网支付的监管

通过依托互联网技术，手机支付又称互联网支付已走进千家万户。目前，互联网支付是由中国人民银行负责监管的，其依据《非金融机构支付服务管理办法》《商业银行法》等法律法规和政策文件，对第三方支付平台以及能开展相关业务的互联网金融机构进行全面的彻底监管。

目前，我国采用以下几种主要的方法对互联网支付进行监管，一种是特许经营,持证上岗。另一种是充分落实备付金制度,即互联网支付机构需准备一定数额的备付金在银行,支付机构不得私自挪用。从这两种方法中我们不难看出,这两种对互联网支付进行监管的方法主要原则是提高准入门槛,提高风险应对水平。另外,我国还加强了对客户权益的保障,如加强对客户信息的保密,以及客户资产在被挪用时需要向客户发送交易提示。

2. 对网络借贷的监管

网络借贷也纳入了银保监会的管理范围,其分为P2P网络贷款和网络小额贷款两种模式。P2P网络贷款这个近几年十分火爆的业务,其实就是单个个体之间的债权债务关系,将第三方平台作为中介,其行为必须遵守《民法通则》《担保法》《合同法》。网络小额贷款则要遵循普惠金融小额贷款业务的做法,授信材料齐全、授信审批流程依法合规,尽可能为借款人考虑低成本交易费用。

网络借贷在诞生的初始阶段,一直处于缺乏监管的状态。随着网络借贷的规模越来越大,风险开始不断累积,暴露出了许多问题后,政府才开始采取一系列的方法和措施对网络借贷进行整治。2015年,我国监管部门明确了将由银保监会对P2P网络借贷平台进行监管,从以下几方面展开对网络借贷的监督:审批借贷机构的资质条件、严控借贷机构内部人员相互勾结、保护大数据的安全。

3. 对股权众筹融资的监管

目前,股权众筹融资的上级监管部门是证监会,主要依托的法律规范和政策条文是《公司法》和《证券法》等相应文件。对股权众筹平台的监管措施是要求平台只能在法规允许的范围内开展相关的业务,并切实报告自身的财务状况、经营状况、现金储备等相关信息。如果要发行相关证券,需要在达到一定的标准和条件后,向中国证监会申请发行。此外,股权众筹平台应按时按质地揭示关联信息、落实风险提示预警机制、积极推进对客户的宣传指导教育等。

分业监管的方法对一些业务清晰明确的金融机构可以进行有效的监管,但对业务复杂多样的金融机构,即混业经营的金融机构,有时也会造成重复监管和监管漏洞等问题的出现。重复监管会增加金融机构的经营负担,使企业的活力降低,同时也会导致监管机构的负担增加。监管漏洞会使得监管不能切实落实,使得原本可以规避的监管风险重新出现在金融机构。

(二)互联网金融行业监管现状

除了政府层面的监管,互联网金融监管还需要充分调动自身行业的积极性,以保障自身行业的健康发展。因此，健全和完善互联网金融行业协会的职能是十分重要的。

互联网金融行业协会作为连接政府和市场的重要纽带，可以有效地推动行业自律，促进行业的行为更为规范及确保行业间开展更加公平合理的竞争。在政府监管的基础上，加强互联网金融行业监管，可以对政府监管不足的地方进行有效的补充，引领行业走可持续发展道路。同时，行业监管可以根据行业发展的变化状况，及时修订行业的监管规定，弥补政府监管的滞后性。行业监管还可以作为政府监管措施的先驱，提前进入市场测试监管的可行性和有效性，为将来政府监管措施的发布起铺垫作用。

(三) 属地政府监管现状

在我国不同地区、不同地域、不同城乡之间，互联网金融机构在金融规模和业务能力上也存在着较大的差异，且这些差异随着互联网金融的发展仍将长期存在。因此，在不同地区采用国家水平的统一金融监管体系不是十分恰当，可能会对地方金融的特色发展形成掣肘。此外，适用大型正规金融机构的监管标准在应用到地方小微型金融机构时，可能也会存在一些不合适的状况。

因此，我国在2008年开始下放金融监管权，党的十八届三中全会更是直接表明，缩短管理距离，地方和基层能管好的，中央便不插手，针对涉及民生、医保等重大问题的，由中央和地方协同而治。这体现了我国对构建中央和地方两级监管的金融监管体系的愿景。因此，在当前中央互联网金融监管体系基本建成的情况下，需要加快地方监管体系的建设，将两者进行有机的结合，以期建立一个更完整、更灵活的监管体系。

三、互联网金融监管存在的问题

(一) 法律体系滞后

第一，以政策文件为主，运动式监管模式较明显。目前，我国的监管方式呈现出运动式的特点。实践中监管方式主要通过检查、评级等方式进行。例如，2019年央行评级了约4400家金融机构。除此之外，就是通过专项整治方式进行，由几个部门共同进行再推出规范性法律文件。这些做法针对性较强，但是并不能有效地防范各种风险。从监管效果上来看，这些做法只能暂时性对问题平台进行约束。就现状来看，目前监管的法律依据多是政策性文件，而非位阶较高的法律。相较于法律，政策性文件出台快、针对性强，契合了运动式监管的需求，但是也因此造成了监管政策文件的不断增加。例如，现如今不仅仅是中国人民银行、银保监会等核心部门会出台较多的政策文件，就连地方政府也不停地出台各类文件。

第二，是否会抑制创新。从 2020 年到 2021 年 3 月中国人民银行等部门颁布的 9 份规范性文件来看目前政策性文件的特点。从文件形式上来说，《关于进一步规范大学生互联网金融消费贷款监督管理工作的通知》较为具体，针对性更强。其他几份文件，则仍然是框架性规定，很显然这并不符合政策文件的特点。再以《中国银保监会办公厅关于加强小额贷款公司监督管理的通知》为例，其主要目的主要有以下几点：规范业务经营、促进健康发展、强化监管、加大支持。其仍然没有较强的针对性。政策文件的不明确容易引发政策性风险。而修订《非金融机构支付服务管理办法实施细则》等 5 个规范性文件的公告一出台便将几个规范性文件的部分内容修改了。如此一来，企业在进行创新时必然会担心是否会有政策性风险，抑制了互联网金融领域的创新。政策性文件理应明朗具体细化，而现如今大量的监管文件当中，仍然偏向宏观把握，大包大揽。这些问题导致本应细致划分的内容仍然不细致、不明确。

第三，监管法律存在空白，未能跟上金融创新。现如今的互联网金融相关法律法规主要面临两个问题，一是现有的监管规范仍未能形成长效监管机制，未能跟上金融创新。二是目前的法律分割了互联网与金融，仍然侧重于对金融的监管，缺乏对科技的监管。从国家加快推动金融领域内几部重要法律的修改来看，监管者已经认识到对互联网金融的监管还是应当回归法律。与政策条例相比，法律的确定性更强、立法技术更高。即便可能无法跟上金融创新的脚步，但是背后的法理一直有其存在的合理性。而且法律的效率位阶较高、强制力更强，更加适合于互联网金融这一重要领域。从上述监管文件上看，我国对互联网金融的监管一直采取的是运动式的监管方式，先进行专项整治，发现问题，再根据问题来制定文件进行约束，但是这种做法无法对互联网金融的创新性进行回应。互联网金融的创新性表现在时时刻刻都在创新模式，都在拉新的交易主体，因此其具有高度易变性。不仅运营模式会变，而且法律关系也会发生变化。先发现问题然后再制定规范的模式，难以应对这种高度的易变性、创新性。

观察现有的监管法律文件，可以发现现如今的监管规范分割了互联网与金融，侧重于对金融的监管，而忽视了对科技创新的监管，我们缺乏这样一种约束互联网科技的法律。互联网金融具有较强的科技性，整个交易环节都在互联网平台上面完成，并且互联网科技的创新一直都没有停下过脚步，实践中金融公司利用科技伪创新的事件并不少见。正是因为对科技创新没有有力的回应，才让科技一直牵着法律的鼻子走。

（二）风险识别困难

针对传统金融行业，我国具有较完善的风险管理模型和理论制度对其进行甄别和管理，包括流动性风险、信用风险、利率风险和人工操作风险等。但是，对于新兴的互联网金融没有现成的风险模型，也没有效果较好的甄别办法，分析原因主要有两点。一是互联网金融依托长尾理论，即只要互联网金融产品成本足够低，即使之前无任何市场需求，也会有买主，而传统金融依托二八法则，反映了一种不平衡性，两者开展金融业务的底层思维存在差异。二是传统金融比较单一，而互联网金融融合了多个行业。

互联网金融处于一个刚刚兴起的阶段，不仅具有传统金融所具备的风险，而且还有信息技术方面、系统安全方面的风险，其没有明确的法规界定，引起风险发生的因素多且更复杂，传播速度很快，较传统金融风险需考虑的层面杂而乱。传统金融则对科学技术的依赖程度较低，日常管理中仅关注业务操作系统中可能会出现的风险点，监管实操中也充分暴露了这一点。有时候导致互联网金融危机的风险因素，并不在监管视野之内，而其他部门就算发现，也不会将其和互联网金融整体监管联系起来，只会从行业主管部门的角度，进行行政监督。

（三）监管技术不高

第一，缺乏风险识别机制，造成监管具有滞后性。与传统银行业不同，银行往往有较为完备的风险识别系统，而对于互联网金融产品来说，前期无法识别金融风险，往往都是科技产品运营一段时间风险才会显露出来。现如今互联网金融面对的风险是多种多样的，金融风险、法律风险、科技风险三重叠加，使风险更加难以识别，互联网金融只能依托于事后监管。长期以来监管技术滞后于产品的创新，导致效率低下，以至于各种问题频频发生。

第二，信息披露不足，隐藏了大量的金融风险。信息不对称可以引发很多风险：法律风险、经营管理风险、道德风险，甚至会引发系统性的互联网金融风险。互联网科技公司降低监管效率的方式除去金融创新之外，另一个方式就是对真实信息的披露不足。具体来说，广义的信息披露应当包括所有与投资者利益相关的信息。根据《中华人民共和国证券法》第81条的规定可以看出立法者将其作为一个兜底性条款,实则是想将所有关系到投资人利益的有关信息都进行披露。充足的信息披露可以极大地防范风险,减少风险的发生。目前,我国对各大金融机构并没有要求其开放后台,而只是对其进行结果性监管。很显然与立法的初衷相违背。监管者要想了解互联网金融公司的所有相关信息,只能自己进入金融公司后台,参与创新产品的设计过程。因为互联网金融公司会利用科技隐藏对己不利的信息,而这些信息便是金融风险滋生的重要因素。

第三,缺乏多元化的监管机制,监管者之间存在扯皮推诿现象。制约监管效率的另一个重大原因便是目前来看我国的监管主体只停留在政府层面,而社会公众、行业组织的监督管理效果大打折扣。目前,中国互联网金融协会只对其会员进行约束与提供帮助,对会员以外的成员并不进行约束。中国互联网金融协会在行业自律这一块只提供自律管理、测评公示、违规公示、信披通告四项服务。其中自律管理包括一些倡议书、公约之类。测评公示没有内容。违规公示这一块只对14家公司取消了会员资格,对3家公司进行了违规谴责,并暂停了6个月的会员资格。信披通告在2019年5月之前每月对会员是否进行信息披露做了标注,2019年5月之后没有内容。可以说现如今行业组织并没有发挥其实际应有的作用。中国互联网金融行业约存在1/4的网络借贷公司,网络借贷公司频频出现问题,却没有看见行业组织对其所做的公告、惩戒之类。其职责更多地倾向于为会员提供福利,以及进行一些框架性的管理性工作。除行业组织作用弱化之外,社会公众的监督作用也被大打折扣。单单慈善类众筹方面,即便是公众知道集资人存在道德风险也不会过多地追究,这并不利于整个社会诚信的发展。而公众在面对纠纷之时,因为维权成本过高、专业知识不足等原因,对互联网金融企业往往也无从下手。就发挥监管职能的政府而言,其监管效率也是被打了折扣的。

(四)监管体系不完善

我国金融监管实行"一行两会"分业监管体制,同时2017年成立的金融会主要行使统筹协调金融监管重大事项、维护金融稳定等职责。但针对互联网金融创新的监管体系尚不完善。与传统金融相比,互联网金融机构开始与银行、保险公司等传统金融机构合作,建立混业经营模式,而我国分业监管体制难以应对混业经营的发展。同时,互联网金融机构也会进行一系列的创新行为,利用监管空白和监管漏洞寻找套利机会,提高收益,给监管带来了挑战。此外,由于技术水平等方面的限制,中央和地方监管机构、各监管机构之间尚未实现信息共享。金融监管机构在职权划分、监管主体界定方面还不清晰，难以避免监管重叠或缺失现象的产生，影响了监管效率。

（五）监管协调性不足

我国互联网金融行业的监管模式主要是分业监管，不同的金融业务对应的均是不同的监管部门、监管程序、监管指标及监管标准。考虑到越来越多的金融机构偏向的是混业经营的模式，分业管理可能会导致出现管理不到位和重复管理的现象。

另外，互联网金融的几种主要业务的发展情况也不是完全相同的，如第三方支付已呈现寡头垄断格局，P2P网贷规模则均比较小，且业务模式比较相似，监管单位无法做到面面俱到，从另一角度来看，互联网本身最大的特点便是快，而我们现有的金融监管手段完全追不上其变革的速度。

（六）风控体系不健全

互联网金融在创新过程中不仅有其特有的风险，传统金融中存在的风险也在互联网金融市场中表现出不同的形式。

一方面，互联网金融创新使得风险具有传播速度快、波及范围广、破坏性强的特征，混业经营模式的发展也使得一方参与者可以将风险转移给另一方，增加了互联网金融机构风险分散、转移、对冲、补偿以及压力评估的难度。同时，互联网金融开放性的特点也使得互联网金融机构极易受到电脑病毒、黑客的入侵，风控体系建设带来了挑战。

另一方面，金融监管机构的风控体系尚不完善，监管科技建设还处于起步阶段，无法对互联网金融机构做出合理有效的风险评估和风险监管。

（七）混业经营对分业监管的挑战

与分业经营相对应，混业经营是指一个金融机构可以经营多种不同的金融业务。现如今不仅仅是金融机构与机构之间存在交叉，而且在业务层面也存在较多交叉。现如今各大金融控股公司以及不少科技公司都取得了多张金融牌照，经营多种不同类型的业务，逐渐朝集团化方向发展，成为金融控股公司。金融机构为了逃避金融监管，会加大金融创新进行监管套利，金融机构之间层层套嵌，拉长交易链条，造成了金融创新逐渐脱实向虚。这就对现如今一委一行两会的监管格局形成了巨大挑战。观察我国目前的监管主体，中国人民银行、证监会、银保监会、政府部门等都可以成为监管主体，并且每份政策文件中基本上也都规定了各自的职权范围，但就实践状况来看，存在权责不清现象。

分业监管难以回应混业经营的情形主要有以下两点。第一，互联网金融会利用关联交易转移风险。第二，互联网金融领域容易出现新型的无法预见的问题，各部门容易回避观望。从第一点来看，互联网金融控股公司目前的业务组织以及自身的资本结构已经越来越庞杂，不同金融领域存在高度的关联性。蚂蚁金服、京东数科几乎成了行业的标杆，引领了行业的发展。而各大集团为了逃避监管，会利用庞大的交易链条进行风险转移，将互联网金融风险转嫁给其他机构、其他业务。从第二点来看，互联网金融存在许多监管部门无法预料到的新型风险。当出现新型的问题时，监管部门对此往往一头茫然，因此往往也会选择睁一只眼闭一只眼，回避与观望。

传统的分业监管一直以来都在各自的监管领域内各自为政，为各自监管领域出台监管文件，长期以来奉行的都是行为监管理论和机构监管理论。机构监管理论只能适用于传统金融业，而行为监管理论过分突出对金融业务进行细致划分监管，烦琐复杂。分业监管体制的出现有其特定的历史背景，但现如今随着科技发展，弊端已经逐渐暴露。首先，分业监管体制下，各监管部门容易以部门利益为主，出现扯皮与推诿现象，延误对互联网金融违法违规行为的打击，造成互联网金融风险的扩散。其次，在分业监管体制下，不仅要付出较高的监管成本，甚至还有可能会抑制创新。因为互联网金融庞大的组织系统，若每个行业都设置自身的监管主体，那么将会形成一个庞大的监管队伍，造成监管人员的冗杂。而现如今，一个金融公司往往拥有着不同的金融牌照，经营着不同的金融业务。若接受多部门审批与监管，那么也会导致流程的繁杂，增加运营成本，进而抑制金融创新。最后，分业监管体制下，还有可能会出现监管套利问题。监管部门为了各自利益，可能会主动选择对自己有利的行为进行监管，而忽视掉一部分不想监管的内容。

第二节　互联网金融的监管原则

在互联网技术的不断更新中，各类金融产品也出现了各种各样复杂的变化，在监管规则缺失、原则不清晰的情况下，一些金融活动处于"灰色地带"。没有明确的监管原则引导互联网金融的发展则容易危及金融安全，无法为其提供一个稳定的环境，让其进一步实现良性发展。明确互联网金融监管原则，才能使这个领域的金融活动充满活力，开拓市场潜能。为了更好地发展，互联网金融监管应向整体金融监管的趋势靠拢，注重合理监管方法的法治化，向着"积极、协同、审慎和依法监管"的阶段发展。

一、积极监管原则

对于层出不穷的互联网金融的新业态要保持敏感性、提高关注度。我国互联网金融监管从最初的包容性监管起步，逐渐发展到原则性监管，继而进入专项行动式监管向规范化监管的过渡。我们已经从观望监管逐步走向积极监管，对于各类互联网金融业务的不断发展，我们也要坚定中国特色社会主义道路自信，根据我国互联网金融发展的经济特点转变监管态度和监管理念，加强对于互联网金融的监管。

二、协同监管原则

互联网金融是一个大的金融创新门类，其涵盖业务广，涉及社会生活的很多领域，这些领域相互交叉重叠，单一的部门进行独立监管并不高效，且难以达到预想的监管效果。所以，要确立协同监管原则，形成监管合力，各级金融监管部门要统一监管标准和目标，协调配合。在纵向上要做到从中央到地方协调监管，横向上则要做到从部门到部门、从行业到行业、从业务到业务等的监管保持协调，明确统一协调的监管原则。

三、审慎监管原则

在加强对于互联网金融监管的基础上，仍然要保持审慎监管的原则。互联网金融仍处于一个变化和发展交叠的背景下，多层次互联网金融的立体发展使得其仍有持续的创新性。因此，虽然要加强监管，但也要在审慎监管的基础上，做利益的平衡者。监管也要保证金融创新有足够的发展空间，给予中小企业融资的平台，在创新和发展中取一个中间值，维持动态平衡。

四、依法监管原则

依法监管有利于提升监管效果，对于已经有一定发展的现存的互联网金融类型，给予法律保障，以法律法规明确监管方式和监管要求。依法监管能够提供市场明确信号，将企业引导到规范化、合法化的发展方向上来。依法监管要求我们不断完善监管的立法、司法和执法，树立法律权威。通过明确市场准入，制定负面清单，细化经营范围等，将金融活动纳入依法行动的范围，维护互联网金融的创新成果，建设良法善治的法治中国。

第三节 互联网金融的监管方法

一、我国互联网金融的监管方法

在互联网金融不断发展的过程中，人们逐渐认识到互联网金融在推动传统金融行业创新发展的过程中面临着交易双方责任得不到法律明确、行业自律规范缺失等法律风险，第三方账户资金被挪用等业务操作风险，金融监管体系不完善造成的信用风险等。西方发达国家为有效降低风险的严重程度或避免风险的发生，将对第三方支付的功能性监管、对网络信贷的证券监管、对众筹融资的平台监管等引入互联网金融监管方式中，并对网络银行的注册申请程序等进行明确的规定，使互联网金融市场得到不断规范。

我国在推动互联网金融发展的过程中，应积极借鉴西方发达国家的成功经验，在对我国现有的法律体系进行不断完善的基础上，通过强化互联网金融行业的内控建设、信用体系建设、消费者权益保护体系建设、征信体系建设等，提升我国互联网金融行业的风险防范能力，在制定统一、全面的监管制度的基础上，建立针对互联网金融行业的统计监测管理信息系统，形成以监管为主体，相关行政部门为辅助的具有可操作性的监管系统，使我国针对互联网金融的监管体系可以逐步落实。在此针对互联网金融中最重要的众筹的监管方法对我国互联网金融的监管方法进行说明。

随着众筹的不断发展，人们逐渐认识到，普通投资者虽然具有投资占股的自主权，但其在专业知识和技能方面存在明显的缺陷，所以要实现有效的众筹监管，首先，应先对投资者的资质进行明确，使其资产信用、专业技能得到有效的考核，避免投资者盲目跟风现象的发生，保证投资者的利益；其次，要对众筹运营互联网企业进行针对性的监管，使其成立风险防御制度，对其财务信息、法人信息、中介平台补偿等方面进行披露和说明，避免投资者被众筹筹资人虚假信息所蒙蔽。

可见，在确定具体监管方式的过程中要结合具体的互联网金融业务进行。

第六章　互联网金融的监管体系

二、国外互联网金融的监管方法

从全球范围来看，尽管互联网金融发展程度不一，但其与部分银行业务相类似，已引起了各国监管当局的重视，加强对这类机构的监管是各国普遍一致认同的原则。

（一）第三方支付监管方法

目前，电子商务发展繁荣的美国与欧盟地区，已针对第三方支付机构的经营活动进行了相应的立法及监管。

1. 美国监管实践

美国一般将第三方支付机构视为"货币转移业务"（Money Transmitters）经营机构，对其监管主要来自联邦和州两个层面。在联邦层面，目前尚未有统一、专门的联邦法律进行规制，而是将原先有关银行保密以及反洗钱等方面法律的管制对象拓展至此类机构，要求其履行相应的登记、交易报告等程序。在州监管层面，各州尽管在具体规定上存在差异，但一般要求货币转移业务经营机构必须获得州监管当局的专项业务经营许可方能从事该类业务，并且要求其不得从事类似银行的存贷款业务，不得擅自留存、使用客户交易资金，要求其保持交易资金的高度流动和安全。各州的监管当局不尽相同，金融监管机构、消费信贷监管机构、商业监管机构是较为典型的监管部门。

2. 欧盟监管实践

与美国不同的是，欧盟将类似 PayPal（第三方支付工具）的第三方支付机构视为电子货币机构（EMI），要求其在电子货币发行、电子货币交易清算、电子货币赎回等方面接受相关法律管辖，受相应监管机构的监管。从整体上来看，EMI 主要受《电子货币机构指令》管辖，同时还受到《电子商务指令》《通用数据保护条例》等法律的管辖。此外，欧盟各国的金融服务法律对此也会有国内的一些具体规定。

（二）众筹融资监管

2012 年，美国通过了《创业企业融资法案》（JOBS 法案），放开了众筹股权融资，而且在保护投资者利益方面做出了详细的规定。JOBS 法案对筹资者和提供服务的融资平台提出了相应要求，以保护投资者利益。对于筹资者，法案明确了四点要求，即要求其在美国证券交易委员会（SEC）完成备案，并向投资人及中介机构披露规定的信息；不允许采用广告来促进发行；对筹资者如何补偿促销者做出限制；筹资者必须向SEC和投资者提交关于企业运行和财务情况的年度报告。同时法案从业务准入、行业自律、资金转移、风险揭示、预防诈骗、消费者保护等方面对融资平台进行约束。

（三）网络银行监管方法

1. 美国监管实践

美国金融监管当局对网络银行的监管采取了审慎宽松的政策，在监管体制、监管政策、监管内容、监管机构和监管分工等方面，美国监管当局对网络银行与传统银行要求比较相似。一是制定了《计算机安全法》等法规，实施了ISO／IEC 15408（信息技术安全评估准则）等信息安全国际标准；二是监管内容制度化、规范化，对监管者、金融机构和信息技术提供商应关注的风险及如何识别、分析、预警和控制，提出了明确的指导意见；三是银行业监管信息化与银行业金融机构的信息化同步推进，并做到监管机构之间信息共享；四是监管方式多样化，包括现场检查、非现场分析和评级、技术提供商准入管理、发布IT（信息技术）技术规章和指导、推动外部评级和审计、IT风险信息披露等多种手段。

2. 欧盟监管实践

欧盟与网络银行有关的法律法规包括《电子商务指令》《金融服务远程销售指令》等。欧洲中央银行要求其成员国采取一致性的监管原则，欧盟各国国内的监管机构负责监管统一标准的实施。它要求成员国对网络银行业务的监管保持一致，承担认可电子交易合同的义务，并将建立在"注册国和业务发生国"基础上的监管规则，替换为"起始国"规则，以达到增强监管合作、提高监管效率和适时监控网络银行风险的目的。欧盟对网络银行的监管主要集中在四个方面：一是区域问题，包括银行业的合并与联合、跨境交易活动等；二是安全问题，包括错误操作和数据处理产生的风险、网络被攻击的风险等；三是服务的技术问题；四是随着业务数量和范围的扩大而增加的信誉与法律风险问题。

（四）互联网理财监管方法

从美国对互联网理财（以PayPal为例）的监管实践看，由于PayPal货币市场基金由非隶属于PayPal的独立实体进行运作，严格根据美国SEC的有关规定运作并接受其日常监管,而且该货币市场基金的资金并未反映在 PayPal 的资产负债表中,所以,当局在无先例可循的前提下,采取了保持现状、相对谨慎的对策,尚未将其作为新兴业态专项立法进行监管。

第四节 互联网金融监管的国际经验及启示

一、互联网金融监管的国际经验

从全球范围看,互联网金融的发展尚处于初级阶段,各个国家和地区在推动互联网金融发展和创新的同时,不断探索对该行业行之有效的监督办法。例如,美国、英国等发达国家已开始制定更加有针对性的监管模式和监管方案,以规范互联网金融行业的发展,为互联网金融的健康有序运行提供更好的保障。因此,我国监管主体应该学习这些国家和地区应对互联网金融风险的经验,探索适合我国国情的监管方案,促进我国互联网金融行业的良性发展。

(一)美国互联网金融监管

1. 美国互联网金融发展背景

美国互联网金融发展大致分为以下几个阶段。

(1)萌芽阶段

20 世纪末,美国首先将互联网应用于金融领域,并迅速普及,互联网技术逐渐渗透到数据信息安全、资金配置、风险防控等领域并产生深远影响。20 世纪 90 年代初,最早的"网上券商"——E-Trade(一家美国金融服务公司)成立,标志着互联网金融行业在美国崭露头角。随后一系列互联网金融公司相继诞生。

例如,1995 年美国安全第一网络银行(Security First Network Bank,SFNB)设立,作为第一家无实体经营的网络银行,突破了时间、空间的限制,1996 年嘉信理财在美国构建属于自己的互联网在线交易平台,并尽可能地向客户提供低廉、便捷的咨询服务。然而,此时的金融公司一般都是将传统金融业务在金融框架上线上化、电子化,暂时没有摆脱固有的模式。

(2)金融危机前飞速发展阶段

2000 年后,随着互联网技术的成熟和美国经济的平稳增长,互联网金融变成和传统金融差异巨大的一种全新的模式。在支付领域方面，随着手机移动端逐步普及和NFC（近场通信）、SIM（用户身份识别模块）的出现，以及第三方支付平台的出现，第三方支付也进而演变成了一个重要的互联网金融模式。这一过程中美国传统金融机构也逐渐向互联网金融领域渗透，尤其是商业银行更是如此。借助互联网技术，传统金融机构逐步将自身业务网络化，以此应对来自互联网公司的挑战。

（3）金融危机后行业整合重组阶段

2008年发生的"美国次贷危机"在全球范围内引发了系统性的金融危机，使得互联网金融遭受了不小的损失，不少的资金流转向新兴经济体，继而造成美国国内大量资产收益率发生明显的下滑，投资者赎回压力长期难以获得"释放"，由此互联网货币基金流动性强、高收益的优势逐渐丧失。2011年，伴随着PayPal关闭了互联网货币基金，传统模式的互联网金融开始走入低谷。然而，新兴领域的创新却成了主流，Kickstarter公司（美国众筹网站平台）掀起了席卷全球的众筹风暴。此阶段也是互联网金融"新老交替"的时期，先前的金融业务单纯"线上化"已经显得不合时宜，而众筹等新兴模式已获得民众和监管机构等诸多方面的认可，美国政府也出台了《创业企业融资法案》为代表的约束机制，从而保证合规监管和支持的权威性，也使得互联网金融行业开始"深度整合"。

计算机技术的普及成为美国互联网金融发展的基础，金融业在早期发展阶段就非常重视信息技术与金融领域的融合，主要体现在金融业与信息技术的创新方面，例如信用卡磁条和自动付款技术的研发，这一切主要得益于美国互联网基础设施和无线网络的逐步改良以及城市网络的全面覆盖，与此同时微软、谷歌等知名互联网公司先后创立，它们为美国互联网行业的发展和创新提供了源源不断的动力。

美国互联网金融的发展和互联网、金融等行业之间有着极密切的联系，互联网金融同时具备"互联网行业"和"金融行业"的特色，其发展一直以来受制于经济周期和互联网行业的双重影响，以经济周期（GDP增长率）作为参照就可看出，20世纪90年代美国GDP稳步向上，互联网金融行业也随之迅速发展——二者走势基本成正相关关系。20世纪末期互联网泡沫发生破裂，以至于大量互联网公司相继破产，在此背景下的互联网金融自然也随之走向衰退，美国最早的网络银行——SFNB除技术部门以外的所有部门几乎全部破产。此后美国经济缓慢复苏，社会进入"信息化时代"，使得互联网金融行业重获生机，不久又再次出现次贷危机，互联网金融行业再次出现下行趋势。由此可见经济大环境、互联网产业周期都和互联网金融行业有不小的关联。

2.美国互联网金融业务模式及风险

美国互联网金融主要有两种业务模式。以下主要通过几家典型公司分析美国互联网金融业务模式。

第一种业务模式是传统金融模式的互联网化，如SFNB便是通过互联网办理所有业务，和传统商业银行相比，充分利用了互联网数据传输所具备的"快捷性"，提供给客户成本低廉、高效的服务；E-Trade在成立初期就以"提供线上金融服务"作为定位，以此削减了大量网点和人力的投入成本，从而成为佣金费率最低的一家金融类企业。

第二种业务模式是现代金融创新下的互联网化。如PayPal作为目前全球体量最大的第三方支付公司，正致力于简化支付模式、通过互联网改变支付方式。PayPal以账户为核心，参与者借助于其账户完成互联网收付款活动，摆脱了实物货币资金时空限制的局限性。Kickstarter于2009年4月建立于纽约，作为新时期最具代表性的美国众筹平台，其业务覆盖面多达十余个领域，到2016年，平台已完成了十万个以上的项目众筹融资活动。

美国互联网金融作为新型金融模式，自然存在一定风险，主要包括以下几种。

技术风险。这种类型的风险多来自病毒入侵、黑客攻击、网络故障等方面。其一般被认定为互联网金融最为普遍、最为重要的一种风险。传统金融业务体系之中，电脑技术风险往往只会造成一些局部损失或者影响，但发生于互联网金融业务体系之中的技术问题，都会借助于互联网"侵犯"整个金融系统，由此造成更大的系统性风险事件。

信用风险。互联网技术必然会令金融部门的业务脱离实体经营的模式，不仅降低企业运营成本，而且会为参与者增加金融活动的便捷性，然而各方仅通过平台方的"撮合"，往往会造成投资者缺乏对信息的全方面了解，同时由于刷单等不良现象的出现，网络数据真实性有待商榷，因为具体投资者对投资对象不了解，资金需求方往往会忽略对投资者权益的保护。在发生信用危机之际，极易出现各种形式的恐慌，社会的稳定以及网络安全也因此受到严重打击。

法律风险。政策法规这一方面存在不确定风险，美国在遭受了金融危机后，开始推行越来越严格的金融创新监管制度，各州政府也相继出台了事关互联网金融行业信息公开、准入标准、投资者权益保护等诸多细则。美国的法律风险主要集中在各州和联邦政府政策法规的冲突上。

3. 美国互联网金融监管体系及措施

美国实行"功能型"和"机构型"两种监管相结合的方式，从而形成"双重多头"为主要特征的监管体系，如表6-1所示，也就是说各级政府不同等级的监管机构都拥有监管权。联邦层面的主要监管权力集中在美国联邦储备系统（Federal Reserve System，FRS），其他金融监管机构根据职能分工组成各级体系履行监管职能。FRS主要负责州级银行的监管，同时与联邦存款保险公司（FDIC）、美国货币监理署（OCC）共同履行对商业银行的监督职能。因为美国的政府管理体制和我国差异甚大，各州均设置对金融企业监管的"金融监管局"，不同级别的监管机构分别承担各自管辖范围的职责，州级监管在一些金融行业之中甚至也会占据主导地位，除此之外，1987年各州保险监管局还共同设立全美保险监督官协会（National Association of Insurance Commissioners，NAIC），其在监管活动中扮演"辅助监管"角色，配合州保险监管局活动。

表6-1 美国互联网金融监管体系

监管部门		职能与范围
美国联邦储备系统（FRS）	联邦储备委员会	制定货币政策、实施金融监管
	公开市场委员会	调节货币供应量
	联邦储备银行	执行货币政策、向金融机构提供服务
	联邦咨询委员会	收集意见、提出建议
美国货币监理署（OCC）		监管国民银行
联邦存款保险公司（FDIC）		存款保险、监管
联邦金融机构检查委员会（FFIEC）		为金融监察建立相应原则和标准
美国证券交易委员会（SEC）		证券业的监管
美国金融业监管局（FINRA）		金融机构的监管
美国商品期货交易委员会（CFTC）		期货的监管
美国联邦贸易委员会（FTC）		投资者权益保护

美国针对不同的互联网金融模式有不同的监管措施。美国政府在第三方支付方面，一直遵循"最低限度监管"这一原则。20世纪末，美国政府曾出台《全

第六章 互联网金融的监管体系

球电子商务纲要》,明确提出监管机构应减少对电子商务的干预,由此确保电子商务产业的创新性和自由度,客观上促进了电商产业的发展。此外,美国监管机构采取多元化方式监管第三方支付机构,由不同级别的政府监管机构对之加以必要的监督,其监管重点非第三方支付机构而在于支付过程的合规性。

众筹方面,美国证券交易委员会(SEC)负责监管筹资者,美国金融业监管局(FINRA)主要对融资门户进行监督,主要功能是通过高效监管和技术参与来保护投资者,美国证券交易委员会负责制定法律法规,明确监管要求,对信息披露、准入条件进行规范,依法对不法行为进行调查监管。

针对互联网金融的监管,美国和中国都采用多头监管的模式,但中国多以"合规性监管"为主,而美国则采用"功能监管",根据企业从事的事务的性质来划分不同的监管机构,相较而言更能保证监管主体之间的协调度。此外,美国在互联网金融的监管上采用审慎又相对宽松的原则,注重交易环节和流程上的安全性,通过不断调整原有监管法律的方式来约束参与者的经济行为,以促进金融市场的稳定发展。

(二)英国互联网金融监管

英国是第一个出现网贷平台的国家,其互联网金融市场与其他国家相比一直保持着相对稳定的发展态势。综合分析,英国在监管主体和立法两个层面均能适应互联网金融行业的发展,并建立了较为成熟、完善的监管体系。

1. 英国互联网金融监管背景及特点

英国在19世纪逐步确立了国际金融中心的地位,1694年,组建了"英格兰银行",根据1946年的《英格兰银行法》中的内容,英格兰银行有权给金融机构提出意见和建议,因为该行为不是强制性的,故而在很长时间,金融机构监管多为自律形式。从20世纪中后期开始,其他国家的银行在伦敦的分行、办事处越来越多,使得伦敦的国际化程度达到前所未有的高度,为适应时代变化,1979年英国政府出台《银行法》,这部商业银行法律的出台弥补了自律监管模式存在的诸多缺点,一定程度上对金融业风控做出了保障。该法在制度层面肯定了英格兰银行所拥有的监管权力,标志着英国对银行业的监管逐步开启法制化进程。20世纪末至2008年金融危机前,英国一直推行单一监管体系。1997年英国正式成立金融服务管理局(Financial Services Authority,FSA),该机构直到2012年初一直都是金融市场的主导机构,并且直接向英国财政部负责。2008年发生全球范围金融危机后,各方都强烈要求对监管活动做出改革。应各方要求,FSA于

2009年公布《特纳报告》，指出监管缺陷，并提出了对应的补救措施。2010年，英国修订 FSMA 法案（《金融服务与市场法》），并在两年后改组金融服务管理局，形成以英格兰银行、财政部作为核心，以"一行一会两局"、审慎监管为主体的新格局。

2. 英国互联网金融监管体系及措施
（1）监管体系
①金融政策委员会（Financial Policy Committee, FPC）

此机构成立于 2010 年，其法定职责是维护金融稳定，借助于有效识别系统性风险达到规避金融系统性风险的目的，并对监管主体之间的交叉区域开展必要的监督，由此促进监管部门之间的"职责分工"。

②金融行为监管局（Financial Conduct Authority, FCA）

金融危机客观上促使各国开始反思自身的金融监管制度并企图调整监管框架，面对潜在的金融行业系统性风险，2010 年英国修订的《金融服务与市场法》之中，在金融监管目标体系中纳入了维护金融系统稳定这一内容，并对 FSA 加以改革，对金融业成立新监管机构，开展宏观、微观不同形式的审慎监管。从 2013 年起，FCA、PRA（审慎监管局）两个机构取代 FSA，成为最主要的金融监管权力机构。其中 FCA 主要负责保证金融市场运行的"准确性"，保证金融服务活动的公平性。

③审慎监管局（Prudential Regulation Authority, PRA）

此机构可以算作英格兰银行的组成部分之一，主要负责对银行、信用合作社、住房互助协会及大型的投资公司等实施审慎监管。其拥有的主要权力和职能包括但不限于如下几个层面：①判断金融机构的稳定性、安全性，并不失时机地采取必要办法加以处理；②制定相关规定用于监管金融机构并保证其行为的效力；③通过开展经营业务方面的"许可性限制"加强对公司业务层面的管理。不管如何，其总体目标均为促进被监管企业的稳健性、安全性；PRA 将以加强自身公信力作为主要策略，适度干预金融机构的经营活动。

（2）监管措施

英国也针对不同的互联网金融模式采取了不同的监管措施。

在第三方支付层面，英国通过金融行为监管局（FCA）对包括第三方支付在内的金融科技进行集中监管。FCA 于 2016 年 5 月启动了"监管沙盒（Regulatory Sandbox）"。监管沙盒类似于一个相对宽松的安全空间，在监管沙盒中初创企业可以将其开发的新产品、新模式在投放市场前进行风险测试，测试期间，FCA

保证对进入监管沙盒的监管科技合理放宽监管规定。这种新型监管模式，既能保护金融消费者和投资者的权益，对冲不必要的风险损失，又能减少金融企业在创业初期面临的众多困难，推动金融企业发挥自身优势积极进行创新。

在众筹融资方面，英国的监管意见公布相对较晚。英国金融行为监管局于2014年3月正式发布针对股权众筹的监管法案，以加强对大众投资者的保护，一方面采用严格的等级区分投资者，另一方面又采用灵活的规则为市场创造空间。除此之外，为了更好地规范众筹发展，英国政府还成立了慈善委员会，来进一步保证慈善机构运营的稳定性。

从整体上看，英国对互联网金融所开展的监管并不是很严格——其"主线"在于系统性化解风险，强化审慎、宏观的管理，突出金融安全监管中央银行所具备的核心地位，目标在于保护投资者的权益。监管机构一般以"行为监管模式"来监管互联网金融，以此来达到降低监管成本的目的。

二、互联网金融监管国际经验的启示

（一）加强消费者保护

各个国家向来把金融消费者权益保护问题作为主要监管目标。先前借助于监督机构保护消费者权益的做法和如今以"金融脱媒"为最主要特点的互联网金融业态已经不相适宜。故而有必要从以下两个角度构建保护金融消费者的相关制度体系。

1. 明确监管机构职能

随着互联网金融的不断发展和创新，加上信息不对称的影响，金融消费者相对金融机构而言常常处于弱势地位，而如今中国对金融消费者的权益保护还存在缺位问题。在如今所处的"分业监管"背景之下，体制外金融消费者不属监管机构保护范围。另外，监管机构作为"消费者保护"的主体，因为不同的保护对象有较大的利益冲突，加上不可避免的"监管捕获"，所以有必要从监管机构中将金融消费者保护这一职能加以"剥离"，让独立组织承担起对金融消费者的保护。

2. 明确消费者权益保护法的适用范围

如今，中国所推行的金融消费者保护一直没有较为权威的制度，如《中华人民共和国商业银行法》《中华人民共和国证券法》，都极少涉及对消费者权益保护的内容，而《中华人民共和国消费者权益保护法》之中，对消费者权利的保护范围过窄，没有足够有效的金融消费者保护的具体说明。虽然依照相关保护法的解释消费者的维权途径较多，但从金融消费者的角度上来看，这些维权途径都难以达到实效，再加上消费者与经营者之间存在地位不平衡的问题，维权的成本也一再飙升。

借鉴美、英等国积累的立法经验，我国也应结合基本国情和市场发展现状，尽快构建和完善金融消费者保护的法律法规体系，由此来明确责任主体及其权利义务，构建有效且符合实际的保护金融消费者权益的机制，并按照互联网金融发展所表现出的一般规律，对之加以持续的完善。

（二）完善互联网金融法律法规

1. 加快修订现有法律法规

观察美国、英国的互联网金融监管法律规范，可以发现监管的法律规范大部分都是法律法规，对金融机构的性质从法律上就直接做出了规定，而不是从政策文件上面做过多的阐述。以第三方支付为例，美国政府对其性质早在1999年就从立法上做出了规定，当时颁布了《金融服务现代化法》，明确地将第三方支付机构定性为非银行的金融机构。随后《统一货币服务法案》成为第三方支付类别的顶层法案。美国的现有监管机制几乎将所有新业态、新产品都纳入法律的框架之内，法律空白相对较少，实践中监管效率相对较高。而我国监管文件大多依靠政策文件，立法效力位阶较低。而现存的法律规范，如《中华人民共和国中国人民银行法》等效力位阶较高的法律，时效性较差，已经不能适应目前的监管现状。因此，现如今我们需要尽快完成的便是加快修订现有的法律法规，填补法律监管的空白。

第一，现有的法律规范应当尽快整合协调统一。立法应当明确哪些是互联网金融的具体范畴，哪些是挂羊头卖狗肉的伪创新。而且对互联网金融具体范畴的界定应当以原则界定为主，不应当较为详细具体。因为较高的创新性让我们永远无法得知下一个模式是何业态，下一个产品是何样。但是，我们可以从本质上进行把握。因为无论其如何发展，科技终究承担的是工具职能，金融的基本属性不会发生改变。因此，应当通过法律原则来维持界定的灵活性。

第二，法律应当理清司法裁判中民法、刑法、行政法、经济法的交叉点。互联网金融犯罪错综复杂，一些美其名曰金融创新的事，却是在进行违法犯罪。司法解释应当理清司法裁判中的交叉点，明确非法集资与金融诈骗等罪与罪之间的界限，避免市场参与者认知不清，监管者陷入区分困境。

第六章　互联网金融的监管体系

第三，应当尽快清理现有法律条文当中滞后于互联网金融发展的法律。

第四，应当尽快填补法律的空白。前文说到目前互联网金融领域的一些法律时效性较差，因此现在新情况的出现容易出现法律空白，立法机关应当填补法律的空白。例如，现如今互联网金融获取资金的方式之一便是资产证券化，但是法律却没有规定资产证券化可以进行几轮，这样便造成了一个巨大的监管漏洞。

在互联网金融领域形成长效的监管机制，法律的作用是毋庸置疑的。法规规范稳定性强、效力高，法律原则可以对各种新情况进行本质识别。因此，应当尽快修订现有法律法规，发挥法律法规的主导地位。

2. 完善互联网金融法律监管体系

政府应建设与互联网行业特点相匹配的监管体系来规范互联网金融行业的发展。政府应针对信息安全、风险防控、征信体系与信用管理、经营范围与准则、行业准入等内容加快立法速度，同时就其监督管理、法律责任、机构形式、业务范围层面加以规范。为此，国家层面应按照行业发展特点、金融行业发展现状、经济社会情况适时制定和颁布"互联网金融法"为代表的各种法律法规，并及时修改完善诸如保险、证券、商业银行等方面的金融法律法规，从信息安全、社会责任、经济责任、监管主体、市场操作、交易行为等方面保证监管和法律的"全覆盖"，从而保证稳定、健康、持续的金融秩序的构建。

(三) 深化互联网金融监管理念

1. 明确监管目标

我国应借鉴美、英两国的监管理念，着重关注互联网金融监管的消费者保护效应和对每一个交易过程进行识别和控制的措施。在提高金融发展效率、防范金融风险的前提下，我国的互联网金融监管目标应为：保护、鼓励有益的金融创新，遏制、打击行业违规行为，努力给互联网金融平台创造积极的市场环境，并进一步强调对消费者权益的保护，防范金融系统性风险，由此提升公众对互联网金融的投资信心，最大限度地发挥政府监管对市场的调节作用，保证实体经济与金融行业的协调共生。因此，明确互联网金融监管目标是重塑互联网金融监管理念、明确监管原则的重要前提。

2. 明确监管原则

以互联网金融自身具备的特征作为切入点，互联网金融监管要坚持如下监管原则。

（1）综合性监管

互联网行业和金融行业都存在一定的复杂性，因此，对互联网金融更应充分考虑"互联网"和"金融"两个领域的关系，这一特征很大程度上考验着监管形式的多样化、监管内容的复杂性以及监管体系的综合性。

（2）前瞻性监管

传统意义下的金融创新基本上都是被社会风险规避和利润增加的需求所推动的，一般是以需求为导向，基本不存在供给的诱导作用。互联网金融和其差异较大的一点在于：互联网金融除了会被社会潜在融资需求所左右之外，还会提供很多有利于信息技术发展的条件。互联网金融由于有着明显的普惠性，任何一个单一机构都没有足够强的风险承担能力，同时互联网金融的诞生就是为了解决我国金融市场中金融机构对中小型企业的忽视以及对普通群众金融服务不足的问题。因此，监管必须以预测行业发展、测量消费者得失为前提，以此来积累足够的数据进行评价，看清苗头、分析趋势，一方面其预期不能太过乐观，另一方面也需要预留足够的发展空间。为达到这一目的，日后的监管制度必须保证"前瞻性"和"容忍度"，除了要避免合理创新因过度监管而遭受压制，还应有意避免监管活动的错位。

（3）持续性监管

金融、互联网这两种行业均属关乎国家安全的国家重要战略内容。故而针对互联网金融行业的监管，更是和国家基础设施的安全密不可分。一旦发生管控不当，轻者出现领域内、区域性风险，重者发生系统性风险。由于金融市场具有风险的滞后性和利润的当期性，相关部门需要对金融行为做出不同阶段和不同层次的规范行为，而互联网金融"顺周期性"特征也要求在现有的监管制度的基础上，推行持续性监管。在具体监管标准上还要注意互联网金融的特殊性，改变以往重审批、轻监管的模式，特别是要对"市场退出"机制予以进一步的完善。如今的互联网金融监管政策并没有明确市场退出条件，只有对退出条件加以明确，实现持续有效的监管，并且还要对互联网金融企业准入后的运行效果和退出后对市场的影响进行科学的预判和评估，才能保证全周期的稳定性。

（四）以监管创新回应金融创新

1. 监管科技的规范化

传统金融乘上互联网和科技之浪走上了创新之路，那么应运而生的互联网金融监管也应该利用互联网思维做好监管工作。监管科技的核心内容是科技和监管的有机结合，只有利用好规范化的监管科技，才能增强金融监管的专业性和穿透性。通过科技尽力克服信息不对称、交易成本与区域限制等发展瓶颈，监管者需要对于各类业务的本质属性、法律关系、责任认定等有着更为深刻敏感的认知和把握，建立规范化的互联网金融监管技术支持系统，通过技术手段对互联网金融的不同阶段进行管理。

（1）重视事前监管机制

技术监管对于市场的事前性约束比法律所带来的事后性补偿有着更为良好的时效性。完善事前监管机制，一方面，要加强互联网信息披露制度，当经营过程中发生违规纠纷追究或违法责任追究时，以经营者是否履行了信息披露义务或风险提示义务作为追究责任的依据；另一方面，收集更多的互联网金融活动的数据，定期进行整理，根据数据的采集和分析，推测其实时状态和动态走向，并利用这些数据建立更为切合市场实际的风险预警模型。

（2）明确监管科技的法律关系

目前，腾讯与北京市金融工作局、深圳市政府金融工作办公室签订合作协议，运用多维度金融数据、模型拟定、欺诈定型、监管流程管理模型等，打造地区性的金融安全大数据监管平台。但如何明确监管科技得出的数据在监管决策中的法律作用和性质等，需要以法律制度加以规定，才能更好地利用监管科技。

2. 运用沙盒监管加强风险识别

创新监管技术，依托科技进行风险识别，可以有效弥补现有监管制度的滞后性。面对互联网金融的科技性与创新性，如何加强风险识别是一大技术难题。但是，沙盒监管却可以对这种科技性与创新性进行回应。沙盒监管起源于英国，其基本运行原理就是构建一个虚拟适用空间，当一项新型的金融科技产品出现之时，将其投入沙盒中进行检验。经过沙盒的检验，若是不会损害金融消费者的合法权益、威胁经济安全便可以让其投入市场进行运作。反之，若是没有通过检验，有漏洞的地方便让其改正，涉及风险较多的则不允许其投入市场。互联网金融以创新发展金融，监管者同样可以以创新来推动监管，提高监管效率。

沙盒监管的理念，长期以来都是园丁式的监管，沙盒监管更多的是让互联网金融在更加安全的环境当中进行创新。设计好沙盒监管首先应当明确负责的主体，比较适合这一角色的应当是银保监会（中国银行保险监督管理委员会）。因为目前互联网金融大部分都是和银行、保险业务有交叉的，由银保监会进行负责也可以鼓励银行业、保险业进行创新。在具体板块方面，沙盒监管至少应当包括项目准入、持续性经营、消费者权益保护三个方面。其中，项目准入是审核项目是否具备进入沙盒的条件,是事前监管的一部分,主要能够系统评估、防范金融风险。持续性经营是对互联网金融产品的事中监管,当创新产品投入沙盒当中时,监管者可以对随时出现的问题要求企业说明,发现其出现无法控制的风险时可以禁止创新产品进入真实市场。而消费者权益保护应当是沙盒监管当中的一个重要内容,进入沙盒的创新产品若存在侵犯消费者权益现象,应当立刻退出,不准许上市。

对此,有关部门应当加速沙盒监管的顶层制度设计。落实沙盒监管不仅要具备成熟的技术条件,而且还要有立法明确的授权。沙盒监管作为一种弹性的监管框架,其体现的更多的是实验主义,在实践当中还需要解决好刚性行政法体系的兼容问题。

3.增强监管的穿透性和专业性

无论是行为监管还是功能监管,都无法适应现如今的混业经营状态。现有的监管理念还是应该及时转变,通过穿透式理念来弥补不足。穿透式监管最早来源于美国1940年的《投资公司法》,关于其具体定义,目前并没有权威界定。但是,其实质就是将整个交易环节连起来观察,了解金融交易的本质,防止重复监管。首先,增强监管的穿透性与专业性,离不开大数据信息平台的建设与完善。大数据信息平台的建设主要是为了打破信息不对称,为监管者提供有用的监管信息。通过大数据信息平台前期对互联网金融领域信息的收集和分析,可以对信息不对称风险进行预警,对不良金融行为进行监测,待数据分析完毕之后形成数据报告,进行数据管理。数据报告是为了能够对互联网金融公司进行实时监控,防止信息虚假披露。数据管理是为了和互联网金融公司的数据进行对接,通过数据的整合,来查验是否存在问题。大数据信息平台的建设,有利于对互联网金融进行动态监测。其次,增强互联网金融的穿透性与专业性还应该整合人才队伍,加大对复合型人才的培养,建立专业的人才队伍。最后,监管部门应当按照实质重于形式原则,对整个交易行为进行持续性的监管。对交易行为的穿透,要仔细鉴别是否有违规操作、利用关联交易转移风险等不正当行为。由于互联网金融的高风险性,每个环节都容易隐藏金融风险,除了对交易行为的穿透,还要穿透到投资者以及资金的最终流向,防止虚假退市,恶意损害金融消费者权益等行为。

(五)强化互联网金融企业模式监管

1.完善众筹融资的监管

"众筹"是一种外来语,其词源为"crowd funding",直译为群众(大众)筹资,具有多样性、低门槛、注重创意、依靠大众力量等特征。从英、美等国对众筹立法的内容和范围来看,众筹的目标主要是解决初创企业和中小企业融资问题。随着众筹融资逐渐渗透到更多的行业,我国对众筹行业出台了一系列监管措施,但在众筹监管方面仍然存在一定问题,比如缺乏统一的众筹立法和政策文件、众筹监管模式不清、众筹监管机制和内容不合理等问题。作为经济市场中的重要内容,众筹市场存在很多信息不对称的情况,有着众多的非理性经济行为以及金融风险,在政府干预存在缺陷的情形下还会出现明显的监管套利,故而在众筹市场规模逐步扩大的背景下,很多国家和地区已经将众筹行业纳入政府监管的范围,基于以上问题及国外监管经验,我国应在探索原有银行、证券、保险、信托、基金等金融监管的基础上,一方面制定适当宽松的监管机制,保持众筹市场的创新活力,另一方面加强相关立法,从而降低信用风险,保护消费者权益。为避免监管过程中出现监管空白或者重叠的问题,应进一步明确众筹的监管主体,加强各部门的联合执法,例如,对于股权众筹,应采用证监会、工信部、中国人民银行、国家发展和改革委员会等部门的协同监管,确保涉及证券、互联网、信用体系和产业发展方面的内容都被纳入政府监管范围内。此外,还应明确众筹平台的业务范围,做好中介服务,禁止众筹平台非法吸收公众资金,避免众筹平台变成非法集资的场所。

2. 完善第三方支付的监管

我国对第三方支付的监管一直处于不断调整和完善的阶段,由于缺乏一定的前瞻性,存在监管滞后的情况,只能一方面通过宏观法律进行规制,另一方面关注相关的互联网金融事件,调整补充相关细则。另外,当前我国监管主体不够明确,监管主要部门是中国人民银行以及银保监会,各级监管机构存在一定的监管交叉,当影响金融安全的事件突袭,监管部门的缺位将导致金融消费者不能快速响应,做出相应的对策止损,存在第三方支付机构逃避责任的风险。

相较于中国,在美国和欧盟已经构建了颇为完整的客户资金管理、市场准入、消费者权益保护等一系列针对第三方支付平台的规章制度。其中美国已经实现了从自由放任到强制性监管的过渡,将支付转移过程看作监管的重点并且对现有法律进行了完善和补充以适应不断变化的局势。美国在监管体制上采用的是中央和地方双重监管的模式,联邦政府通过宏观立法,限定第三方支付平台的运行机制和框架,此种监管形式对于第三方支付平台能够形成多层次的规制。因此,我国要加快完善第三方支付的相关法规,划分金融服务延伸的范围,让第三方支付机构明确并履行其中介性质的职能,保证风险的控制和第三方支付机构的合规发展。同时，信用中介更需对自身信息的透明化程度负责，保证每个运营环节都公开透明。第三方支付平台是以技术为支撑的服务中心，支付的安全性、可靠性离不开严格的监管环境，故而，第三方支付平台更应加强技术管理，避免信息泄露等问题的发生。

（六）发挥行业组织辅助监管作用

1. 将行业监管落到实处

与英国相比，我国也有自己的金融行业组织，但是实践中行业组织却没有发挥自己应有的效果。对此，我们可以借鉴英国的监管经验，完善自身行业监管的不足之处，将行业自律这一块落到实处。

第一，行业组织应当严格地设置准入门槛，对不符合准入条件的互联网金融机构一律拒绝进入金融行业。可以从资金充足率、风险控制能力、从业人员资质等方面审查批准，杜绝不符合条件的机构从事金融业务。

第二，对各大互联网金融机构要做好监督管理。行业组织要求平台定期做好相关信息披露，及时审查各平台信息的真实性，防止机构隐瞒真实信息，造成风险隐患。对各大机构业务也应当进行定期的检查，检查其各类业务是否合法合规，是否存在风险。

第三，对各大互联网金融机构提供必要的帮助与扶持。行业组织在发挥监管职能的同时也应当注重对各互联网金融机构进行服务与培训，为各机构提供业务帮助与服务，促使其获得必要的帮助与支持。对行业组织而言，可以定期对从业人员进行培训与考核，保证从业人员具备专业的水平与能力，提高互联网金融领域人才的风险意识。

2. 以行业软法弥补现有法律规范不足

在互联网金融监管实践当中引入软法既可以用来弥补法律规范的缺失，又可以为原则性监管提供监管参考。所谓软法就是指那些不需要国家强制力保证实施的社会规范。因此，软法相比较法律规范而言较为灵活，能够灵活应对互联网金融领域的新情况和新问题。由互联网金融行业来制定行业软法，一方面为新情况及时提出具体监管要求，另一方面为政府监管提供时间缓冲，让政府后续的监管更加完善，有助于行业的发展。同时，对于互联网金融行业的软法而言，其制定主体为互联网金融行业，参与人员也都是互联网金融行业的人员，因此软法的制定会更加具有公信力，能够充分调动互联网金融行业参与监管的积极性。从某种意义上说，由行业自发民主参与制定，不仅能够让人更加自觉遵守，而且由互联网金融领域内人才来制定，还会更加具有包容性，因此也能够对新事物、新创新成果进行保护。

3. 以行业组织加大对金融消费者权益的保护

对于行业组织而言，让其参与监管的重要原因之一便是可以加大对金融消费者权益的保护，使国家对金融消费者权益的保护更加全面。目前，金融消费者主体较多，由政府统一对投诉进行受理成本较高，而且不能全面兼顾，有一定的滞后性，不利于金融消费者权益的保护。金融消费者通过诉讼的方式保护自身权益时，维权成本也较高。行业组织在对互联网金融消费者进行保护时能够有效地避免这些问题的出现。首先，行业组织可以对金融消费者与互联网金融机构之间的交易提供帮助服务。行业组织可以为金融消费者提供帮助避免金融机构欺诈，保障互联网金融交易的安全性。其次，行业组织可以受理消费者投诉为消费者提供专业的维权帮助。由行业组织进行投诉受理，效率高，而且行业组织具有较强的专业性，还可以对互联网金融机构进行反向监管，有利于行业的绿色发展。行业组织还可以为金融消费者提供咨询服务，帮助金融消费者在准备交易时能够落实知情权的行使。

（七）完善互联网金融监管的相关制度

在互联网金融发展的过程中，我国互联网金融监管方式也在不断调整变化，目前，我国互联网金融进入强监管阶段。我国金融领域在深化改革的同时，加快了对外开放的步伐，实施全面监管已经成为必须面对的问题。自新一轮政府机构改革以来，金融监管部门加快了完善相关法律法规和相关的规章制度，但对于新金融产品和新的金融方式，不可避免地会存在监管漏洞，甚至监管空白。虽然我国目前已经出台了一系列相关的法律法规，但对于建设较为完整的互联网金融监管法律体系仍有一定距离，需要进一步加强互联网金融监管的法律法规建设。我国互联网金融有一定的自身特色，针对互联网金融法律法规体系的建设，一方面要关注互联网金融与传统金融的差异，针对互联网金融特点有的放矢，对于不同的互联网金融类型进行不同程度的监管；另一方面，不能忽视其与传统金融类似的本质，要在吸取过往实际经验和域外经验的前提下，加快立法速度与加大立法覆盖力度，进一步强化功能监管，完善主体监管框架，将相关的金融活动全面纳入监管。

市场的不断拓展意味着：对内，市场在资源配置中起决定性作用，政府要处理好市场与政府之间的关系，进一步完善法律法规、完善市场准入制度、规范化监管科技、建立防范移动互联网安全风险制度等；对外，要深入参与全球移动互联网治理，以寻求在世界金融市场中稳定发展。

1. 完善市场准入制度

在市场准入制度方面，美国以功能性监管的方式，将不同类型的互联网金融纳入已有的金融监管体系，整体上市场准入制度属于严格管理；英国的市场准入则是以沙盒测试制度进行调整。我国互联网金融领域前期呈野蛮增长的态势，市场广泛，风险较高，出现不同类型发展程度不同、影响能力不同的特点。在这一特殊的发展背景和特色的经济体制下，互联网金融准入一方面要严格把控市场准入制度，另一方面要在控制适度风险的情况下，引导互联网金融的发展。自《指导意见》发布以来，分业管理格局正在逐步形成，但互联网金融各业务模式之间的准入制度的标准各不相同，其明晰度也各不相同。从我国的发展情况看，金融牌照由不同部门颁发，除注册资本等要求外，各监管部门还要审查一些行业要求。完善市场准入制度需要明确统一的互联网金融市场准入管理架构；同时明确互联网金融市场的负面清单；并根据互联网金融经营的业务，严格市场准入管理，在防止金融风险的过度累积的同时，加大对互联网金融创新的扶持力度。

2. 建立互联网安全风险防范制度

互联网金融用户分散庞杂、金融活动种类复杂的特性，使其风险的影响面大、影响范围广，因此需要被关注的除了经营所带来的金融风险，更多的是金融风险所引发的社会风险和违法犯罪的各类行为。建立互联网安全风险防范制度能够将金融风险所带来的不利影响最小化，控制其牵连范围，减少其"并发症"。

首先，加强对于交易平台的安全管理。要完善信息安全管理制度，细化互联网金融交易平台的准入门槛，对于其硬件配置、系统运行等多种方式进行规定，制定统一的技术标准规范，加强对于互联网金融机构的内部控制，对于经营者和消费者采取"两头堵"的方式，对金融活动采用实名制。对于消费者方面要进一步完善诚信体系作为配套的后续追踪，对于经营者则可以建立"黑名单"，对于商家以其信用进行风险分级，当其信用不断降低时及时提醒消费者，对于低于一定程度的商家，限制继续经营该类互联网产品并将其信息予以曝光、进行后续的处罚。

其次，提高金融活动参与者对于互联网金融安全的认知。其一，提高消费者对金融活动的常识性认知。要求互联网金融经营者以消费者在参与金融活动中即将面对的权利义务的产生、法律关系的变动、金融产品的性质等做出详细的解释说明，否则在面对不利法律后果时，经营者一方需要承担更多的法律责任。其二，提高经营者在互联网金融活动中的法律认知。不定期给互联网金融经营者进行培训，在其进入该领域时加强其对于所从事的金融风险、风险的预防和应对以及自身金融产品的认知，监管部门对于风险的知识进行宣传和考核，建立立体化的风险安全防范机制。其三，要确保监管者在风险管理中能够利用先进的技术监管手段减少信息的不对称，对监管人员进行培训，从而提升监管队伍整体水平。在防止金融风险的同时，也要对互联网金融出现的数据"杀熟"等现象进行详细规定，以防止出现行业垄断、领域垄断的现象，不利于良性竞争。

最后，完善个人信息保护安全的相关立法。近年来，我国针对个人信息保护的问题出台了多部法律法规，从交易安全的财产权到个人隐私的信息保护，从实体信息到电子数据。但随着技术的层叠式发展，人们在网络中使用、提交的个人信息越来越多，甚至能根据提交的网站 IP 直接定位到个人地址，比起过去实体信息的提交，电子数据更能全方位地展现个人信息，也由此使个人信息保护的重要度提升了几个等级。由于网络技术本身的原因，除了交易双方，个人信息和财产也有可能在第三方支付网站或者其他的链接中受到侵害。而且，当下科技发展较快，有许多意想不到的高科技方法造成侵害后果，例如之前美国的假借提供免费的充电口，实则是通过 USB 连接口向系统后台输入个人信息。我们需要不断完善个人信息保护安全的立法，明确金融机构在活动中所承担的信息保护义务，以立法的形式提高对于金融机构的科学技术标准，以保障交易安全。与此同时，各部门应统一配合，协调监管。一旦发生的侵犯信息权、侵犯财产权的行为，不仅仅属于民商法、行政法所管辖的范畴，而进入刑法的范畴时，行政与司法部门、执法部门应携手合作，积极打击互联网金融中出现的违法犯罪行为。

第五节　互联网金融监管体系的构建

为控制以互联网平台为依托的金融新模式和新产品产生的信用风险，金融监管部门应对互联网金融机构、业务以及表内外、境内外风险进行全覆盖监管，明确资本充足率和偿付能力要求，让互联网金融机构依法、公平参与竞争。应继续完善互联网金融法律法规，完善准入门槛，强化功能监管，在实践层面上增加现实考量，落实主体责任，明确监管主体、监管界限，重点是避免监管真空和监管套利等问题。互联网金融监管要明确横向界限和纵向监管责任，同时建立监管责任追究机制，以约束监管主体的监管行为，确保公平市场竞争环境和金融稳定。

一、构建互联网金融市场征信体系

征信体系中针对失信行为的惩罚机制对金融市场中的参与者行为产生约束作用。为约束平台上的失信行为，监管机构应要求互联网平台对金融活动参与人和利益相关方的交易数据建立信用数据库，包括交易账户和记录等信息，强化交易过程监管；要求互联网金融机构将重要的信息数据与监管系统、央行征信系统连接，加快互联网金融机构接入央行征信的进程，积极探索政府与市场征信的数据共享。地方金融征信体系的构建也是防范地方金融风险的关键，可以在参照中央银行金融征信标准体系的基础上，制定地方金融监管征信标准。

二、推动互联网金融机构加强风险管理能力建设

一方面，鉴于互联网金融经营模式的差异，监管政策应与特定业务风险相适应，对不同互联网金融业态实行差异化监管，逐步推动对不同新业态模式制定针对性监管政策、监管措施和适用规则。

另一方面，互联网金融机构内部应建立风控机制，在客户准入、信用水平、风险评估、贷款审批等方面独立研判风险，严格落实自主风控原则；以保护金融消费者为出发点完善监管，构建互联网金融市场风险预警机制、违规惩罚机制等；并对互联网平台金融活动设立登记、经营许可等制度，以缓解互联网金融业的信息不对称问题。

三、利用"智慧监管"改善互联网金融风险监测预警机制

互联网金融中的信息不对称导致互联网金融风险频发。因此，积极利用大数据、人工智能、云计算、区块链等"智慧监管"手段，可提升跨行业、跨市场交叉性金融风险的甄别、防范和化解能力。以数字治理为抓手的金融监管思路是有效应对新业态模式、提升数字化监管能力的重要手段，应逐步推动提高金融机构报送数据质量，强化金融机构数据记录、操作记录的保存责任，以确保监管的有效性。数字化技术手段是保障监管实时性的必由之路，通过实时监管，能够实现智能化金融创新风险评估和多层次主体风险识别，提高反应速度，改善金融风险监测预警机制。

第七章 互联网金融的发展前景

随着互联网金融发展的成熟及大数据、云计算等技术的实现，互联网金融进入金融科技时代，未来的发展前景是互联网金融的规范化及普适性的应用。本章分为互联网金融发展的机遇与挑战、互联网金融的未来发展方向、互联网金融的健康发展策略三个部分，主要内容包括互联网金融发展的机遇、挑战，互联网金融的创新化、规范化等发展趋势，互联网金融的行业规范进程加快、监管加强等未来发展方向，积极创新互联网思维、优化互联网金融健康发展的新环境等发展策略。

第一节 互联网金融发展的机遇与挑战

一、互联网金融发展的机遇

互联网金融成本较低，更为高效化、便捷化、透明化，较为关注到客户的实际需求和体验，因此越来越多的人关注到互联网金融的优势特征，并有意识地参与到该项活动中。当前互联网企业不断开辟出新的业务模式，包含理财、支付以及贷款渠道，这些新模式的运用有效打破了传统金融的实施特权，更好推进了金融行业的稳步实施。传统金融在受到互联网冲击的情况下，也积极创新自身发展道路，实现业务的互联网化。

互联网金融融资方式越来越多样化，金融市场的层次化也较为丰富，民营和普惠金融业都取得良好发展成果，且金融行业重点支持高科技企业、小微企业的发展。在互联网金融的发展过程中，互联网金融良好利用多种信息技术手段和互联网技术，扶持中小企业的健康运行，同时中小企业还是新商业模式、新技术的重要摇篮，广泛推进互联网金融的发展，可以有效培育新的经济增长点，在促进社会就业、推进经济转型方面发挥积极作用。储蓄率过高是影响金融产业健康发展的重要因素之一，其发生原因主要是人们的投资意识和风险意识还不够高，而当前支付宝、网上银行等多种金融形式的推出，给人们消费活动提供了更为便捷的途径，有效推进了电子商务活动的发展，在拉动社会消费水平的持续增长方面发挥了积极作用。在经济新常态环境下，互联网理财、贷款、股权融资以及支付活动都取得良好发展成果，金融产业发展成效明显，人们参与到互联网金融中的积极性也不断提升。

（一）政治环境

政治环境一般指企业所在行业和地区的相关国家法律法规和政策方针等情况。很多行业发展深受国家宏观政策和法律法规的影响，一旦出现新的政策，企业要结合这一环境对自身的营销策略进行适应性调整。

在2013年后，随着互联网的发展，互联网金融进入了发展的快速时期，许多金融创新型业务如雨后春笋般诞生，为消费者提供了多样化的金融服务，通过有序发展，各大金融机构获得了相应发展空间。互联网金融发展随之正式进入了发展的黄金时期，在整个行业领域中，互联网金融的注入给许多金融机构带来经营挑战，并引发了许多金融案件。国家高度重视金融机构的互联网金融业务发展，并通过下发相关的法律法规和相关政策推动行业正向发展。在此过程中，政府有关部门明确提出了互联网发展需要遵循"规范性""稳定性"的发展原则，同时，还对涉嫌违法的金融机构予以严重处罚。由此可以看出，政府监管的根本目的并不是要将互联网金融"一刀切"，而是希望通过有效监管将互联网金融领域的不良机构进行清除，以此坚守底线，避免发生严重的金融风险。对于互联网金融的规范化发展趋势，实际上也说明政府其实对互联网金融的发展是基本认可的，只是希望其朝着稳定、可持续的方向有序发展。

现阶段，我国的互联网金融管理体制融合了行政监管及行业自律的基本原则，同时也符合社会发展的基本规律。在2016年，我国正式成立了互联网金融协会，对不同监管部门的职责进行了明确划分，以此确保金融业的稳定发展。在2017年，我国正式出台备付金交存政策，规范了"第三方支付"的相关内容，这也能确保客户资金在一个稳定的发展平台上。同年，我国成立了金融稳定发展委员会，通过协会的建立，实现对行业领域企业的全面性监督，确保金融业的持续稳定发展。为推进银行理财业务规范转型，规避资金风险，2018年，资产管理新规落地，促进了互联网理财的规范发展。2019年底，我国金融监管机构发布《关于推动银行业和保险业高质量发展的指导意见》，再次对互联网金融风险进行综合整治。总体而言，我国互联网金融的监管机制发展较为全面，相关配套措施及制度法规也在不断完善过程中，能够为企业与商业银行发展营造良好的发展环境。

近些年，互联网与各产业的融合更加全面、深入。2014年"互联网金融"首次引入政府工作报告，表述为"促进互联网金融健康发展"，监管部门表示出鼓励金融创新、推动互联网金融健康发展的态度。"加快推进互联网＋医疗等多领域融合发展"于2018年被首次在政府工作报告中提及。2019年，政府进一步提出要全面开展传统产业利用"互联网＋"新技术、新模式进行优化改造，加快"互联网＋"在各行业、领域的推进进程。之后随着线上服务、电商直播、网购等新的业务形态发挥着越来越重要的作用，全面推进"互联网＋"等相关内容进一步在政府工作报告中被提及。金融行业与"互联网＋"的深度融合从某种程度上推动了金融行业的数字化发展，助推了传统金融机构服务全量客户及多层次市场主体。

同时，政府近些年在持续规范互联网金融业务。2015年前后，互联网金融的负面新闻开始显露，由此拉开了互联网金融监管的大幕。2016年，监管部门开始专项整治互联网金融，互联网平台金融被列为重点监管对象。一系列监管措施陆续出台：依法将金融活动全面纳入监管，对同类业务、同类主体一视同仁；加强对银行保险机构与互联网平台合作开展金融活动的监管；坚决遏制垄断和不正当竞争行为，防止资本在金融领域的无序扩张和野蛮生长等。

伴随着我国政治环境的不断稳定，为我国社会经济尤其是互联网金融提供了有效的政治影响因素。稳定的政治局面在一定程度上也有助于互联网金融数字化转型升级，服务实体经济，促进国内经济不断向前发展，实现经济社会稳定。随着中小微企业以及国内循环和"十四五"规划发展的不断需求，互联网金融行业必然是未来我国经济发展的重要一环。

（二）经济环境

经济环境主要包括宏观和微观两个层面。宏观经济环境主要是国家的经济发展速度、发展环境、人口增长速度、国民生产总值和人均收入的增长程度等要素，这些要素反映了国家经济发展的水平和速度，对企业经营有着间接的影响。微观经济环境主要指企业所处区域或者产品销售和服务范围内面对的具体情况，如居民收入水平、消费能力等，这些因素对企业发展具有直接的影响。

近几年，我国的经济发展虽处于高增长阶段，但是呈现粗放式发展的特点。随着时代的进步，我国的经济发展逐步进入更高效、低成本和可持续的稳定增长阶段。我国近几年良好的人口发展环境逐步消退，依托资源及人口红利，为了发展经济而破坏生态环境的做法亟待摒弃；经济发展"新常态"的提出为我国经济的发展开启了一段新篇章，传统行业寻求改革，银行也需要新的增长点。互联网的发展让传统金融看到了新的可行性。依靠国家政策的支持，传统行业可以运用移动互联网、物联网、大数据等技术进行改革，创造新兴产业，打造新的经济增长点，促进国民经济的转型升级发展。

2018年后，伴随国家出台的各种供给侧改革政策，我国经济结构开始转型升级。首先，我国的产业结构不断优化，服务业的占比日益增长，对经济增长贡献度超过60%，全国服务业指数领跑国民经济增长，其中，软件和信息技术增长尤为突出。其次，以工业为主的第二产业内部结构不断优化，高新技术和装备制造业增加值增长迅速，如新能源汽车、工业机器人等。更重要的是，经济增长的主要动力来自消费需求，线上和线下消费形成良性互动，更好地促进了经济结构的发展。这都得益于经济环境的转变：一方面，借助互联网产业与传统行业的结合，经济发展模式有了新路径；另一方面，供给侧改革效用逐渐发挥，居民消费能力和需求日益旺盛，这些都是发展互联网金融的有利条件。

在供给侧改革过程中，互联网金融借助大量沉淀的社会资金实现经济回报，为推进产业高质量发展产生积极因素。例如，互联网金融对农业升级作用体现在农业规模和农业现代化经营两方面。目前我国农业交易是非标准化的，未能形成统一的规模和形式，不利于扩大生产规模。互联网金融的加入，使零散交易变成整合集中交易，使某地区的农产品特点得以突出，打造出规模化的品牌效应。互联网金融还能集合众多大数据，可在线分析与预警，提升农民的现代化经营与管理能力。互联网金融助力工业升级主要体现在服务新型产业融资和供应链金融提升传统产业。互联网金融为新兴中小企业提供融资便利，其打造的智慧供应链平台和仓储间的互联互通，可以全面提升产业服务水平。互联网金融对服务业升级方面，随着互联网零售金融的发展，大大提升了服务业水平。互联网金融打破了以往传统金融（如银行）高高在上的垄断地位，倒逼传统金融转型，创造新产品和新业务，助力国民经济发展进而促进产业升级。

（三）社会环境

社会环境是指在一定社会形态下形成的区域性宗教信仰、价值观、地方风俗等行为规范。地方风俗和宗教对消费者能够接受的产品和服务有极大的影响。同时，消费者的教育和文化程度决定了地区消费的结构和层次，价值观念对企业的品牌形象和认可度有着直接的影响。

随着互联网、大数据等技术的迅猛发展，互联网金融逐步进入发展的快车道：一方面给传统金融造成较大冲击，传统金融转型势在必行；另一方面深刻地改变了人们的交易习惯。

当前，移动支付用户数量呈现稳步增长态势。据中国互联网络信息中心（CNNIC）信息，2020年6月份，全国互联网用户数量超过9.40亿，普及率升至67.0%，较上一季度环比提升了2.5个百分点，其中，使用手机上网的人数达到9.32亿，移动互联网用户的渗透率高达99.2%，与此同时，使用手机支付的人数比例超过85%。截至2021年6月，我国网民规模达10.11亿，互联网普及率达71.6%，我国手机网民规模达10.07亿。可以说，互联网在人们工作、生活、消费、娱乐场景中的使用频率日益升高，客户消费、交易习惯开始转移至线上。

（四）技术环境

技术是推动社会经济发展的重要动力，历史上的多次生产力飞跃式发展都是由技术推动的。技术环境是指一个国家或地区当前的技术状态。在同一个市场，掌控先进技术和重大专利的企业生存和发展得更好。

当前，一方面，客户需求、金融市场、服务体系都产生了较大的变化，金融服务几乎已经渗透到人们工作、生活的每个地方。移动支付技术的出现提升了客户对金融产品的忠诚度，让客户逐渐放下了对第三方支付平台及其衍生金融产品的戒备。另一方面，金融产品的使用"寿命"有所延长。线上线下协同联动，借助场景资源优势丰富了金融业务资源，为客户提供更贴心、专业、高效的金融服务。随着技术的迭代创新，支付行业逐渐推陈出新，刷脸支付、信用支付等逐渐崭露头角。以技术为地基的金融科技助推互联网金融的发展创新。5G技术、区块链、云计算、人工智能等技术已经成为移动支付、电子银行、大数据平台等业务的中坚力量。科技外力不断拓宽应用边界，在金融科技飞速发展的同时，更多的创新应用会被创造出来，扩大互联网金融业务的界限。金融科技将持续作为第一驱动力推动互联网金融创新。

扫码支付是在3G到4G通信网络下出现的一种互联网创新支付方式，这是在卡支付方面又向前迈进了一步。扫码支付的主要优点包括：①避免客户携带现金或信用卡的麻烦，所有交易只需提供客户的二维码，这种二维码支付直接链接到客户的银行卡，实时记录客户的银行卡资金变化，使交易极为简单。②能够使互联网技术企业可以掌握客户的交易进行数据，记录客户每月的花费，以及社会主要花费的项目，利用这些信息数据管理可以向客户专门推荐其适用的产品，同时也可以根据客户资信情况授信信贷业务。③节省了商家的成本。通过现金支付，商家需要防范以及识别客户货币的真假。比如资金留存多了，会担心安全问题，需要将大量现金存入银行，浪费商家更多时间，所以商家更倾向于扫码支付。

依托于计算机技术强大的数据处理功能，互联网金融平台可以对海量的客户信息及金融交易数据进行存储和处理。这些重要的信息数据包含了用户的个人隐私，同时也是互联网金融机构开拓业务、提供互联网金融服务、开展客户服务工作的依据。通过计算机技术，互联网金融机构可以有效地保护用户的个人隐私及交易信息，防止用户的重要资料被窃取和篡改；同时，借助大数据技术专业化的数据处理能力，还可以对用户的金融消费习惯和潜在的需求进行分析，从而提供针对性的用户服务，优化互联网金融平台的业务功能，为用户提供更具针对性和更加个性化的互联网金融服务。对于互联网金融平台而言，用户信息是核心，也是最具价值的资源，互联网金融平台的用户数量、金融交易量以及用户服务的满意度直接决定了互联网金融平台的未来发展，同时也决定了互联网金融平台后续业务及服务能否有效开展。

在计算机技术不断更新换代的背景之下，以计算机技术为根基的大数据、云计算、人工智能等先进的技术手段在互联网金融平台中的应用，为互联网金融平台业务及服务的持续拓展提供了有力支持。一方面，通过大数据及云计算等先进的技术手段，可以对互联网金融平台的用户信息进行全面的整合与分析，选择稳定优质的用户作为拓展业务和服务的重点人群，针对性地提供精准化的营销，从而为扩大互联网金融平台的业务量提供技术上的支持；另一方面，通过计算机技术可以对用户的消费习惯和需求进行分析，从而为用户提供更加人性化的服务，提高用户的黏性，建立长期稳定的客户关系。服务器虚拟化技术也是计算机技术在互联网金融中应用的重要表现形式，通过服务器虚拟化技术，可以实现更加快捷便利的资金交易，不需要利用纸质货币就可以完成线上的资金交易。这对于传统的货币交易模式而言是一种巨大的突破，以往人们存取货币都需要在线下的银行柜台或 ATM 机完成交易，购买物品则需要利用纸质货币完成交易，而利用计算机技术人们可以在互联网金融平台随时随地进行资金往来和线上消费，传统金融机构的大部分业务都实现了网络化。在互联网金融平台当中，人们可以通过关注资金数字变化的方式了解个人的资产情况，并且每一笔交易都有迹可循，大大提升了用户资金交易的便捷性。

可以说，互联网金融是在"大数据"机遇下产生的，这不仅决定了互联网金融具有普遍性与全面性的显著优势，而且将变革创新延伸到了运营体系、管理机制及其他环节中，有利于为广大人民的经济发展及资金安全提供保障。具体而言，主要体现在以下方面：①在大数据机制下，客户信息完整可查，同时准确率大大提升，风险性有效降低；②对于广大消费者而言，越是完善的数据体系、健全的管理机制，越能获得客户的信赖与支持；③金融机构能以云计算为基础，通过定制化的金融产品，满足用户的多元需求，以此获得客流量；④互联网金融能通过充分利用大数据资源，挖掘互联网中的有效信息，促进金融机构的业务发展，并促使整个金融行业朝着规模化、长远化发展。

在互联网快速发展的过程中，"云计算"发挥着至关重要的作用，可以说，大数据在云计算中发挥着关键性的作用，其能够有效地获取资源，对于互联网金融发展具有重要辅助性作用，运用云计算不仅能实现金融数据的有效存储与处理，还能实现信息的提取及应用。当前，云计算广泛应用于互联网金融业务发展中，具体包括对资源进行汇总、分析及整合，促使商业银行的大数据实际应用能实现全面覆盖。此外，应用云计算相关数据能最大程度地减少信息挖掘等费用开支，同时能满足客户随身行、便捷服务等多元需求。

综上所述，互联网金融在政治、经济、社会和技术环境的发展机遇下，可以针对闲置资金加以有效盘活，充分发挥资金的利用效率，为企业的发展壮大奠定坚实基础，其在实际运行过程中还能够针对产业结构加以良好改进和调整，培育新的经济增长点，促进国内经济结构的良好转型和升级。

二、互联网金融发展面临的挑战

2021年4月29日，央行、银保监会等金融监管部门约谈了腾讯、度小满金融、京东金融、字节跳动等13家网络平台企业，进一步加强对网络平台企业从事金融业务的监管，强化反垄断和防止资本无序扩张。这次约谈实际上也释放了对互联网金融进行严管的信号。随着大数据、人工智能、元宇宙等技术的迅猛发展，新业态、新模式日新月异、层出不穷，互联网金融发展也在不断创新、不断升级，互联网金融支撑共同富裕的方式、方法也更加多元，但是相关法律法规的更新进程偏慢，导致互联网金融全面支撑共同富裕发展面临法律法规支撑不足的问题。

互联网金融的本质还是金融，而互联网金融是一把"双刃剑"，有可能提高金融的效率，也有可能加剧风险管理的难度。当前，已进入互联网金融的监管革新阶段，中国互联网金融所面临的挑战也相应发生变化。新阶段中国互联网金融所面临的主要挑战有如下几个方面。

（一）系统性风险的防范

互联网信息技术不断发展和创新，已渗透传统金融，并形成了一个新的且规模庞大的金融市场。中国互联网金融的重要性描述以及在新阶段出现的部分极端事件，均强调如何测度并防范中国互联网金融发展的风险，这对中国整体金融市场系统性风险的影响是一项重要挑战，在一定程度上决定了能否打好"防范系统性金融风险攻坚战"。投资者、研究人员和政策制定者迫切需要了解互联网金融与整体金融市场的系统性风险之间的联系。首先，传统金融行业为互联网金融提供基本支持；其次，重大的新风险可能会从互联网金融蔓延到传统金融；最后，评估互联网金融与传统金融之间的联系和溢出特征是投资者、研究人员和政策制定者关注的重点。互联网金融风险对于整体金融市场的影响以及溢出效应，以及确定系统性风险相对应的演变路径，对于防范系统性金融风险具有重要意义。

（二）政府监管与行业自律

各种监管措施主要从政府监管角度出发。金融监管具有金融抑制作用，政府在监管的同时更要注意金融发展博弈与金融监管科技进步。在金融改革的进程中，明确对中国互联网金融的政府监管革新，实现与金融体系的对接，具有重要意义。在利率市场化等金融改革过程中，同样要求中国互联网金融能够完成自身市场化的行业自律演进。在中国互联网金融发展中，实现行业自律和筛选出合规平台是重要挑战。

（三）估测参与者行为演变规律

对于互联网金融产品及服务，投资者关注度对其发展有极为关键的影响。因此，如何在监管条例允许下，吸引足够多的投资者，得以合理地汇聚资金从而形成规模效应，是互联网理财产品成长和发展的关键。鉴于此，从投资者行为的角度，解读中国互联网金融中微观结构、参与者行为演变规律是一大挑战。

第二节 互联网金融的未来发展方向

一、互联网金融的发展趋势

随着互联网技术的不断革新,互联网金融开始蓬勃发展,新产品层出不穷。它为广大中小企业提供了崭新的融资渠道和思路,也为广大市民的日常生活和个人理财带来了极大的便利。国家对金融体制方面的改革越来越重视,并开始向全国推广和普及金融服务。目前,互联网金融已是国家金融体系的重要一环。为完善社会经济结构,保障国际经济的良性发展,政府就必须继续加强对其管理调控,并以宏观政策的形式规范其发展过程。

互联网金融的发展趋势呈现以下特点。

(一)创新化

创新是一切社会活动得以进展的推动力。网络技术的迅猛发展和网络用户的飞速膨胀,再加上人们价值观和消费观念的转变,为互联网金融的兴起创造了良好的条件。随着互联网金融越来越被大众所熟知,大数据、云计算、人工智能、区块链等高新技术越来越发达,意味着互联网金融的前途不可限量。大数据可以用于精准把握市场和客户需求,云计算能够掌握最新市场动态,人工智能有助于业务办理的智能化,区块链技术则主要负责线上交易时双方的资金和信息安全。

中国互联网金融的创新化趋势主要表现为以下两方面。

其一,第三方支付正逐渐替代传统的支付方式。第三方支付平台最大化利用了自己的中介身份,其便捷的交易结算操作、良好的信用保障,促使消费者和各大金融机构间的支付成本降低,潜在促进了消费者的消费、增加了各商家的利润。第三方支付平台拥有大量资金和良好信誉,会和银行进行签约,在买卖双方之间提供交易资金,客户方通过对第三方支付平台发布支付命令,命令由第三方支付平台所接收并转递给银行。第三方支付所涵盖的业务多贴近人们的日常生活,使用第三方支付方式在很大程度上方便了人们的生活,且操作简单,容易上手,并由此不断在社会上普及、创新、发展,渐渐呈现一种取代传统金融的趋势。

其二，融资、贷款方式正在逐渐改变，这一改变在一定程度上解决了我国中小企业"融资难""贷款难"的问题。规模较大的金融机构（如商业银行）对中小企业会进行贷款风险评估，在评估过程中，中小企业常常因为风险过大而被银行拒绝为其提供贷款，故中小企业经常面临资金短缺的严重问题，寻求创新发展但苦于企业资金短缺。随着互联网金融的创新发展，出现了一些独立融资中介平台，这将为中小企业提供很广泛的平台去融资。类似阿里巴巴、京东这种凭借购物网站的融资平台作为辅助，也解决了中小企业的一部分贷款困境。以互联网金融为依托的新型融资贷款方式的主要形式为，贷款方不是银行这类金融机构而是个人，借贷双方的交易在线上进行，线上平台充当中介，借款方借得所需资金，并在约定时间内偿还本息。新的借贷方式有效提高了资源配置效率，加快了企业融资速度，在很大程度上能够缓解中小企业"贷款难"的压力。

（二）规范化

互联网金融诞生伊始，相关的监管调控和运行机制都欠完善，互联网金融因此经历了一段无序发展、竞争频繁的状态，这给消费者和金融业都造成了不小的损失，迫切需要引导它们走上正确的轨道健康有序地发展。2016年，我国开展互联网金融专项整治行动，《互联网金融风险专项整治实施方案》同时得以颁布施行，这说明，我们国家已经开始着手改造，互联网金融的发展也由此渐入佳境。互联网金融不再以大众化为发展目标，而是向小众化和个性化的方向发展，以期做到点对点专业服务，这也预示着互联网金融未来发展的规范化趋势。

（三）场景化

场景金融是互联网金融的新形式。它是当下高度自由化生活形式的完全体现，已经融入现实生活的点点滴滴。场景化是未来金融业发展的重要趋势，在移动互联网时代，用户的所有行为，包括支付在内的金融服务与社交互动，都将融入具体的场景里。场景金融能有效解决互联网金融产品在不同情景下使用时带来的各种困难，这使得原先的生产销售模式被彻底打破。高效率、低风险、专业化、时效性都是其根本特性，同时场景金融的发展对实体经济也能带来一定的推动作用。

（四）国际化

尽管我国的互联网金融并非世界发展的起源，但发展速度是其他国家难以企及的。相比之下，我国早就开启了手机等移动终端的收付、运输、证件管理、医疗保障等功能。一些企业在国内发展得如火如荼的同时，决定走出国门，到国外去谋求更长远的发展。为了尽快占据国外市场，不少企业开始通力合作，以合并或者联合的方式提升实力。海外市场的巨大潜力也冲击着国内市场，对外资企业来说，以推广和扩大知名度为目的，它们也十分乐意与国内成熟的互联网金融企业合作。

二、互联网金融的发展方向

（一）行业规范进程加快

如果一家金融企业能不断创新金融产品、不断提升重要客户的服务体验，那么该企业将会长期处于发展期。令企业及其产品始终保持自身优势，这正是互联网金融未来发展的一个方向。

在现阶段，防范系统性风险是我国金融工作的重中之重。互联网金融是金融产业的重要组成部分，而健康的行业环境是产业发展的重要基础。党的十九大报告中指出，要健全金融监管体系，守住不发生系统性金融风险的底线。在这一报告中，互联网金融产业也在这一整治范围之内，该行业迫切需要向理性化、规范化方向健康发展。

互联网金融健康发展的基础是合法合规。一个合法合规的互联网金融平台，既能促进互联网金融产业的健康发展，又能降低系统性风险，同时能为企业塑造自己的品牌、吸引投资，吸引大批忠实用户。在互联网金融产业日新月异的发展下，未来会遇到很多不可预见的问题，监管机构需要出台更加规范严格的制度，让行业治理和产品创新同步进行。在监管趋严和信用社会不断发展的情况下，互联网金融企业需要不断提升合法合规意识，主动进行自律，加强风险管控，以此来保障金融秩序。未来互联网金融产业的合法合规化是不可避免的方向，加强风险管控、保障金融行业的健康发展是互联网金融企业的重要责任。

政府应出台措施促进互联网金融企业成长，鼓励互联网金融稳步发展，规范外部融资环境，加大相关基础设施建设投入力度，保障互联网金融对融资约束的缓解作用稳步体现。互联网金融虽然是新兴行业，但是互联网金融本质上脱胎于金融行业，涵盖了金融行业的所有特点，而促进互联网金融发展，互联网金融监管是关键的一步。但是互联网金融是新兴行业，应被给予一定的自主性，因此适度的监管能为互联网金融的改革深化保留自主发挥的空间。政府一方面加强监管,另一方面鼓励创新,双管齐下才能取得效用最大化,为真实缓解实体经济的融资约束出力。

对于互联网金融业来说,要想形成规范的行业发展态势还是要注重创新,用创新驱动发展。互联网金融是以传统金融行业为模板、互联网技术为支撑的金融产品。从互联网金融对缓解企业融资约束有明显效果来看,互联网与金融深度融合俨然已是大势所趋。政府应出台措施促进互联网金融规范发展,促进金融行业创新,激发市场活力,建设多层次、多维度的融资体系;应积极督促互联网金融平台不断优化升级,激励市场,促进互联网金融发展;在突飞猛进增长的同时也应注重潜在的危险,关注信息安全问题。互联网金融是一种对于实体金融信息的电子化收集和运用,目的在于共享信息,消除市场信息不对称,所以金融信息作为其根本,安全问题是至关重要的。互联网金融的交易融资基本是在网络上进行的,交易中含有大量重要信息,所以要保护网络平台上的信息安全,防止被外部窃取和破坏,进而从根源上保证其安全性。另外要保证信息安全不会被内部泄露。

互联网金融行业自律是行业规范发展的重要内部动力,应充分发挥行业自律对于互联网金融规范发展的正向引导作用。应强化遵纪守法、诚实守信的自律精神,营造互联网金融规范发展的良好外部环境。应积极鼓励互联网金融机构间的深化合作,传统金融行业与互联网金融行业的深化合作。各行业、各机构应携手共进,优势互补,共同建立良好的金融生态环境。

(二)金融监管走深走实

《中华人民共和国电子商务法》于2019年正式落地实施,其颁布和实施,在法律层面上对我国互联网金融风险的监管进行了保障。同时,在互联网金融的监管上,我国也逐渐加大了力度,在互联网金融风险的监管政策和管理方法上不断寻求创新和改进的道路,使得互联网金融监管的水平不断提升。在监管政策方面,立足于现有政策的优点和不足,通过不断的优化和完善,我国陆续发布了一系列新的政策和方略,这些对正确监管互联网金融、保障互联网金融健康发展起到了很强的支撑作用。此外,2021年,政府明确提出,简政放权的必要保障是有效监管。要实施有效监管,加强事前事中事后审批,加大惩罚力度,健全各级部门的综合管理制度,让公众监管放在明处,从而促进优胜劣汰。

互联网金融的监管已经受到我国相关部门的高度重视,并在推行和试验的过程中,不断进行总结、完善和改进,使我国互联网监管水平得到大幅度的提升。

但同时引起我们警惕的是，我国互联网金融的体量是巨大的，像一艘海洋中的轮船，我们在认识互联网金融风险和有效监管方面仍存在许多不足。因此，提出有效的措施来改善和解决这些存在的问题，是我国在互联网金融监管发展史上的首要任务。

互联网金融并没有从根本上改变金融的本质，它的实质还是金融，并非新金融。即使是这样，我们也应该按照现有的金融法规将其纳入监管的范畴，而不能简单地任其发展、随波逐流。因此，政府在鼓励互联网金融创新的同时，应强化互联网金融监管，建立针对互联网金融的监管机制。加强监管并不是要抑制互联网金融的发展，更不是要遏制金融领域的创新，而是要扫除以互联网金融为名的不法金融活动，防范互联网金融风险，建立完善健全的"游戏规则"，为整个互联网金融行业的发展创造良好的发展环境。我国目前的互联网金融监管机制尚不完善，如果没有完善的监管机制对其约束，将极大地阻碍未来互联网金融行业的发展。

加强对互联网金融的监管是互联网金融发展的一大方向。随着金融市场的不断发展，我国互联网金融监管机构要不断地发现和研究新出现的问题，不断完善互联网金融的管理制度。在法律和政策方面，应大力推动金融创新，并从法律上解决消费者权益问题、防范系统性风险，从而推动互联网金融行业的健康发展。

在对互联网金融行业加强监管的同时，人们也要充分尊重这种新兴的金融产品的自身特点。对互联网金融进行监管是为了让其更好地发展，而非通过监管来阻碍它的发展，更不能使其成为传统金融维护其既得利益的工具。加强监管应在维持金融市场的稳定、维护消费者权益、规范市场秩序、加强风险管控等方面，寻求监管和鼓励两者之间的平衡，为互联网金融创新提供更大的发展空间。同时，要充分利用市场对资源的决定性作用，发挥政府在资源配置中的调节作用。在今后的发展中，互联网金融持续发展的方向不会改变。

（三）对传统金融行业的影响加大

健全的互联网金融体系可以更好地服务于实体经济，在当今社会经济飞速发展的背景下，互联网金融的发展方向就是使互联网金融真正地为实体经济服务。在互联网金融服务的发展过程中，互联网的推动功能打破了信息的不对称性，为资金供给方和需求方提供了一个重要的桥梁，从而使金融供应链结构得到优化，减少了许多不必要的环节，降低了企业的融资成本。随着互联网金融行业的发展，企业将会有更多的选择，同时，随着互联网大数据征信系统的迅速发展，投资人将会掌握更多的融资者信用状况,从而有利于金融机构控制风险,降低融资风险,开发适合企业的借贷金融产品,使其发挥作用,促进资金流向精准产业群体。

互联网金融是充满生机与创新的新兴事物,不但方便快捷,而且信息处理能力强,在组织方式上有其独特的优越性。互联网金融充分发挥这一优势,有效解决了传统融资、理财、移动支付等诸多问题。互联网金融在很大程度上拓展了金融服务的生产可能性边界,使得以往无法获得传统金融支持的企业也能够获得金融支持。从短期来看,互联网金融游离于传统金融服务之外的市场上;从长远来看,互联网金融将不再局限于传统金融市场,而是会向传统金融的核心业务领域发展,对传统金融的挑战也越来越大。

随着网络时代的发展,互联网金融将会受到越来越多的投资者的青睐。现在人们的日常生活中必不可少的就是互联网,人们可以在网上购物、订餐、交友,甚至可以在网上支付水费、电费以及电话费。互联网正加快发展并融入传统行业。而今互联网消费在人们生活中扮演着不可替代的角色。由于互联网金融顺应了广大用户的互联网消费需求的变化,人们足不出户就能得到快捷的金融服务,大大节省了人们交易、出行的时间成本。随着人们对互联网金融服务的需求的增加,人们将逐渐从传统的营业网点走向互联网服务。

目前,互联网金融正以前所未有的速度发展着,互联网金融已经深入人们的日常生活和金融服务中,包括支付、基金、担保、融资、投资理财、保险、小额贷款和银行业务等各个方面。互联网金融之所以能够迅速发展,最主要的原因在于互联网金融倡导的普惠金融。互联网与金融结合在一起,必然符合互联网精神,让普通大众都能获得更多的金融服务,让人们感受互联网金融提供的平民化、大众化的金融服务。我国的互联网金融还不够发达,尤其是资本市场还没有真正实现市场化。所以从另外一个方面来看,发展互联网金融对推进利率市场化、促进互联网金融市场的开放和创新具有重要意义。

互联网金融作为新兴业态也给中国传统金融机构带来全方位冲击,下面从负债业务、资产业务、盈利水平三方面梳理互联网金融对传统金融机构的影响。在负债业务方面,互联网金融平台凭借市场化的利率提高了资金供给者的回报,金融机构(如银行)必须提供更高的利率来竞争存款,这样缩小了银行的净息差,使其资金成本不断攀升。互联网金融同样恶化了金融机构(如银行)的负债结构,使资金成本较低的零售型存款比例下降,资金成本较高的同业存款比例上升,在提高付息成本的同时,也加剧了金融机构的脆弱性。在资产业务方面,互

第七章 互联网金融的发展前景

联网金融公司在交易成本、违约率、资金成本、获批时长等方面具有比较优势。互联网金融公司凭借大数据风控系统，能更准确地收集用户的消费数据、社交数据及行为特征等数字足迹，利用数字足迹所构建的大数据风控模型能有效预测贷款的违约情况，有助于解决中小企业"融资难""融资贵"问题。在盈利水平方面，互联网金融发展使金融机构（如银行）的活期存款资金成本上涨至市场化水平，进而导致了利润的下降。互联网金融的发展一方面没有推高金融机构（如银行）借贷利率，但另一方面导致净息差下降，说明金融机构负债端的成本上升无法向下游转移，挤压了金融机构的盈利空间。

由此可以看出，互联网金融对传统金融的影响逐步加大，两者共生共荣、相互补充、相互促进、共同发展，互联网金融不能完全取代传统金融业，但互联网金融的快速发展给传统银行业带来的挑战日益严峻。传统金融企业要把重点放在互联网金融的发展上，从根本上转变发展观念和发展方式，从互联网的思维模式中吸取和借鉴经验，充分发挥既有的优势和专业知识，突破行业技术、观念、体制和机制等束缚，创新业务模式，以更加开放的姿态促进金融互联网化发展，加快吸收互联网金融的优势，推动传统金融企业转型升级。只有这样，传统金融企业才能更好地适应互联网迅猛发展的需要。

（四）向移动互联网金融方向转变

互联网金融快速发展，必然推动移动互联网金融的发展。互联网金融出现以来，随着互联网规模不断扩大，迅速发展的互联网金融正在悄然改变着我国的金融体系和金融服务方式。创新互联网金融模式，是保证互联网金融持续、健康发展的关键，也是促进移动互联网金融更好、更快发展的重要因素。

互联网金融充分发挥其开放性，将资金需求方和资金供给方精准联系起来，实现透明化精准对接，它引导资金流向最需要的人群，实现对实体经济的精准支持，引导实体经济脱虚向实。互联网金融回归服务实体经济的功能也是今后互联网金融行业发展的一大方向。

金融必须为实体经济服务，其关键是降低金融虚拟化程度、回归本源，向直接服务实体经济转变。这就要求金融机构能够灵活地组合各种金融产品，实现多样化、差异化的综合服务，防范和化解金融风险，推动企业的转型升级。目前，移动互联网、大数据、云计算的发展非常迅速，它们与互联网金融的结合，可以将信息不对称带来的影响降到最低限度，互联网金融的发展潜力巨大。未来移动互联网金融的发展趋势不可阻挡，发展前景更为广阔。移动互联网将移动通信和互联网结合在一起，可以满足用户在任何时间、任何地点、以任何方式获取和处理信息的需求。近年来，随着移动互联网与传统行业的融合发展，移动互联网在推动社会信息化建设、促进行业发展、丰富人民群众文化娱乐活动中起到很大的作用，同时移动互联网的发展也孕育了无限商机，其市场前景十分广阔。

移动互联网的带宽、智能终端、操作系统、软件和云端服务合力推动着移动互联网不断创新，移动互联网用户规模得到了爆发式的增长。如今，移动互联网正逐渐渗透到人们日常生活、工作、娱乐活动的方方面面。随着3G、4G、5G通信技术的快速发展，智能终端价格和电信资费逐步降低，智能终端不断进行更新换代，移动互联网无处不在，引领我们进入一个新的发展时期，让更多的人开始了移动互联网生活，改变了人们的生活方式。

移动互联网金融是基于移动互联网平台发展而成的金融形态。移动互联网发展迅速，正在快速改变人们的生活方式，甚至对金融政策的实施产生不可预测的影响。移动互联网金融是以移动信息技术进步、移动互联网发展为基础的。移动互联网使金融产品能够随时随地进行交易，手机的普及使得人们可以在任何时间、地点进行交易，降低了交易成本。

移动互联网和互联网金融是当前市场的两大热点，两者融合必将给金融行业带来广阔的发展空间。随着移动通信技术的飞速发展、智能终端的发展和普及、移动安全技术的飞速发展，移动互联网金融服务范围不断变大，金融产品创新和内涵得到进一步拓展。随着移动互联网的飞速发展，移动互联网金融发展的速度越来越快，移动互联网金融作为互联网金融领域的蓝海市场，未来发展潜力巨大。

只有"移动"的金融，才具备在下一个周期继续参与竞争的资格和生命力。其中，大数据、云计算和应用社交将给金融行业提供新的发展机会，从而使金融行业逐步"移动化""社交化""云化"，这种金融模式，成本低、方便快捷，可以让人们不受地点和时间的限制享受金融服务。移动互联网能够体现定位、轨迹、社交、圈子、喜好五大特点，而依据这五大特点，移动互联网金融将会创造出更多的金融产品。可以预见，移动互联网金融将越来越多地融入人们的日常生活中，在衣食住行、娱乐和社交等方面将会有越来越多的互联网金融创新。

（五）更为注重用户体验

随着智能手机、移动互联网的快速普及，手机成为人们的生活必需品，而移动支付成为一个切入点。随着移动互联网与金融的深度融合，移动基金、移动网

第七章 互联网金融的发展前景

上银行、移动保险等产品更加丰富化、多样化，通过手机移动端，人们即使足不出户，也可以享受到便捷的金融服务。

年轻用户是互联网的中流砥柱，这个年龄段的群体虽然不是社会财富最大的拥有者，却是接触互联网最多的群体，他们大都喜欢冒险、崇尚创新、热爱自由，这也符合互联网最快获取信息的特质。

另外，互联网金融平台能够提供多样化的创新产品来满足用户对于投资、资金的多元化需求，同时，互联网金融的发展更加注重用户体验。互联网技术在不断提升，预计未来不仅是软件的提升，相应的硬件设备也会不断进行改进。譬如在技术安全方面，指纹、虹膜、人脸、步态等技术会不断进步；在软件应用方面，智能化技术会不断提升，为用户提供更好的体验。

互联网金融发展中要发挥大数据优势，加强客户管理。企业要利用好"互联网+"技术，给用户打标签，实现精细化营销，让活动价值最大化；可借助现有的精准营销平台以及企业级精准营销组件，充分利用营销平台的统一营销大脑中枢驱动，发挥大数据网络化客户经营模式触达作用，提升渠道数字营销服务能力，促进线上线下交叉引流，加强营销活动效果评价反馈，以网络化的手段提升网点营销服务效率和客户体验。首先，搭建客户标签化体系，通过捕捉客户身份、浏览、交易等信息，建立客户数据库，进一步计算出客户的黏性及忠诚度；按照客户的标签信息特征，对其进行细分，如普通客户、高净值客户、消费偏好客户、理财偏好客户、专业技术人群等，进而通过提升服务质量进行客户价值挖掘。其次，丰富客户生活场景数据，如客户高频交易类型、平均交易金额及频次、客户衣食住行医娱等数据信息。最后，多维度识别客户。通过不同渠道的交易行为偏好，包括客户持有资产种类、浏览内容、不同页面停留时间、交易流水、搜索产品信息等，完善客户画像，更加精准地给客户定位。

企业要基于客户体验创新产品设计。互联网金融企业的快速发展，其主要原因在于客户在互联网环境中可以享受到更加方便、快捷的金融服务，突破了原有时间与空间的局限，给客户带来良好的体验。今后，互联网金融在坚守金融服务实体经济的本分上，应坚持机制改革、科技创新双轮驱动，不断增强内生动力、积厚发展势能。企业在创新金融产品时，应尽可能从客户角度考虑，因地制宜、因人制宜，尽可能使金融产品让客户便于接受、便于使用、便于推广。企业应加强线下网点的运营转型，转变策略，逐步向智慧金融方向过渡。这样做一方面能够提供给客户金融服务，另一方面可与人们共享科技成果。企业可用服务模式创新改善客户体验，全面构建"线上办理、全程感知、服务到家"的运营服务新模式；以岗位赋能增效提升服务效能，全面构建综合化网点岗位体系，持续提升客服经理业务办理、厅堂服务、客户维护等综合履职能力，着力打造全能型客服经理队伍，为客户提供更加优质的服务体验。

企业要利用好线上新模式，加强客户情感维系。在互联网金融环境下，"用户+"已成为互联网金融时代搭建的核心关键。客户逐渐将关注点转移到了金融服务的时效性、安全性、专业性等，因此企业要不断探索提升服务水平的有效途径与手段，以满足客户日益增长的金融服务需求，不断提升客户安全感和满意度，从而建立更加稳固的客户关系。企业要利用好"线上+线下""人工+智能""服务+营销"的服务模式。首先，要提供24小时贴心服务，在客户有需要的情况下，借助电话客服、客户经理云工作台等服务平台提供即时解答及有温度的服务，进一步提升在线问题解决能力；其次，搭建"精准高效"营销触达，要借助大数据平台内的客户标签，捕捉客户信息，精准挖掘客户群体的金融需求，通过批量营销短信、智能外呼等新模式，向客户推介特色功能、服务及有吸引力的营销活动；最后，可借助抖音、微博、直播等新媒体，结合客群的特点及交易偏好，定期发送关怀信息。

企业要实现线上线下互补，提升综合服务质效。首先，提升"一体化"综合服务。提高零售对公、境内境外、线上线下"三个一体化"综合服务能力，基于网点画像，打造出各具特色、专业突出的综合型网点。其次，打造"多元化"服务模式。推动网点服务模式向全场景经营、全渠道协同、全生命周期服务的多元模式转换。最后，提升"顾问式"服务体验。持续推荐网点业务线上化、自主化、云端化，释放网点人力资源，由柜面向大堂转移，为客户提供"顾问式"服务，致力赋能客户体验提升。

第三节　互联网金融的健康发展策略

一、积极创新互联网金融思维

想要实现高质量发展，关键在于创新。互联网金融要有敢闯敢试、敢为天下先的精气神，持续提高创新能力和水平。提前谋篇布局，加强规划，加强创新，以技术创新为转型驱动力，发挥互联网金融的引导作用，坚持以客户为中心，把握发展机遇，弥补经营短板和管理不足，解决制约发展的基本问题。迎合互联网思维，找准定位，引入新技术，充分利用外部环境，成为同业中的翘楚。在设计、研发、管理等方面要与时俱进，迎合市场，以创新驱动为指引，扬长避短，为客户提供有针对性的服务，加快互联网金融的发展步伐，使互联网金融业务能够更具有市场辨识度，提高综合竞争实力。全力促进互联网金融竞争力的提升，把握大局，持续带动实体经济发展；聚力攻坚，坚决打赢资产质量三年攻坚收官战；深化转型，为经济发展注入不竭动力；夯实基础，推动互联网金融持续稳健发展。

二、优化互联网金融健康发展环境

（一）社会环境

1. 法治环境

互联网金融的健康发展需要国家的政策、法律法规的支持。在互联网金融带来更高效、更便捷、更多样的选择时，金融安全也受到了更大、更快、更深的威胁。如何在发展的过程中逐步降低安全风险、逐步阻断风险的传染源，也是我国政策法规应当重视的问题。

为了适应我国互联网金融健康发展的社会环境，首先要根据我国相关互联网金融行业的已有立法进行整合。由立法部门尽快出台相应的政策法规，确立明确的监管原则，建立有效的监管体系，落实具体的监管职责。尽快改善互联网金融监管的滞后性带来的行业发展的恶性循环。建立和完善信息共享、信息登记、信息等级评估以及信息查询服务，通过完善的社会信用体系建设，推动互联网金融行业的信息流畅，进一步加强互联网金融行业的优势作用。通过合理完善互联网金融行业经营主体的市场准入机制和市场退出机制，提高政府监管水平，保障互联网金融市场有序健康地发展，构建互联网金融健康发展的新环境。

进一步健全互联网金融产权的界定和保护。建立互联网金融行业的产权制度，完善清晰的权属关系和明确的权责关系。推进产权保护的法治化，依法对互联网金融行业参与人的权属进行界定和保护，保障权利个体的私有权利不受侵犯，保护企业的自主经营权。进一步健全现代市场竞争体系，促进产品和要素更加自由、有序、平等地进行流转。

加大对互联网金融违法犯罪行为的监管和处罚力度，保障经济秩序稳定有序，保护互联网金融行业参与者的财产安全。当然，刑事法律作为最为严苛的法律工具，只能适用于犯罪行为，但通过民事和刑事的双重惩罚，可以更好地保障互联网金融参与者的合法利益。

在执法方面，要进一步完善监管机构之间的配合协调机制，积极提升监管人员和执法人员的法治水平和专业水平，做到执法必严、违法必究，保障互联网金融行业法治环境的落实和发展。执法机关要履行相应的管理职责和监督职能，及时有效地发现、阻绝违法犯罪行为，在发现违法犯罪行为后，及时进行有效管理。

2. 经济环境

互联网金融打破了时空的限制，提升了服务的便捷性和高效性，为互联网金融的经营者和消费者节省了大量的成本。在服务领域，互联网金融利用互联网技术迅速实现互联网金融服务的网络化运营，同时扩大了服务的规模，服务更加标准化、规范化。互联网金融的健康发展有赖于资金融通的模式，需要有针对性地为互联网金融行业的发展提供更适合的经济手段和经济环境。

要加强对互联网金融的综合协调，加强互联网金融的资源整合，提升政府的政策服务水平和公共服务水平。以经济手段促进互联网金融的发展。经济手段指政府通过间接的方式来对互联网金融以及互联网金融参与主体的行为进行调控。构建适合互联网金融发展的经济环境，更好地促进互联网金融健康发展，全面提升互联网金融行业的服务能力和惠普水平，鼓励互联网金融行业的融合创新，更好地为消费者提供更多元、更有深度的金融服务。

3. 创新创业环境

在当今世界，互联网技术正在加快金融发展的节奏，构建适合新一代创新创业者发展的经济环境显得尤为重要。国家应当引导创新创业要素资源的聚合和交流，打造更为开放和包容的创新创业环境，通过保护市场环境的公平竞争以及保护知识产权的交易和流转，进一步鼓励创新创业的发展，构建创新创业发展环境。

首先，定向普及金融知识，提高大众的金融素养，主要围绕金融知识和具体操作两个方面展开。在金融知识方面，大部分人对传统的金融知识有一定的了解，但是对新金融知识尤其是互联网金融了解较少，相关主体可以将新型金融知识按照难易等级进行分类，把中低难度的知识进行梳理以供后续使用。在具体操作方面，地方政府可以联合各大金融机构的基层营业网点，根据本地区的经济优势，因地制宜地开设相关的配套课程；基层组织可以结合本地成功创业的现实案例，举行培训活动，普及基础性的金融知识；还可以将这些课程和案例搬到线

第七章　互联网金融的发展前景

上平台上，供人们日常学习，促进人们对金融尤其是互联网金融知识的掌握和运用。

其次，提高互联网金融基础设施的覆盖率。互联网金融高度依赖互联网网络质量，因此要完善互联网基础设施建设，保证全范围内移动终端的使用，提高互联网金融服务的覆盖广度和使用深度，要特别注意完善农村地区金融基础设施的建设。地方政府、运营商以及金融机构三方需通力合作，地方政府负责牵头并实施减税降费等政策；运营商负责开发创新性、普惠性的互联网产品，降低收费标准，提高下载速率和上网质量；银行等金融机构则负责深入挖掘与农村市场适配性更高的金融产品，建立互联网金融数据库，保证对互联网金融的创业支持。

再次，加强互联网金融监管，防范互联网与金融的双重风险。部分金融产品本身就存在着一定的风险，而互联网技术的应用也很容易导致信息泄露等问题发生，同时某些金融机构也存在着问题，因此立法层面和监管层面要双管齐下，不仅要建立健全相应的法律法规，相关部门还要加强对互联网金融市场和参与主体的有力监管，监管方式和监管工具也要随着互联网金融的发展不断创新。从用户角度来看，要加强个人信息的保护，提高用户的安全意识，使其谨慎预防技术漏洞和违规操作，并在必要时进行投诉和举报。

最后，完善鼓励创新创业的机制，突破传统禁锢，大力推进创新创业优质环境的发展，对创新创业政策的供给进行优化。要进一步深化科技管理体制改革，完善科技成果转化和收益的分配制度，构建普惠性的创新创业支持政策体系，营造激励创新的市场竞争环境，激励企业增加研发收入，包容创新创业对传统金融形势的挑战。此外，构建互联网金融行业健康发展的创新创业环境，还需要完善互联网金融行业创新创业投资的引导机制，更好地提高大众资本的参与度，引导创新创业投资更多地走向新兴互联网金融行业，尤其是互联网金融企业发展进步的最前沿。鼓励筹集互联网金融创新创业投资引导基金和发展基金，逐步完善支持创新创业和互联网金融行业发展的市场化长效运行机制。还要加快互联网金融行业创新创业基地的建设，进一步鼓励创业孵化服务，通过创业与就业、创新与创业、线上与线下合作的发展模式，完善创新创业人才的培养和流动机制。

4.思想文化环境

互联网金融行业是一个新兴行业，行业的主力军也是新生代，融合性和专业性都极强。但是复合型人才资源和专业型人才资源的缺乏却在很大程度上阻碍了行业的发展。21世纪互联网金融行业的竞争是人才的竞争，21世纪互联网金融行业的发展是人才的发展。为应对大数据时代下互联网金融带来的机遇与挑战，对人才的教育和培养提出了更高的要求。教育与金融业和互联网技术的结合，应当紧随时代的步伐，进一步转变观念，将人才教育和培养的后坐力融入互联网金融行业发展，形成企业在互联网金融行业发展中的核心竞争力。充分认识和认知现代化互联网技术的发展水平，有助于改革创新的发展。互联网技术的蓬勃发展，也使得金融行业产生了颠覆性的发展，但是教育的脚步却明显落后。

国家应当出台一系列政策，鼓励互联网金融专业型、复合型技术人才的培养和发展，加强互联网金融行业人才队伍的建设，切实发展互联网金融行业。推动科教融合发展，以教育带动技术发展、科技创新。在《国家中长期人才发展规划纲要（2010—2020年）》的指导之下，中国人民银行会同原银监会、证监会、原保监会共同发布《金融人才发展中长期规划（2010—2020年）》，明确了关于金融人才发展的指导思想、战略目标和主要任务。随着互联网技术的发展，国家应更加注重依托高等院校、企业、科研院所，结合优势进行突破性创新，也应当将互联网金融人才发展并入长期规划。为更好地推进我国互联网金融的发展，互联网金融的复合性教育和专业性教育任重而道远。

加强舆论监督和大众监督的力度，拓宽舆论监督和大众监督的范围，弥补政府监管的不足。互联网技术的发展不但与金融行业进行了有机结合，还极大地带动了社交网络和舆论媒体的发展。通过高效、平坦的信息传播途径，能够获得人们更广泛的关注，有利于推动社会监督和公众的参与。所以，我们更要利用技术带来的便利对互联网金融行业进行大众监管，从而真正地对中国金融发展产生助推力。

互联网金融也需要转变自身的经济思维模式，注重各种需求的变化，依靠先进的技术手段和管理手段聚合零散的需求，形成范围经济和新型规模经济。推动企业自身创新的突破，重视对颠覆性技术的创新，重视人才的培养和维护；优化企业组织形式，强化互联网金融行业的优势地位，形成更有竞争力的新型金融企业。一方面，在积极向上的企业文化中培育认同感。加强企业文化和服务理念的学习，以行内线上学习平台为主要渠道，将新发展战略的科技性、普惠性、共享性、服务性的发展理念贯穿其中，自觉转化为行动。营造良好的企业文化氛围，持续做好文化上墙、文化进网点的工作，规范建设"文化长廊""学习园地"等，开展灵活多样的理念宣传。加强典型培养和示范引领作用，开展"身边的榜样""讲服务故事"等活动，挖掘宣传各岗位涌现出来的平凡英雄，激发向上的力量，把优秀的、积极向上的企业文化送到员工心里。另一方面，引导员工主动担当，提升归属感。要让员工真正成为新发展战略实施的能动主体，全面激发全行员工特别是基层员工、年轻员工的主动性。充分发挥员工的创造力，使其以"主人翁"的态度投身到工作中去，用更加积极的态度服务客户。为员工搭建广阔的发展平台，坚持奖优、奖勤、奖高贡献导向，汇聚员工凝聚力，增强员工的责任感、荣誉感和使命感。

在互联网金融领域，要强化消费者的自我保护和风险防范意识，要通过大力宣传让广大互联网金融消费者明白如何甄别风险，如何进行信息安全保护，在发生侵权行为后能够采取何种手段维护自身利益。

（二）技术环境

在今天的世界，以大数据为代表的新兴互联网技术革命正在加快催生新金融与新产业。互联网金融是建立在互联网大数据和云计算的基本数据框架和基本技术框架之上的新型行业发展模式。技术在互联网金融发展的过程中起到十分重要的作用，而互联网技术的革新和普及也使得互联网金融服务的广度和深度迅速扩张，电子银行、电子交易服务、电子货币与支付服务、在线金融信息服务以及其他通过网络提供的互联网金融产品及服务迅速得到推广，金融业务版图被不断重构。在此趋势下，互联网金融服务催生了金融的大数据时代，也进一步要求大数据技术应用环境的革新和安全保障。

借助大数据、云计算等互联网技术，互联网金融的交易活动可以对传统金融行业的海量数据进行有效的提取、传输、分析和整合，通过分析金融用户的海量数据，制定定制化的服务。把握互联网技术的发展趋势和发展特点，掌握新兴互联网技术，通过打造全区域覆盖的信息环境，可以赶上金融发展的潮流，形成强有力的创新力和竞争力，实现金融行业的革新。

计算机技术的快速发展和广泛应用为互联网金融提供了有利条件，借助先进的计算机技术，各大金融机构纷纷开展了数字化、信息化的互联网金融服务，解决了传统金融在用户服务和金融服务方面的诸多问题。通过互联网金融平台，可以利用金融机构自有的在线办理业务，为用户提供极大的便利。与此同时，在互联网金融模式下，网络信息安全问题也成为大众普遍关注的重要问题。在互联网金融的发展中存在着黑客入侵、窃取、篡改用户信息等网络安全问题，这对互联网金融平台而言无疑是巨大的风险与危机，同时也是互联网金融发展之路上必须面对和解决的重要问题。

1. 完善数据的整合和利用

在大数据时代，数据就是生产力。加强大数据技术配套设施建设，也影响着互联网金融客户关系的建立、维护和发展。大数据的首要特点就是数据的规模化以及复杂化，而云计算是通过资源的共享，形成有规模的经济运转，为更多的客户提供更为庞大的资源，并进行更好的整合。所以，数据的整合和利用工作决定着大数据发展的程度。数据的资源化是经营者和社会大众关注的重要战略资源，并已经成为大众抢夺的新产品。

随着互联网技术的进步，网络传输速度和传输效率都有了显著的提高，人们可以更好地通过数据对金融进行更透彻和更深度的了解。尽管大数据的密度值不高，但是却显现了更好的商业价值。利用数据的整合和分类，分析客户的需求和习惯，通过数据的资源化形成更大的竞争力，利用大数据发展对金融的风控模式进行有力的影响。所以建立大数据战略有助于企业的经营活动，有利于推动产业的发展。

应推进大数据和云计算更为深入和更为有机的结合。大数据是云计算的基础，云计算为大数据提供了具有弹性的基础设备。大数据技术和云计算技术有效地影响着经济的调控。金融市场具有极大的风险性，通过大数据技术和云计算技术，可以对宏观经济发展和趋势进行预判。

此外，可以提高互联网金融数据的使用效率和可管理性，通过建立互联网身份识别系统，对互联网金融主体实施统一的用户管理，监控资源和用户之间的访问情况。

把握与互联网金融企业之间的合作机会，寻求一条"以自身业务模式创新为主、创新合作为辅"的竞争策略。通过与互联网企业合作，获得更多的客户，拓宽客源市场；加强与政府的合作，充分利用当地优势资源，打造精准特色服务，提高客户的满意度。充分利用互联网企业在客户、渠道、产品等方面的优势，有针对性地促进自身业务的可持续发展。充分利用已积累的庞大数据资源，运用互联网大数据分析手段，实现数据由量到质的转变。

2. 创造更加安全的数据环境和网络环境

随着收集、存储、传递的数据量的激增，互联网金融的风险攀升，所以大数据时代的网络安全的防范能力以及恢复能力是关键。对于大数据手段，复杂的分析手段可以有效提高数据仓库的门槛，防止数据侵入和盗取。在互联网金融运营方面，还应当进行分级授权和身份认证登录，对非法行为进行限制，利用数字证书为交易主体提供安全保障。

加快互联网金融行业数据环境和网络环境的净化，重点建设加密与认证技术、无线射频识别技术、在线支付安全保障技术、互联网金融参与人信息管理技术和信息识别技术等关键性安全保障技术，降低选择风险，打造更为安全的数据环境。及时妥善的信息备份也可以有效保障数据的安全。备份的控制目标就是保持数据和数据处理的完整性和可用性，完善数据系统的风险防范策略和备份策略，进行定期备份，并及时测试系统和软件。此外，还需要完善互联网访问控制系统和监视的建设，根据不同互联网金融经营者的业务要求定制访问控制系统，对用户访问进行管理。通过审计日记、监视系统的定期评估、日志信息的保护、管理员与操作员日志的记录、故障日志的记录和分析来监视信息是否存在未经授权的处理或流转。

完善网络基础设施建设，加强网络配套设施建设，通过进一步落实政府扶持政策，加强互联网信息技术标准体系、信用体系、电子支付体系等的建设，建立合理的防火墙配置和数据入侵监测系统，完善数据漏洞，营造更安全的互联网金融网络环境。可尝试运用大数据技术，建立互联网金融信息统计体系，加强风险暴露的信息统计，构建总量与结构、数量与价格、存量与流量相结合的高效金融统计框架，全面反映金融体系资金变化、货币创造、资金流量和流向等状况，细化影响互联网金融稳定的监测统计指标，为宏观审慎监管提供全面风险评估和决策信息。

现今市场上存在着各式各样的操作系统和应用软件，盗版软件也层出不穷，而系统软件和应用软件的风险也存在于互联网金融的风险之中。更加严格的知识产权保护和更加严格的软件应用，也可以有效保护数据安全和网络安全。此外，国家应当普及技术水平的教育，普及大数据的社会分析技术和实时监测技术，使大众可以通过运用数据技术进行危险防范。大众参与的技术监督也可以有效降低监管的资金投入。

3. 完善互联网软硬件设施建设

为了更好地满足互联网金融产业的发展需求，为用户提供更加安全和稳定的互联网金融服务，互联网金融机构必须注重对计算机硬件设备的更新，及时淘汰老旧的计算机设备，更新计算机服务系统，根据自身的实际需求，开发和应用更加适合自身业务模块和服务需求的计算机软硬件设备，提高计算机系统的运行效率，保障计算机网络安全，为计算机技术在互联网金融中的应用提供充分的保障；针对互联网金融平台在运营管理中存在的信息安全风险和漏洞，互联网金融企业应当加强对计算机技术的深入学习，提高技术研发与应用的能力，结合互联网金融企业的实际需求，匹配适合的计算机硬件设备和软件系统，提高信息安全管理的等级，对系统运行进行动态化的监管，定期对软件系统进行升级和维护，借助网络防火墙、系统加密与系统认证、信息备份、网络访问控制等先进的计算机技术，在内部网络与外部网络之间设置安全屏障，对黑客、非法入侵、非法登录等进行一定的阻挡，不断提高信息安全管理等级，规避潜在的系统风险和漏洞，为用户提供更加安全可靠的互联网金融服务。

创造更安全的物理环境，对数据的收集、存储、处理和流转来说至关重要。对于企业设备的安置和保护，应当专门设置资产保护管理人员，以减少环境威胁造成的各种风险，一般可以采取物理隔绝或者检测物理环境的变化等方式对设备进行隔离和专门保护。

数据的安全有赖于硬件的发展，没有升级的硬件设施，就不能满足软件的发展，硬件故障、软件故障、硬件软件不兼容，都会对庞大的数据分析产生致命的影响。推动互联网金融的发展，就要推动互联网硬件设施的建设。完善互联网硬件设施的建设，首先，要从技术层面上进行，企业需要更为专业的研发人员和更为先进的管理技术以减少硬件故障问题的产生，进一步提高针对系统元件损害修护、性能提升的研发力度；其次，要从资金层面上，利用云计算带来的更低廉的营运成本来缓解技术创新的压力；最后，要从维护层面上，鼓励采取租用形式，这样既支持了共享经济的发展，更在很大程度上有效缓解了企业的运营支出，促进企业集中资金对核心业务进行更为深入的探索和发展。

互联网硬件设施的建设可以有效地保障信息传递时数据的完整度和保密性。硬件设施建设主要以计算、存储、联网等形式进行展现，基本上以电脑、数据传输光缆为载体。大数据仍旧需要依赖互联网硬件设施的发展。我国针对大容量程控交换、光纤通信、数据通信、卫星通信等技术手段正在不断加大投资力度和科学研发力度，互联网金融产业正在走向数字化、智能化和宽带化的发展模式。

宽带的技术优势也可以有效促进互联网金融的发展和升级。我国网络基础建设发展没能有效地跟上互联网金融的发展，数据不能进行直接传输，需要中转，这在很大程度上影响了互联网金融的发展。进一步加大对宽带城域网建设的投入，打破原有互联网金融信息网络建设的束缚，可以降低企业运营成本。

从互联网技术的发展历史看，互联网硬件基础设施作为一种工具和手段，具有较强的时间相关性和一定的生命周期,随着时间的推移,固有的互联网硬件基础设施终将被替代或淘汰。更加先进的硬件基础设施建设需要更加高端的人才梯队。尽管我国互联网金融行业发展速度很快,却仍然处于初级阶段,人才供给也较为缺乏。打造更为高端、更为专业的人才梯队才能使整个行业的技术保障走向高效化和创新化,储备人才就是储备竞争力,就是基础建设的基石。

4. 加强对金融云计算技术的深化应用

随着计算机技术的快速发展、互联网与金融产业融合的深入,互联网金融的业务模式和服务功能更加丰富多元,在这种情况下必须依靠强大的云计算技术。金融云计算技术是将云计算技术与金融产业模式相结合,将传统金融行业的数据库和服务器接入专有网络,从而形成互联网金融平台的私有云,再将整个互联网金融平台的用户和业务纳入私有云,通过云服务提供互联网金融业务与服务。云计算技术与互联网金融平台的融合,一方面可以有效提高互联网金融机构的运营水平,提升金融服务效率,降低互联网金融平台的运营管理成本;另一方面可以为用户提供更加优质的服务,优化用户的体验,满足用户的多样化需求。云计算技术不断更新和优化,其能够提供的技术支持也会更加丰富,金融云服务为互联网金融行业的发展保驾护航。

(三) 制度环境

应健全法律法规,防范互联网金融风险,完善企业信用信息数据库,为互联网金融发展营造良好的制度环境。通过单方面对企业管理进行提升来达到规范互联网金融的发展目的显然是片面的,外部环境、国家政策和国家法规的变化对其起到的影响作用也是显著的。纵观大部分企业现状,互联网金融是目前最有效、最快速的帮助企业融资的方式,但法律法规的行业性缺失使得资本市场外部风险严重威胁到行业发展。没有法律法规的保护,没有政府的行为规范,市场参与者很容易受到伤害,所以健全法律法规、加强政府规范和监管势在必行。新兴行业必须通过配套法律法规的出台得到约束,必须有政府的规范和监管。政府应尽快有目的性、有针对性地建立健全相关法律法规体系。

在制定互联网金融行业法律法规时应做到具体问题具体分析,依据互联网金融的特点,根据金融业已有的相关法律法规进行制定。通过制定专业的法律法规对互联网金融行业的发展、运行、规范进行法治的强制管理,以及全方位保护。此外,还应结合《中华人民共和国公司法》以及企业在融资和公司治理中出现的问题,制定出相应的法律进行规范,为行业的发展提供有强制性保障的法治环境，促进互联网金融在合法、不损害国家利益的前提下有效地发挥其正向作用。政府应该紧抓对互联网金融的监管，利用法律对行业进行科学、合理、强制的规范，严厉打击互联网金融行业中违背法律法规、公序良俗的不法行为。制定法律法规和加强政府监管的目的不是掌控，在监管的过程中还应注重给予互联网金融自主权，这样有利于行业适应市场，根据市场需求及时做出相应调整。政府应建立行业联动、高效合理、调整迅速的监管体系，从监管层面稳定互联网金融行业的发展。政府还应该了解互联网金融行业，实事求是，以务实的态度为其发展创造一个稳定安全的环境。政府应加强宏观调控，不断完善法律体系的监管，加强风险预警，严厉打击互联网金融非法集资，最大限度地保护投资者的利益。政府应大力支持多层次金融市场发展，促进多层次的市场融资，将资本市场盘活，提升股市融资功能，帮助企业缓解融资约束。

（四）市场环境

互联网信息技术手段拓宽了中小微金融企业的市场，互联网金融出现以后，增加了市场的容量，不仅服务于现有的客户，还将碎片化的需求和供给进行整合，从而细化渗透到很多中小微企业市场。互联网和大数据打破了信息不对称和物理区域壁垒，使得中小型、区域型金融机构与大型、全国型金融机构站在同一层次竞争，迫使中小机构转型开展差异化竞争。在互联网金融的聚宝盆效应之下，大量的民间资本随着互联网金融的发展开始野蛮地生长，它们借助互联网技术的发展，将民间资金进行整合，通过透明度高和创新性强的新型金融服务推动了互联网金融行业的发展。互联网金融行业发展的势头高涨，国家已经加快脚步推进互联网金融的发展，主动适应和引领互联网金融市场的新常态，形成市场新动能，打造市场新环境。

1. 完善信息交流平台建设

互联网金融带来的是十分低廉的沟通成本，由于受到大数据技术应用的影响，互联网金融的数据传输速度可以更快，各种交易及存储数据的价值可以随时被发现，数据链的价值可以创造持续的引申价值。通过互联网大数据平台，金融机构可以获取有用的客户信息，并将符合金融产品要求以及对金融产品有需求的客户进行有效的对接，不仅有助于建立健全互联网金融大数据平台，同时也会降低沟通成本，提升客户信息整合效率，为银行经营决策提供正确信息。

第七章　互联网金融的发展前景

在大数据时代,搭建信息交流平台具有战略性意义,企业可以通过信息的交换或流转,实现信息共享,提高信息的使用效率,最大限度地节约人力成本,也利于信息资源的再利用。建立专业的互联网金融网站信息服务平台,通过线上线下的信息交流活动,进一步扩大互联网金融的影响力和信息安全的意识,更好地推动互联网信息安全的发展,保障互联网金融的蓬勃发展。

互联网金融行业的发展极大程度上降低了信息不对称带来的风险,但是互联网金融行业的信息交流平台建设仍然较为薄弱,仍旧存在信息优势方,也总能通过信息不对称获得更大份额的利润。信息不对称所造成的逆向选择和道德风险会对市场运行造成极大的破坏。一方面,互联网金融信息输入平台规范不完善,时效性差,导致信息更新不够及时。另一方面,信息交流平台的运行机制不够充分,普及度不高,实用性不充分。要进一步完善信息交流平台,通过建立互联网金融监管信息交流平台以促进监管信息的资源共享,改善传统金融监管手段的缺陷,充分利用互联网金融的优势,提升资金和供需之间的匹配度。

2. 加强个人诚信和金融内部控制

(1)建立个人和企业诚信体系。加强信用品牌建设,鼓励互联网金融行业参与者不断提升个体诚信度,从而提升整个互联网金融行业的整体形象。随着互联网金融的发展,出现了很多不诚信的交易现象。互联网诚信在某种程度上已经制约了互联网金融进一步规模化地发展。国家和行业协会应当完善互联网金融的相关法律法规,通过建立个人和企业的诚信体系来规范和引导互联网金融行业的稳健发展。健全完善的诚信体系,能够为互联网金融行业的发展提供强有力的保障。互联网金融行业的中介平台和经营者也应当积极采取行动,通过诚信自查行动、给予服务认证等方式进一步完善诚信体系。

(2)完善个人金融数据保护制度。要加强信息收集的提示效果,无论是互联网金融行业还是传统金融行业,对普通民众来说都是存在着门槛的,所以现在的大部分个人金融数据信息的使用协定都存在不易被理解且冗长的现象。用心读完并理解协议的全部内容对一个金融领域的人来说也不是十分容易的事情。隐私协议原本只是一个关于个人金融信息获取的格式条款,不应该被设计得如此晦涩难懂,应该抓住重点,力求简明,要将协议的内容以通俗易懂的文字表述出来,不能太冗长。对特别重要的部分要尽可能做到提示内容明显且易捕捉。在突出提示内容时,可以采用将字体加粗、放大或使用醒目颜色进行标注等方式。这里的重要部分是指对银行方免责、明确个人金融数据信息主要责任的条款以及可能会对客户信息安全造成影响的相关条款。把收集客户信息需要遵循的最小化原则落到实处，在进行获取个人客户金融信息的操作时，仅仅收集所提供金融服务需要的信息，不能使用过度授权的方式去获取超出个人金融数据信息收集范围之外的任何数据信息。另外，可以将同意权的行使分成不同等级、不同种类，力争做到对手机银行客户金融数据信息的保护与金融信息正常合理流动的平衡。

建立个人金融信息使用披露制度。建立金融机构如银行与第三方机构的信息披露制度已经成为当务之急。现在，有关个人信息数据的披露制度建设还停留在数据的获取阶段，并没有延伸到对个人数据信息的使用与流通环节，金融机构如银行依旧是信息披露的主体，也没有对第三方服务机构获取到这些数据之后应尽的披露义务提出要求。个人金融数据的获取、处理与共享是个动态的过程，对收集阶段的信息披露来说，它是存在一定有效期限的。另外，获取到的数据信息在接下来的利用转化程序中，会因为多种可能的因素而超越数据信息的实际控制者在获取数据信息时所能控制的范围，如科学技术的进步、信息运用途径的变化、获取数据的本意等。倘若缺少相关的制度来规定第三方机构要进行不间断的信息披露，那么对处于不利地位的使用者来说，他们的个人金融数据安全将没有办法获得足够的保障。作为拥有个人金融数据信息最终使用权利的第三方机构，理应负起更多信息披露的责任，主要包括以下两点：①明确第三方机构在数据信息处理过程中的披露义务。在对个人金融数据获取进行授权之前，应该尽到的信息披露义务主要包括使用者被收集数据的范围及目的、信息获取方的有关信息等，为用户提供一个公开透明的授权环境。当个人金融数据被授权后，第三方机构就成为信息披露的主要实行人，需要对个人数据的用途、数据的保护手段等进行详尽的披露，并将数据获取后的应用流程加以记录和说明。②保证信息披露的时效性。第三方机构在进行信息披露时，不光要完整真实，还要做到及时有效，在一定时间限制内将披露信息反馈给用户。在个人数据处理过程中，如果发生了个人数据泄露或者被滥用等情况时，第三方机构也应该尽到及时通知的义务，通知用户并向监管部门汇报。

（3）加强线上个人理财业务内部控制建设

改进风险评估方法。对风险测评问卷的内容进行修改，增加风险知识普及和线上理财产品购买操作流程等题目，增强客户对风险的理解和购买流程的熟悉程度。建立测评问卷题库，防止通过作弊手段规避问卷测评行为的发生。另外，需要改进风险评估的手段和方法，将国内国际市场的影响、业务的发展前景、监管

第七章 互联网金融的发展前景

规定的变化等可能带来风险的因素纳入风险评估的范围。对新上线的个人理财产品做好风险预判工作，提前制定出应对风险状况的解决对策。

强化理财销售过程监管。银行个人理财产品的销售环节是整个业务流程中最为关键的部分。随着信息技术的广泛应用，理财产品的售卖不再局限在网点进行，个人客户可以通过手机等线上途径进行理财产品的购买。但应该注意的是，客户通过线上途径购买理财产品的过程并没有受到监管，可能会造成一定程度的资金损失。因此，应强化对在线购买行为的监管。针对具备特殊资质才能进行购买的理财产品，必须严格审核客户提交的相关资质证明。将双录流程应用到线上理财产品的销售过程中，并制定区别于线下双录流程的规则。从事电话营销工作的人员必须具有理财相关的资格证书，其营销的过程要被全程录音。

加强对线上理财产品的信息披露。对于通过线上途径提供的个人客户理财产品，相关产品信息的透明化程度将决定客户对这款理财产品的购买意向。投资者往往只通过银行提供的风险评级来决定购买哪款线上理财产品，而忽视了产品背后隐藏的巨大风险。增加对线上理财产品的相关信息披露，对收益具有较大不确定性的产品进行足够的风险提示，提升客户对线上理财产品的信任程度。可以从以下三个方面做出改进。

制定信息披露规范。提供线上个人理财产品信息获取路径，准确并及时地对理财产品信息进行披露。可以通过官网、手机银行、微信银行等线上途径进行信息的公开化规范建设，使理财客户可以全方位、多途径地了解理财产品信息。加强信息公开时效性建设，同时将公开信息的专业化术语进行简化，防止理财客户产生误判行为。

延伸信息披露范围。越是透明的理财产品，理财客户就越能提高投资的成功率。获取足够的信息资源可以辅助客户做出正确的决策，并能准确估计自身风险承受能力与目标理财产品风险水平的差异。可以在不触碰监管红线的前提下延伸信息披露的时间和空间范围，使理财客户真正受益。

增强对衍生类金融产品的监管。手机上可供购买的金融类衍生理财产品，从根本上来说是一种风险性极高的线上理财产品，却没有对这类理财做出特殊规定，也没有进行足够的风险提示。所以应该强化对特殊理财产品信息披露的监管力度，同时在管理手段和技术方面做出改变。

建立第三方机构产品评级制度。在手机 App 上提供的线上理财产品，其风险等级的制定完全依赖自己对风险的判断，在对产品进行评级的过程中容易出现一些不合规的情况，例如，为了增加线上理财产品的销量而将高风险的理财产品调整为较低风险等级等。这对线上理财产品的购买者来说是特别不公平的，尤其是对那些初次接触理财业务或者缺乏专业理财知识的客户来说，他们只有选择相信手机上标明的风险等级来挑选适合自己的线上理财产品。因此，建议引入第三方机构对其线上个人理财产品进行风险评级，保证评级结果的公平性，提高客户对线上理财产品的信任程度，合理购买金融理财产品。

（4）优化线上个人信贷业务流程

整合内部数据资源。线上信贷业务的健康发展和风险控制离不开数据，真实、完整、有效的数据对降低信贷业务风险来说非常重要。因此，要将各个相互割裂的数据进行有效的整合，打破数据之间的孤立状态，强化数据的基石作用，预防欺骗行为的发生。构建数据整合共享中心，将信息、运营、人力、监察等部门同消贷、信用卡等前台部门的全部数据进行融合加总，突破各个条线之间的数据壁垒，将数据应用于组织管理、模型检测、内部治理等领域。将数据的口径合理统一，输出更加标准化的数据，实现应用过程中对信息的保护，增强数据的安全性，并通过 API 的形式向行内部门提供服务。成立一支横跨多个条线和部门的专业性数据分析队伍，通过对内部数据的分析和应用，从传统的经验式决策转型为数据分析式决策，让数据真正成为一种资产，更好地带动线上信贷业务的创新和发展。

引入第三方机构数据。第三方数据主要是指政府提供的数据和第三方机构提供的数据。加快信贷业务亟需数据的买入与应用，逐渐引入纳税相关服务信息、房屋土地评估、个人和车辆参保情况、投资融资、供应链信息、个人住房公积金、电力系统、政府集中批量采购、文体协会、检察机关、社会舆论、个人消费水平、网上信贷平台等第三方数据，建立起覆盖用户、行业、地域的多角度、多时点信用状况数据库，确保每项线上信贷业务在开展时能随时找到可信赖的数据信息，为线上信贷业务的发展保驾护航。

强化授信模型的有效性研发。授信模型的优劣是决定线上信贷业务能否良性发展的先决条件，要想开发出合理有效的授信模型，需要依据信贷业务的特点展开假设，应用科学的建模方法，对模型的合理性进行反复验证，并随着市场形势的变化而进行同步升级。建立信贷业务的授信模型库，根据重要性水平和模型稳定程度进行差异化分级管理。对授信模型的运行状态进行实时监测并定期对模型进行升级和优化。重点研发反欺诈和贷后资金监测预警模型，尽快补齐这两个领

第七章　互联网金融的发展前景

域的监管空白。另外，加强实用型、全面型的贷后资金监测预警模型建设。加强对模型数据的质量把控，对输入的信息进行反复校验，对从外部获取的数据着重进行质量的评估与检查。

做实贷后管理。由于线上信贷产品具有额度小、频率高等特点，因而在对其进行贷后管理时只能采取线上管理的策略。通过设立对外呼叫中心、资金实时监测中心等机构实施对贷后资金的集中管理。将线上贷款放入全要素监测系统。加强对线上信贷产品的额度管控和到期管理，强化对贷款资金用途真实性的核查，并定期进行跟踪监测以及用途的合理性估计，实现对资金用途的严格管理，坚决抵制信贷资金流入房市、股市等政府监管领域，严厉打击资金用途虚假行为。

3.强化企业风险管理能力

在个人征信工作中，通过互联网大数据的应用可以进一步提高个人征信信息的数据应用，进而提升金融机构内部风控能力。金融机构可以利用大数据技术信息平台，从不同的时间获取客户的所有信息，深入分析客户的行为。在应用领域，信用评分方法依赖很短时间内的支付记录，但大数据取决于客户的生活、身份、家庭状况、收入和投资记录。

利益和风险相伴而生，这已经是无可争议的事实，互联网金融亦是如此。互联网繁荣的背后也有风险随之而来，一方面要看到其巨大的市场前景，另一方面不能忽视其风险性。开展互联网金融时要注意风险的预警及应对，继续按照"主动防、智能控、全面管"的风险管理路径，持续推进"全面、全球、全员、全程、全额、全新"的"六全"风险管理体系建设，完善全面风险管理制度，压实风险管理三道防线职责。优化风险偏好管理体系，加强风险限额管控，加快风险管理领域系统建设和数据治理，推进机器学习、知识图谱、人脸识别等新技术的应用，提升风险管理智能化水平，加强风险监测与预警提升。强化底线思维，坚持增量防控和存量处置并举，全力打好防范化解金融风险攻坚战。持续推进资产质量"夯基固本"工程，统筹把好新增准入、存量管控、不良处置"三道关口"，保持资产质量逐级改善态势。压实内控合规责任，深化信贷、资产处置等八大重点领域风险治理。对标全球最佳实践，加强境外风险管理、反洗钱、合规管理三大体系建设，加强各类交叉性风险防控和子公司穿透管理，确保风险"看得清、摸得透、管得住"。积极助力化解中小企业机构风险，提振市场信心和预期，发挥市场"稳定器"作用。

无论是传统金融行业，还是新兴互联网金融行业，都存在金融风险，企业金融风险的管理能力对企业的发展来说至关重要。爆发式增长的互联网金融行业带来了以迅速扩张达到盈利目标的发展方式，也导致互联网金融的内部控制和风险防范能力被分散和弱化，无法紧跟互联网金融行业的迅猛发展，这也将企业的弱点更直白地暴露在互联网之下。

　　风险管理是具有透明度的，参与人员具有广泛性。所有的决策人员都应适当适时地参与风险管理，确保风险管理与发展的脚步能够协调。互联网金融行业的许多从业人员缺乏相关专业知识，在业务办理过程中更容易遭到风险侵入。企业应当加大对从业人员的培训力度，做到精细化管理，更好地对互联网欺诈行为、互联网非法融资行为和洗钱类犯罪行为进行防范。

4. 完善公平竞争的市场环境

　　有效的竞争可以推动企业的发展，公平的竞争能够维护市场的发展，完善公平竞争的市场环境，可以最大限度地促进互联网金融行业的健康发展。互联网的特点就是开放，而进一步的开放在产生商业价值的同时也会导致竞争的加剧，为了更多的利益和更好的发展，这样的竞争势必会打破原有竞争的平静，引起一场互联网金融行业竞争的革命。行业的发展首先需要完善更加公平的市场竞争环境。

　　应融入当今发展互联网金融的大趋势，深入分析不断变化的市场环境，迎合逐渐合理的消费需求，将科技创新与金融监管协同推进，着重发展普惠金融，与互联网金融协同健康发展。根据政府与企业数字化转型的发展趋势，企业应拓展自身与政府业务及互联网企业的合作，深耕消费互联网领域，实现自身网络平台的建设，通过互联网场景的搭建吸纳客户，实现线上与线下的双向资源整合，发挥界内与界外、业内与业外的竞争优势。遵循金融监管要求，制定科学合理的风险管控机制，与政府监管部门、互联网企业、科技公司寻求战略合作，各主体之间发挥自身的优势，共同构建高效的金融信息体系，实现多方共赢。

　　尽管互联网金融正在蓬勃发展，但未能从根本上改变我国金融机构主体单一的现状。我国金融市场化程度低，应当构建更激烈的竞争环境和共同发展的经济环境，加速民间资本的配置和利用，更好地促进传统金融行业和互联网金融行业的有效竞争和健康发展。在更为公平有序的竞争环境之下，激烈的竞争才能够促进金融的良性发展。保障市场竞争的有效性，需要加强事中和事后的监管力度，完善市场准入制度和市场退出机制。

第七章　互联网金融的发展前景

5. 加快建设完善的金融市场体系

在全球经济下行的趋势下，实行宽松的货币政策。企业应积极转变融资理念，采取多种融资策略，调整自身结构；再利用外部助力，如国家帮助降低外部融资成本，这将在很大程度上帮助企业缓解融资困难的处境。

首先，需要强调的是，互联网金融需依托完善的金融市场体系才能茁壮成长。互联网金融平台应该抓重点，强化核心竞争力，在科技创新方面加大投资，发展互联网金融科技。注重网络安全的细节工作，将安全技术的优先级提高。科学技术就是第一生产力，生产力的原动力是核心软硬件，开发核心技术是首要任务，要重视并加大开发力度。互联网金融的交易信息安全和资金流向安全需要多项技术保证，数字信息验证技术、虚拟化网络安全技术、信息密钥技术要兼顾发展。互联网金融作为新兴领域，必须注重人才的培养和激励，绝不能出现人才断层这种情况，只有这样才能促进互联网金融专业和有序地发展。

其次，为了保障在互联网金融平台上流动资金的安全性，各大平台应当共同打造一个智能风控系统。未来，提高行业的核心竞争力需要运用"智能风控"，"智能风控"的核心竞争力在于糅合了区块链、大数据等高新技术。同时加强科学全面的风控制度建设。风控系统的部署应分阶段、分层次，将识别与预警、监督与修正、追责与反馈作为主要的三部分。虽然互联网金融是科技创新的产物，但其本质是传统的金融机构的线上有机表现。所以学习传统金融机构经过长期实践总结出的管理制度和先进的风控管理，深入交流合作才能打造良好的金融生态环境。

6. 构建更开放、更稳定的国际经济市场新格局

发展我国互联网金融行业，需要提升国际化合作的水平以及层次，进行更深入的交流。要推动互联网金融行业国际化布局，打造我国互联网金融行业的国际化良好形象，引导互联网金融行业提升国际竞争力。更加积极的开发战略也能促进互联网金融行业更好地将"引进来"和"走出去"进行有机的结合。

构建国际经济发展新格局，一方面需要鼓励我国互联网金融"走出去"，另一方面还要鼓励世界互联网金融"走进来"，更好地带动和刺激我国金融行业的发展。要鼓励互联网金融行业的产品走向全世界，服务辐射全球，就要不断创新，减少重复内容，重点培养有条件的企业强力发展。互联网金融的发展突破了传统金融的地域性和空间性，经济的跨国融合越来越明显。统筹利用更丰富的市场资源，拓展更开放的领域和空间，深入的开发、稳健的开发是当前互联网金融市场发展所需要的。

三、加快互联网金融产业的转型升级

互联网金融主要通过技术进步、优化资本配置和引领要素流动促进产业升级。互联网金融通过融资便利性和增强扩散效应来推动企业技术进步，企业借助其先进的生产技术和强大的竞争力，将市场上淘汰落后的企业进行并购重组，吸收生产要素，使生产要素从低效企业向高效企业转移来推动产业升级。互联网金融同传统金融相比，具有低成本、覆盖广和门槛低的优势，加速了行业间的资本流动，增强了金融的包容性，拓宽了金融行业服务边界，极大地提高了市场的资本配置效率。互联网金融通过移动互联技术，利用信息易获得性引领技术流、资本流、人才流，加快要素循环流动。互联网金融因主要服务于中小微企业和高新技术企业，提高了高新技术企业占比，企业拥有充足的资金来培养所需人才，人才短缺问题得到有效缓解的同时有助于企业扩大规模，从而带动产业升级。

（一）大力支持互联网金融发展

就目前形势来看，互联网金融行业早已变成了经济增长来源较为重要的产业，为了能够稳定促进产业升级，需要从两个方面入手：一方面要鼓励互联网金融行业向规模化、树立品牌形象方向经营发展，在合法合规的前提下支持发展第三方支付、P2P、众筹等创新产品，鼓励互联网金融对那些拥有自主知识产权和核心竞争力的行业龙头企业增加信贷支持，让资金真正投入科技创新和研发，为企业的创新发展提供便利和平台支撑。另一方面，政府应加大对互联网金融发展政策的引导支持，互联网金融企业对实体生产企业提供信贷支持的，在合规和适当的前提下进行税收优惠政策，在合理范围内减轻互联网金融税负压力。持续重点关注互联网金融领域发展，引导其向健康方向经营，进而促进产业升级。

（二）加快对互联网金融基础设施的建设

互联网金融的高质量发展离不开政府固定投资中的基础设施建设作保障，互联网基础设施的建设滞后势必会阻碍互联网金融发展，进而影响产业升级。为了能让互联网金融更好地服务实体经济，一是必须提高信息产业建设水平和规模，鼓励企业提高通信技术和信息技术的应用程度；二是政府出台发展网络宽带建设

政策，加强财政支持，尤其是偏远经济不发达的地区，并对通信企业实施减税优税政策。通过互联网带动其他行业发展，提高人民生活水平和生活质量，从而促进产业升级。

首先，在互联网金融的发展过程中，需要充分利用计算机技术以及数据处理技术的优势，提高互联网金融基础软件产品的研发水平，掌握核心的技术手段，广泛应用具备良好安全性与稳定性的互联网金融软件；其次，还需要充分借助互联网金融与传统金融模式的融合，以传统金融机构为背景，提高互联网金融产品的市场竞争力，为用户提供更具价值的优质金融服务和金融产品；再次，互联网金融机构还需要重视优秀复合型人才的吸纳和培养，组建一支高素质的人才队伍，既要熟悉计算机技术，也要了解互联网金融产品的研发与运作，帮助互联网金融平台及时解决发展过程中的技术瓶颈，降低互联网金融的风险，在激烈的市场竞争中保持良好的竞争力；最后，互联网金融平台还应加快产业模式的转型与升级，既要充分利用先进的计算机技术和金融技术，还需要加强内部的经营管理，能够清醒地认识到互联网金融产业与传统金融产业相比的优势与短板，并结合自身的实际情况研发和推广具备核心竞争力的优质金融产品与金融服务。

（三）加大传统金融机构信贷向互联网金融行业倾斜力度

互联网金融率先借助高水平的创新科学技术，开拓出一条适合自己的发展道路，直接打破了供需双方信息不对称的行业壁垒，对中小微企业出现的融资难问题起到了很大的改善，极大地减少了融资交易成本，并且提供了便利的融资服务，对于社会福利也起到了增加的效果。为进一步推动产业升级，首先传统金融机构应建立扶持互联网行业发展的相关信贷制度，对符合信贷条件的互联网企业给予信贷资金支持，一定程度上满足其资金需求，加速产业转型升级，进而向高质量发展。

（四）重视互联网保险行业发展

互联网保险行业有着较大的发展空间，其带来的正向效应能推动产业升级。

首先，互联网金融在现代社会发展中为传统金融机构的业务转型升级提供了发展方向，保险公司借助互联网平台收获了大量的线上客户，从原来的网点销售模式转变成网络销售模式，改变了传统的销售渠道模式。

其次，网络投保的便利性和产品的简单化提高了保险产品销售出单率，在一定程度上增加了保险销售的就业岗位需求，使更多的劳动力向第三产业转移。

为了更好地促进互联网保险行业良性发展，应从两方面进行完善：一方面，加速渠道创新和产品创新。保险公司应拓展互联网保险销售场景，根据现代生活方式设计出更人性化的条款合同，深层次挖掘客户需求，设计出有温度的产品形态，扩大保险行业的广度和深度，从而实现保险收入的快速增长。另一方面，互联网保险具有先天的交易方便优势，对监管部门而言要做到加强系统风险监测，防止不法分子通过网络渠道进行非法诈骗，同时对互联网络销售人员设置准入门槛，严格审核销售人员的销售资质，维护投资者的合法利益。

参 考 文 献

[1] 秦仁杰.互联网金融：颠覆时代的金融革命[M].北京：中国财富出版社，2015.

[2] 武长海，涂晟.互联网金融监管基础理论研究[M].北京：中国政法大学出版社，2016.

[3] 娜日.互联网金融服务创新能力的影响机制及提升对策[M].上海：上海交通大学出版社，2017.

[4] 冉湖，杨其光，鲁威元.互联网+金融：互联网金融的革命[M].北京：北京工业大学出版社，2017.

[5] 裴平，印文.互联网+金融：金融业的创新与重塑[M].南京：江苏凤凰科学技术出版社，2017.

[6] 郭福春，陈利荣.互联网金融发展理论与实践探索[M].杭州：浙江工商大学出版社，2017.

[7] 王静.中国互联网金融发展、影响与监管研究[M].天津：南开大学出版社，2017.

[8] 曹志鹏.互联网金融理论与发展研究[M].长春：吉林大学出版社，2017.

[9] 戴伟，张雪芳.互联网金融时代中小企业融资理论与实践研究[M].北京：中国商务出版社，2017.

[10] 郑颖，王瑜，代艳，等.互联网金融：助推中国服务业升级的新动力[M].成都：四川大学出版社，2018.

[11] 郭永珍.互联网金融创新与实践[M].北京：经济日报出版社，2018.

[12] 弓志华.互联网金融时代的保险运营创新研究[M].长春：吉林大学出版社，2018.

[13] 陈丽莉.互联网金融发展的模式创新研究[M].北京：国家行政学院出版社，2018.

［14］郑迎飞.互联网金融产业组织研究［M］.北京：中国金融出版社，2019.

［15］常振芳.互联网金融信用体系建设和风险管理研究［M］.北京：中国财富出版社，2019.

［16］丁箐岚，李钊，熊操，等.互联网金融监管问题的研究［M］.成都：四川大学出版社，2019.

［17］邱灵敏.我国互联网金融信息披露监管研究［M］.北京：知识产权出版社，2019.

［18］赵丹.互联网金融趋势下银行技术创新研究［M］.北京：中国旅游出版社，2020.

［19］张成虎.互联网金融风险管理［M］.北京：中国金融出版社，2020.

［20］李辉.互联网金融视角下中国中小企业融资问题研究［M］.北京：中国经济出版社，2021.

［21］侯雪.互联网金融发展与风险管控研究［J］.中国管理信息化，2021，24（16）：50-51.

［22］张宇.大数据环境下的互联网金融风险管理［J］.中国商论，2021（16）：35-37.

［23］周有旺，黄砚.新时代视域下互联网金融经济发展与风险探析［J］.上海商业，2021（08）：52-53.

［24］洪新雅.关于互联网金融风险影响因素及其防范机制的探讨［J］.时代金融，2021（18）：8-10.

［25］郭梦霞.互联网金融风险的特殊性及监管策略探讨［J］.技术与市场，2021，28（06）：168-169.

［26］姬保全，宋瑞，朱昕清.关于我国互联网金融风险防范的优化对策［J］.商业经济，2021（05）：170-171.

［27］孙嘉黛，包兴妮，邹含乐.大数据时代互联网金融的创新发展及风险防控［J］.中国集体经济，2021（14）：91-92.

［28］向璐.金融消费者中心视角下的互联网金融风险规制［J］.全国流通经济，2021（12）：156-158.